赦免制度
专题研究

SHEMIAN ZHIDU
ZHUANTI YANJIU

李秀鹏 著

法律出版社
LAW PRESS·CHINA
北京

图书在版编目(CIP)数据

敕免制度专题研究 / 李秀鹏著. -- 北京 : 法律出版社, 2023

ISBN 978 -7 -5197 -8451 -5

Ⅰ. ①赦… Ⅱ. ①李… Ⅲ. ①大赦–司法制度–研究 ②特赦–司法制度–研究 Ⅳ. ①D914.04

中国国家版本馆 CIP 数据核字(2023)第 206125 号

赦免制度专题研究
SHEMIAN ZHIDU ZHUANTI YANJIU

李秀鹏 著

策划编辑 田 浩
责任编辑 田 浩
装帧设计 臧晓飞

出版发行 法律出版社
编辑统筹 法商出版分社
责任校对 裴 黎
责任印制 胡晓雅
经　　销 新华书店

开本 710 毫米×1000 毫米 1/16
印张 14　**字数** 184 千
版本 2023 年 12 月第 1 版
印次 2023 年 12 月第 1 次印刷
印刷 北京建宏印刷有限公司

地址:北京市丰台区莲花池西里 7 号(100073)
网址:www.lawpress.com.cn
投稿邮箱:info@lawpress.com.cn
举报盗版邮箱:jbwq@lawpress.com.cn

销售电话:010 - 83938349
客服电话:010 - 83938350
咨询电话:010 - 63939796

书号:ISBN 978 -7 -5197 -8451 -5　**定价**:62.00 元

凡购买本社图书,如有印装错误,我社负责退换。电话:010 - 83938349

序　言

赦免是一个古老的话题,其随着人类文明的进步,从蒙昧时代一直持续到民主立宪主义时代。历史上的思想家或对其嗤之以鼻、或对其趋之若鹜、或对其袖手旁观,均从各自的立场分析过这一制度;历史上的王朝或视其为君主特权、或视其为乱世之音、或视其为济世良药,都曾在不同的情势下实践过这一制度。在人类社会的演进中,数不胜数的社会制度昙花一现之后就销声匿迹了,但是赦免制度依然存在。无论是野蛮时期还是文明时代,无论是混乱之世还是和平社会,无论是专制城邦还是民主国家,赦免制度岿然不动。赦免是与人类文明同在的现象,赦免制度是能经受住历史洗礼的制度,在立宪主义价值成为一种共识的背景下,运用宪法和法律思维研究这一制度具有重要的理论与实践意义。

从理论上讲,赦免制度为中国现行宪法及相关刑事法律所规定,是中国法律制度的有机组成部分。中国历史上的多部文件都曾对赦免制度有所规定,这一制度具有深厚的民族文化传统和丰富的历史底蕴。中华文化强调强弱适度、宽严相济的中庸之道,赦免作为法治本身的一种特殊调节手段和整合机制,它能让法治更符合人们的期待,立足民情、体恤民心、维护民权。同时,当今世界很多国家的宪法典及宪法性文件都规定了赦免制度,如美国、英国、法国、德国、日本和韩国等,赦免制度的良好运行可以增进先进法律理念的交流和碰撞,促进法治发展。民主立宪主义时代,法治国家的赦免以宪法和法律为依据,以人民主权为基础,以民主为依托,以社会治理和保障人权为目的,是一项举足轻重的法律制度。如何使其融入整个法制体系而避免与其他制度相冲突,并同相关社会治理手段有效结合发挥最优的功效,需要全面地从理论上进行分析和论证。

在实践层面,赦免制度具有重要的社会效应和法律效果,在影响社会的同时,也可以使法律这一社会控制的手段自身得到发展和完善。更重要的是,赦免制度在中国的实施既有历史的经验,也有现实的需求,具有可行性和必要性。首先,中华人民共和国成立至今,我国一共实施了九次赦免,分别是1959年特赦、1960年特赦、1961年特赦、1963年特赦、1964年特赦、1966年特赦、1975年特赦、2015年特赦和2019年特赦,历次特赦所积累的经验为实施新的赦免行为提供了可资参考的珍贵范本。其次,在改革、建设和发展过程中,我国充分尊重和保障人权,2004年《宪法修正案》明确将"国家尊重和保障人权"写进宪法,人权事业的发展呼唤更加宽容的法治精神,实施赦免对于弘扬人权保护的人道主义精神、彰显社会宽容价值并保障违法犯罪人权利以使其回归正常社会是十分必要的。最后,新中国历史上前七次特赦中,只有1959年特赦的对象包括普通刑事犯罪,此后的2015年特赦和2019年特赦则均以普通刑事犯罪为主要对象,赦免制度在经历时隔数十年的"休眠"状态之后再度"复活"不仅弥补了这一领域宪法实施不足的遗憾,更产生了国家管理和社会治理的良好效应,对于完善国家治理体系和提升国家治理能力具有重要作用。

当前,我国处于社会快速发展时期,司法系统所承担的任务繁重。据统计,到2000年为止,我国已有监狱约700所,在押犯150余万名,民警近30万人,全年所需的费用总额约180亿元;[①]而到2005年年底,我国已有监狱

① 参见张伯平:《行刑成本与监狱工作》,载《中国监狱学刊》2003年第1期。

约700所,各级监狱内的在押犯人数达到180.76万人,民警近30万人,全年所需的费用总额近200亿元。① 社会的发展导致犯罪数量增多,新型犯罪层出不穷,司法系统负担沉重,如果不减轻其压力就很难保障司法公正与效率;根据2021年最高人民检察院和最高人民法院工作报告,2020年全国检察机关批准逮捕、提起公诉的各类犯罪嫌疑人分别为770,561人、1,572,971人,同比分别下降29.2%和13.5%;2020年全国人民法院审结一审刑事案件111.6万件,判处罪犯152.7万人,分别下降约14%和8%。② 虽然形势趋好,总体犯罪率不断呈现下降趋势,但是不断增加的违法犯罪行为给立法、司法乃至法治本身带来巨大挑战,也给国家政治、经济发展造成了巨大的负担,这使全社会对赦免的现实需求不断增加。如何协调各方利益,减轻司法压力,化解社会纠纷,是党和国家面临的重大课题,直接关系人民群众的切身利益,关系社会的长治久安,关系国家的持续发展。因此,必须关注法治现状,重视赦免制度价值。

本书通过历史考察,探究赦免的正当性并分析其存在的立宪主义价值,剖析了赦免的时代内涵。在此基础上,从赦免权、赦免行为、赦免制度多个层面对赦免进行解构,解读其具体的特性。整体上尝试展现赦免背后深藏的学理:以人权为连结点,试图探讨赦免与个人生活及社会变革的关系,寻找三者之间相互作用所遵循的规律,并希冀将其运用于理论与实践。通过运用纵向历史比较研究和横向国别比较研究的方法,在分析赦免法哲学层面的正当性价值之后,根据对中国宪法及法律文本上赦免条款的规范解释,阐释赦免权力、行为和制度三个层面的本质内涵。导论部分阐述了对赦免进行宪法和法律分析的意义,分析了国内外关于赦免问题的研究现状。正文部分共分六章:第一章介绍赦免的历史源流,分别从时间角度纵向叙述了

① 参见高铭暄、赵秉志、阴建峰:《新中国成立60周年之际实行特赦的时代价值与构想》,载《法学》2009年第5期。

② 参见靳高风、杨皓翔、何天娇:《疫情防控常态化背景下中国犯罪形势变化与趋势——2020—2021年中国犯罪形势分析与预测》,载《中国人民公安大学学报(社会科学版)》2021年第3期。

中国古代、近代和当代的赦免,从空间角度横向比较了大陆法系主要国家、英美法系主要国家及其他国家或地区的赦免;第二章从法哲学和价值论的角度论述了民主立宪主义时代赦免的正当性问题;第三章从中国宪法和法律的文本规定出发,对当代中国赦免制度进行了规范分析;第四章从国家权力角度分析了赦免权的性质、归属、形态、行使及限制等问题;第五章从宪法行为角度分析了赦免行为的类别、规范分析及效力等问题;第六章从制度层面分析了赦免实体制度和程序制度,提出了赦免制度应当遵循的基本原则,并结合实际表达了对完善中国当前赦免制度的思考。结语部分指出在当代中国,应当充分发挥赦免制度的功能,以促进法治文明的进步。

本书采取独立研究和分析手段,并尝试进行理论创新。首先,从宪法思维的角度对赦免制度进行解构,分析赦免制度的法哲学基础,并依据法律文本规定,从赦免与主权、人权、民主、法治和权力制约等相关范畴的关联角度来阐述其在现代文明国家的正当性、合宪性与合法性。其次,从宪法学与刑法学及其他相关学科的关系的角度研究赦免制度,论证赦免制度不仅是一种刑事政策或者刑法制度,更是立宪主义时代的宪法制度。赦免制度作为民主宪法的有机组成部分,其是刑法赦免制度的基础,是其他相关规范的依据。最后,从体系论的角度阐释赦免在整个宪法体系和宪法结构中所处的位置,分析赦免制度的宪法要义。同时,在数据统计的基础上,通过逻辑演绎和经验总结,分析赦免运用与国家兴亡的内在联系,并实事求是地提出实践建议,认为在我国依法、正确、适时实施赦免,有利于缓解社会矛盾、整合社会力量、推动社会和谐发展。

目录

导 论

我国宪法学界目前对赦免制度的研究相对薄弱,在这样的语境下研究这一课题缺乏充分的经验借鉴,如何进行系统的、有深度的论证是有困难的,这些困难在具体的分析中主要体现在以下方面:首先,对赦免这一问题进行论述的资料非常杂乱,如何对资料进行取舍,有效地运用资料组织行文,使其成为一本逻辑严密、结构紧凑、语言简练、观点新颖、论证有力的著作需要独辟蹊径。其次,在宪法与刑法及其他相关法律规范的关系分析中,厘清宪法层面的赦免、刑法及其他相关法律层面的赦免的区别与联系有待论证。再次,赦免牵涉社会生活的方方面面,正确、有效地运用经济学、社会学、伦理学、政治学及哲学等相关学科的知识是一个较大的挑战。最后,在比较分析的过程中,将纷繁复杂的域外资料总结成规律性的经验教训并恰当地引入中国实践更是一个难题。为了方便对赦免制度的研究状况有一个整体宏观的把握,有必要对国内外尤其是国内研究状况作整体分析,并对相关的研究方法及创新之处作出交代。

一、国内外研究现状分析

从数据统计的角度来看,目前国内具有代表性的研究赦免的论著的情况如表1所示：

表1　国内具有代表性的研究赦免的论著情况

文章类别	赦免历史研究	赦免本质研究	赦免权研究	赦免制度研究	其他相关研究
硕士论文/篇	4	2	1	13	1
博士论文/篇	1			1	
期刊论文/篇		3	1	10	1
著作/部	1			5	

注：表1只列出主要的研究成果，且有的研究涵盖数个方面，难以明确划分，仅根据其主要内容进行分类。

这些论著大致从赦免历史、赦免本质、赦免权和赦免制度等角度展开分析，具体包括以下方面：

（一）关于赦免历史的研究主要集中在先秦、秦汉和唐宋等时期，其中汉唐赦免制度的研究相对较为详尽，元、明、清及民国时期赦免制度的研究则较为简略

针对先秦、秦汉时期，研究者通过历史考证，分析了赦免的理念、程序、效力及社会功能等方面。汉代是我国封建君主专制政体的形成时期，也是中国赦免制度的确立时期，其赦免制度的运作对巩固君主专制政权和健全封建法制具有重要意义。同时，汉代经济的发展、主流意识的变化、统治政策的调整，都为赦免制度的确立提供了可能。汉代赦令的颁行具有名目多、次数频繁、程度不同的特点，奠定了后世赦免制度的基础。① 陈松梅的硕士论文从历史分析角度对秦汉时期尤其是汉代的赦免制度进行研究，认为："赦免制度作为刑罚消灭制度，具有与严苛法律相反的特点，通过对重刑和酷刑的离弃，体现了任何事物及国家的运作皆是一张一弛。赦免制度是古今德政的体现，具有缓解法律严苛、弥补法律不足的功用。适当运用赦免制度，还能促进社会和解，维护社会稳定。因此，赦免制度在中国法制发展

① 参见陈松梅：《汉代赦免制度探析》，西北师范大学2009年硕士学位论文。

史及社会发展进程中发挥着不可低估的作用。"[①]邬文玲的博士论文集中分析了汉代赦免制度,共分为赦免制度的源流、汉代赦免概况、赦免制度的类型、赦免制度实施的程序与适用范围、赦免制度的效力、赦免理念及其争议、赦免制度与汉代社会七个方面。首先,通过考察中国赦免制度的源流,描述先秦、秦汉时期赦免施行的概况及其呈现出来的动态特征;其次,着重从赦免制度的类型、实施程序及适用范围、效力等几个方面讨论汉代赦免制度的具体形态;再次,探讨汉代赦免理念及其反对赦免的言论;最后,考察赦免制度的社会功能,从而展示汉代赦免制度与社会现实之间的关系。论文认为赦免制度对于汉代社会而言是一种由最高统治者掌握的灵活有效的调控机制,它使中央政权在应对社会危机、调整统治政策、平衡政治斗争、选拔有用人才、缓解刑律严苛等方面表现出极大的灵活性和高效性,在一定程度上保证了汉代的长治久安。[②]

唐代是中国古代历史上的重要朝代,唐代的许多典章制度成为后世仿效的蓝本,所以有关唐代制度的研究成果很多。但就唐代赦免制度的研究而言,尚未引起史学界足够的重视。[③] 何荣的硕士论文论述了唐代的赦免及降减制度,认为赦宥分为赦免和降减两大主要类别。论文通过对唐代各类赦宥制度名目的源流考证,在《唐律疏议》对赦宥制度的"赦""降""虑"三分类基础上,着重论述赦免的降减方面;同时根据对赦宥中降减制度的名目、颁布方式、颁布原因及实际效力等的分析,阐述了唐代降减制度的具体样态。论文指出赦宥制度具有现实意义,构建和谐社会可以合理利用赦宥制度的某些形式,并创新性地提出利用赦宥制度中的公示声明方法消除刑罚执行完毕后所带来的负面影响。[④] 姬秀丽的硕士论文以唐代赦免制度的大赦、降、录囚、曲赦和别赦五种主要类别为"轴",以大赦为重点探讨了赦免的

① 陈松梅:《汉代赦免制度探析》,西北师范大学 2009 年硕士学位论文。

② 参见邬文玲:《汉代赦免制度研究》,中国社会科学院研究生院 2003 年博士学位论文。

③ 参见姬秀丽:《唐代赦免制度研究》,天津师范大学 2005 年硕士学位论文。

④ 参见何荣:《唐代赦免与降减制度探析》,中国政法大学 2007 年硕士学位论文。

原因和赦书的内容,并结合当时的社会环境,从法律、政治、经济和思想等方面,全面分析了唐代赦免制度对社会发展产生的影响。一方面赦免制度能稳定社会秩序、补充法律功能的不足、促进经济发展并促成儒家和法家思想的融合,特别是在"安史之乱"后,赦免制度在缓解中央和地方、统治阶级和劳动人民之间的矛盾等重大社会问题上,都发挥了突出的作用;另一方面赦免制度使人产生侥幸心理,在一定程度上破坏了唐代司法公正和官僚制度的正常发展。论文认为隋唐赦免制度"集上古之众长,而为后世所继受",是封建赦免制度的成熟期。①

赦免制度经历汉代的混乱状况之后,在唐代逐渐发展成熟,但是却并未成为一种常态的规定。到了宋代,赦免制度发展为一种常制,正如学者指出的:"赦宥早在我国上古时就已经实行,长期以来赦宥仅作为权宜制度,发展到两宋时则被定为常制。三岁遇郊则赦,从而呈现与往朝不同的特点,两宋之所以如此热衷赦宥,其主要原因是统治者治理国家思想的转变。"②

(二)关于赦免本质的研究方面,赦免的本质、法理基础及存废问题一直是备受争议且尚无定论的话题。部分学者在其专著及论文中均对此有所涉及,但是进行深入分析的专业论文屈指可数,仅有硕士论文两篇,期刊论文三篇

在以"赦免的本质"为主题的研究中,赵小彬的硕士论文从刑法角度探讨了赦免五个方面的内容:基本概念、本质属性、规范价值、法外正当性及我国赦免制度的反思与检讨,其中赦免的本质属性和规范价值为中心内容。其将现代赦免制度主要分为战争性赦免与政治司法性赦免,并认为政治司法性赦免体现了现代赦免最为本质的限权属性。其中,司法性赦免通过权力牵制的互动过程来限制权力;而政治性赦免则通过公民政治权利限制国家权力。论文将现代赦免制度的规范价值总结为三个方面:共融惩罚性正

---

① 参见姬秀丽:《唐代赦免制度研究》,天津师范大学2005年硕士学位论文。

② 范立舟、蒋启俊:《两宋赦免制度新探》,载《暨南学报(人文科学与社会科学版)》2005年第1期。

义、促进刑罚谦抑性和彰显社会民主法治,但在结论部分指出我国的多元权力监督体系缺乏有效性,行政权力对司法权力的侵蚀使司法制度本身命运堪忧,在这种情形下构建赦免制度会更加损及司法职权的独立行使与法律权威。① 王娜认为赦免的本质问题与赦免制度的功利性价值是两个完全不同的问题,无论出于何种目的实行赦免、赦免在实际上达到什么效果,都不影响赦免的本质,赦免的本质是指形态各异的赦免现象所内含的共同基本特质。论文通过对传统上关于赦免本质的恩典说、正义说、慈悲说、多元说和模糊说等诸种学说进行分析,指出赦免的本质就是宽恕,是对伤害放弃报复的一种反应。②

在以"赦免的法理基础及存废问题"为主题的研究中,闫凤娟的硕士论文认为赦免制度在国内外始终是统治阶级平衡和调节各种关系的一种重要手段,合理的赦免制度对维护国家稳定、安抚民心和节约司法资源具有重要意义。论文通过历史回顾,叙述了赦免制度存废争论的各种学说,论证了赦免制度的正当性,介绍了赦免制度的功能和弊端,并指出了建设中国现代赦免制度的必要性和重要性。③ 其主要创新之处在于从宪法、法理和刑法等不同角度审视赦免制度,使对赦免的认识具有规范和理论的层次性。林志强的期刊论文通过法理的分析,指出赦免制度之所以能够从古到今长期存在,不仅因为它具有弥补法律社会功能不足、补救法律规范缺陷等多种功能,也因为它作为一种司法制度而存在能够制约国家权力。④ 同时,有学者认为无论是在国内,还是在国外,赦免制度都有悠久的历史。然而由于经济、政治、文化等因素的差异,各国对犯罪与赦免存在不同的理解。赦免制度在我国有其生存的土壤,当前在我国建立赦免制度具有紧迫性。⑤

---

① 参见赵小彬:《赦免的法理》,苏州大学 2008 年硕士学位论文。

② 参见王娜:《论赦免的本质》,载《武汉大学学报(哲学社会科学版)》2008 年第 5 期。

③ 参见闫凤娟:《赦免制度的法理分析》,南京师范大学 2007 年硕士学位论文。

④ 参见林志强:《赦免制度的法理分析》,载《江西公安专科学校学报》2004 年第 4 期。

⑤ 参见林志强、曾华丰:《赦免制度的理性》,载《成都理工大学学报(社会科学版)》2004 年第 4 期。

（三）关于赦免权的研究方面，研究者认为赦免权是一个重要的法律概念，是现代赦免制度的重要方面，是正确实施赦免行为的基础，也是构建完善赦免制度的关键。然而，尽管在一些专著和论文中对赦免权有所涉及，但以此为论题的文章却很少，目前只有硕士论文三篇，期刊论文一篇

从宪法的角度分析赦免权的性质是正确理解赦免权在国家权力中所处地位的必要方法。房方的硕士论文初步考察了赦免权的起源、含义，梳理了赦免权在不同国家宪法文本中的规定及实践，探讨了赦免权的宪法特征及其法律性质，并在此基础上对我国赦免权的现状进行评价和反思。论文通过比较各主要国家的宪法文本，认为赦免权是指由宪法或者宪法性法律进行规范，由国家元首或最高国家权力机关以政令或者法案的方式颁布的，免除或者减轻犯罪人罪刑的一种权力；指出古代的赦免权问题是一种纯粹意义上的刑法问题，到了近代，随着国家权力应当受到限制的观念日趋成熟，赦免权才逐渐受到宪法的约束并成为基本制度；阐明我国赦免权宪法规定及实践的不足与缺失，并针对如何完善我国的赦免制度提出了建议。①

从刑法的视角研究赦免权对赦免权的具体运作具有重要意义，也能够使有关赦免权的部门法规定更加科学、合理。侯晓琳的硕士论文将赦免权界定为一种行政权，并指出赦免行为在本质上是行政权对司法权的干预和制约；同时，赦免制度赋予犯罪人申请赦免的权利，具有限制死刑适用及保障人权的正当性。其认为我国现行赦免制度在理论与实践两个方面均存在许多问题，如赦免的种类单一、赦免的范围狭窄、赦免的程序缺失等。论文建议丰富我国的赦免种类，恢复大赦制度，具体由国务院启动、全国人民代表大会表决通过、国家主席颁布；特赦由赦免权人依职权和当事人主动申请的方式启动，设立专门的赦免事务部来审查特赦的申请并起草特赦提案，由国务院决定、国家主席颁布实施，由赦免事务部负责赦免的执行，从赦免权

① 参见房方：《论宪法上的赦免权》，厦门大学 2008 年硕士学位论文。

人和被赦免人两个角度对赦免的实施进行必要的监督等。论文着重论述了赦免程序问题,并提出了从赦免启动程序、审查程序、决定程序、赦免执行及监督程序四个方面构建我国赦免程序的想法。① 彭艳霞的硕士论文认为赦免是指国家元首或者最高权力机关通过法律或者赦免令对犯罪人免除其罪刑,或者虽不免除其罪,但免除或者减轻其刑,进而消灭刑事追诉权、刑罚裁量权或者刑罚执行权的法律制度。赦免制度具有补充性、强制性、象征性、价值上的妥协性等基本特征。其与豁免、缓刑、假释等制度具有一些相似之处,但不可能用以上制度代替赦免起作用。论文通过对关于赦免权的立法权说、司法权说、行政权说、混合说及统治权说进行介绍,进一步分析了赦免权的性质,并指出赦免权的属性问题是赦免制度构建的基石,只有通过对其属性的界定才能在制度设计时把握权力的分配与制约,保证赦免制度健康发展。② 阴建峰则通过对现代赦免的概念界定,揭示了赦免所具有的补充性、强制性与象征性的外在形式特征,并详细探讨了赦免权的内在属性。③

(四)关于赦免制度的研究方面,从总体上宏观论述赦免制度的成果较多,比较典型的有硕士论文十一篇,博士论文一篇,期刊论文十一篇,共计二十三篇

其中,从整体上论述赦免制度价值、功能等,并在内容上较多涉及宪法与法理分析的文章五篇。吉晓勇的硕士论文对古代赦免制度作出较为客观的评价,并在此基础上展望了建设我国当代赦免制度的可能性,指出我国古代的赦免制度较为发达,无论是在立法制度、赦免类型还是在赦免方式上都是其他国家不可比拟的。赦免权在君主专制时代是至刚至柔的无上君权的重要组成部分,是封建君主用以缓和阶级矛盾、调节利益关系、维护统治秩序的重要手段,其行使完全取决于君主个人的好恶与恣意任性,体现的是君主对臣民的一种恩赐。随着时代的发展,赦免制度不但未曾消亡,反而焕发

---

① 参见侯晓琳:《赦免制度研究》,内蒙古大学 2008 年硕士学位论文。

② 参见彭艳霞:《赦免制度之程序考察及构建》,中国政法大学 2007 年硕士学位论文。

③ 参见阴建峰:《论赦免的概念及其属性》,载《法学家》2005 年第 4 期。

出更加强大的生机与活力，现代社会的赦免制度摆脱了君主时代的专制色彩，增添了民主法治的底蕴，彰显着人权保障的价值，体现了人类文明发展进步的潮流。论文分析了我国赦免制度的现状及构建赦免制度的必要性，并提出了完善我国赦免制度的构想。[①] 王林海的硕士论文通过对赦免行为的法理分析和赦免制度的现状评析，揭示了现代赦免制度的内在价值及现实意义，还指出赦免制度以宪法为依据，以民主、法治为基本规则，以尊重和保障人权为价值导向，在犯罪人和国家之间构筑了一个人道而又理性的"屏障"与"庇护所"，从而在现代法治体制中扎下了根基。该论文认为承认赦免的独特价值并适时实施赦免，是一个国家法治进步的标志，是人权保障的表征，是政治体制和刑事司法制度成熟而自信的体现。在此基础上，作者对建立我国的赦免制度提出了建议，具体内容包括：赦免的适用对象及其范围、赦免的条件、启动机关、决定机关、赦免程序、赦免的公布与执行以及赦免的后果等。[②] 朱孟鑫的硕士论文从法理学中价值理论和人权法中人权保障制度的角度对赦免制度加以剖析，从现实政治和司法实践的角度对赦免制度进行论证，并提出了关于赦免制度在我国的构想，认为"赦免制度作为一项重要的宪法和刑事司法制度在我国现行法律体系中已经存在，但长期处于法律的空当并未从宪法规定落实到实际法律制度中，仅有的几次实践也较为久远和单一。理论界对于赦免制度的研究也并不充分且多有争议"。[③] 吴江的硕士论文以中国目前赦免制度的立法为基本前提，结合我国的赦免实践对赦免制度进行探究，主要讨论了大赦、特赦制度，认为作为一种由国家宣告对犯罪人免除其罪，或者虽不能免除其罪，但免除或减轻其刑的刑罚消灭事由，赦免制度无疑具有悠久的历史。古今中外的法律体系中，尽管存在过赦与非赦的论争，但在不同历史时期，大多数国家都或繁或简地设有赦免制度。虽然赦免在中古时代是作为君权的一个重要组成部分出现的，是历

---

① 参见吉晓勇：《论现代赦免制度》，山东师范大学 2009 年硕士学位论文。

② 参见王林海：《现代赦免制度初论》，中国政法大学 2009 年硕士学位论文。

③ 参见朱孟鑫：《赦免制度研究》，中国政法大学 2008 年硕士学位论文。

代帝王为标榜仁德、笼络人心,以图维护其统治的统治工具。但在当今法治发达国家,赦免制度已经在法理上经历了脱胎换骨式的性质转变与观念革新。赦免制度的存在和适用,亦已不再是帝王基于至高无上之王权所给予犯罪人的恩赐,而是为了发挥调节利益冲突、衡平社会关系、弥补法律不足之刑事政策机能,并切实维护国家和社会的整体利益。国家通过现代赦免制度的运作,以牺牲局部或个体利益乃至一定程度之形式正义为代价,获得了维护社会整体利益和实现个案处理的实质正义之功效。然而,在我国目前的法律中,只有宪法、刑法与刑事诉讼法对赦免制度稍有涉及。可以说,我国现行法律对于赦免的施行既无实体规定,也无程序规定,赦免制度已完全被边缘化了。但是随着中国经济和社会的变革与发展,必然导致社会诸多矛盾的凸显甚至激烈化,在这种特定社会政治、经济、社会形势下,适当地运用赦免制度,可以很好地缓解社会矛盾、调节利益冲突,从而维护国家的安定和社会的稳定。这不仅是对国家尊重和保护人权之法治精神的充分印证,而且也与我国努力构建的和谐社会之宏伟目标相契合。论文从我国现行赦免制度的立法规定和实践经验出发,提出了构建中国特色社会主义赦免制度的"三步走"战略方针,具有一定的现实意义。① 杨冬敏的硕士论文从赦免制度的基本理论着手,通过对中外赦免制度的历史与现实的考察,对我国赦免制度的现状进行了深入的剖析,指出现代赦免制度应有的价值基础和现实定位,提出了发展和健全我国赦免制度的构想,认为赦免曾经作为古代帝王恩威并施的一种统治手段,备受统治者推崇,随着时代的变迁,赦免已由帝王的一种恩赐手段逐渐演变成现代国家用以调节利益冲突、缓和社会矛盾、平衡社会关系、救济法律不足的一种有效的刑事政策。在我们努力建设社会主义法治国家的今天,赦免制度是在重刑桎梏下宽容精神的一种体现,顺应了现代刑事法治发展的潮流,也是我国依法治国和以德治国思想的有机结合。同时,赦免制度是对国家尊重和保障人权之法治精神的充分

① 参见吴江:《论赦免制度》,华东政法大学2008年硕士学位论文。

印证,也恰与我国努力构建社会主义和谐社会的宏伟目标相契合。因此对赦免制度进行深入研究,具有重要的理论及实践意义。论文从政治、经济、法律三个方面阐述了赦免制度在我国确立和发展的理论和实践基础,指出应在我国恢复大赦制度,同时将特赦内容进一步充实、规范,并建议应建立死刑赦免制度。①

从刑法、刑事政策方面研究赦免制度的文章共四篇。陈春勇的博士论文从刑法角度较为全面地论述了赦免制度,认为促进中国赦免制度的发展,对于补救法律僵化、彰显国家德政、体恤民情民意、凸显人道主义,尤其是对保障被追诉人和被判刑人的人权等方面具有重要的现实意义。论文在探索赦免的正当性依据,考察和比较古今中外乃至联合国公约中的赦免问题的基础上,结合中国的现行赦免立法与实践,针对中国赦免实体与程序问题提出完善建议。论文指出中国的现行赦免立法较为粗陋,缺乏明确而具体的实体和程序规制,可操作性差;由于多年来社会治安等形势较为严峻,相关立法粗疏且理论研究匮乏,加上民众重刑观念浓厚等因素的存在,赦免实践长期处于搁置和停滞状态;另外,赦免的运行还缺乏必要的监督机制和专门的赦免事务机构。论文认为在完善我国赦免制度问题上,应当确立赦免适用原则,设立赦免监督机制,成立赦免委员会,并构建完整的赦免立法体系。论文关于赦免的立法建议提到应分别在刑法和刑事诉讼法有关“时效”和“执行”的规定后增加“赦免实体”与“赦免程序”的规定:在刑法中规定赦免的实体要件,如赦免的类型、效力、适用对象等;在刑事诉讼法中明确赦免的程序要件,如一般赦免的调查与建议、启动与审查、决定、执行,以及特别赦免的启动与申请、受理与审查、决定与执行等。这一点具有重要的现实意义。② 王庆华的硕士论文从刑法的角度论述了赦免制度存在的原因,认为赦免与刑罚有天然的联系,从某种意义上讲,赦免是对刑罚的否定,而且是对

① 参见杨冬敏:《赦免制度探析》,中国政法大学 2007 年硕士学位论文。

② 参见陈春勇:《赦免及其程序问题研究》,中国政法大学 2009 年博士学位论文。

既定刑罚的否定,进而是对犯罪与刑罚必然性公式的否定。赦免制度在现代刑法理论中似乎难以找到立足之地,然而赦免制度与现代刑法理论在价值追求上颇有契合之处,犯罪观与刑罚观的演变也为赦免制度提供了良好的理论支撑,刑事政策学的开创,更为人们认识赦免制度开辟了广阔的视野。现代赦免制度作为一种应对犯罪的特殊方式,已经在法理上经历了脱胎换骨式的性质转变和观念更新,在性质上其已经脱离了君主时代的专制底蕴,在权力归属上也不再是君主的特权,在观念上其也不再是君主的恩赐,而是为弥补法律既有功能的不足,维护国家和社会整体利益的重要刑事政策。论文从一定层次分析犯罪、刑罚与赦免三者之间的关系,具有一定的理论性。① 宋军占的硕士论文认为赦免不仅是古代帝王驾驭统治的一种权术,而且也是当今世界各国采用的一种刑事政策手段。历史与现实都已证明,完备的赦免制度对于维护国家的社会稳定、安抚民心、节约司法资源等具有十分重要的意义。论文认为赦免制度具有七个方面的主要价值:一是有利于贯彻惩办与宽大的刑事政策;二是符合刑罚目的;三是节约司法资源,提高刑罚效益;四是有利于缓和刑罚的过分严厉;五是可以弥补减刑、假释制度的不足;六是可以抚慰人民心灵;七是有利于处理特殊矛盾。论文指出随着我国政府签署加入《公民权利与政治权利国际公约》(以下简称《公约》),并且没有对该《公约》所规定的赦免条款提出保留,赦免成为我国当代法治建设不可回避的话题。② 谢望原分析了赦免制度的刑事政策意义,认为"赦免是一种具有悠久历史和重要刑事政策意义的社会政策。不仅我国古代刑事法制制度对赦免有完备的规定,当今世界上很多国家的法律亦对赦免有详细规定。赦免的重要刑事政策意义主要在于:彰显国家恩德、抚慰人民心灵、利于处理特殊矛盾、节约司法资源、符合刑罚目的以及有利于减少死刑。我国有必要在宪法中恢复大赦制度,进一步完善赦免制度,并审时

---

① 参见王庆华:《赦免制度研究》,中国政法大学 2007 年硕士学位论文。
② 参见宋军占:《论赦免制度》,中国政法大学 2002 年硕士学位论文。

度势地对特赦与大赦加以运用”。[①]

从死刑赦免角度研究赦免制度的文章共六篇。李建华的硕士论文从死刑角度论述了赦免制度，指出为了顺应限制死刑的国际趋势，完善我国的刑事法律，为将来履行《公约》义务作准备，以及更好地保障面临死刑的人的权利，应当构建我国的死刑赦免制度。论文分析建立我国死刑赦免制度的必要性在于限制死刑的国际趋势、赦免制度的自身价值、我国的刑事司法现状和对人权的保障等方面，可行性在于我国死刑赦免的传统法律文化、我国的宪法制度和刑事政策、死刑赦免制度的历史经验等方面。在此基础上，论文从法律层面对死刑赦免制度进行了构建，并从赦免权的行使主体、死刑赦免请求或建议的提出主体、死刑赦免的条件和对死刑赦免申请或建议的审查等几个方面对死刑赦免程序进行了设计。[②] 刘健等分析了死刑赦免制度，认为“限制、废除死刑已成为国际社会刑法制度改革的趋势，在目前我国废除死刑的时机不成熟的情况下，严格限制死刑应是理性的选择。赦免以其特有的刑事政策功能对于限制死刑的适用具有不可忽视的价值，激活并完善我国赦免制度对于我国死刑的限制有着重要意义。应当依据《公约》完善赦免制度，其内容包括完善立法体例，赦免程序，赦免对象，赦免条件等方面”。[③] 竹怀军论述了我国死刑赦免制度的构建问题，认为“死刑赦免制度，是指死刑立即执行的判决生效后，如果该死刑犯确有悔改并有立功表现或具有其他特定条件，暂缓死刑命令的执行，在法定期限内，由最高人民法院发布死刑执行的赦免令，原死刑判决不予执行，而改处并执行其他刑罚的制度。这一制度的建立，可以消除我国刑事诉讼程序中的若干矛盾，也有利于进一步贯彻少杀慎杀的死刑政策，有利于避免错杀，同时也是更好地履行我

---

① 谢望原：《略论赦免的刑事政策意义》，载《人民司法》2003 年第 9 期。

② 参见李建华：《论我国死刑赦免制度之构建》，中国政法大学 2004 年硕士学位论文。

③ 刘健、赖早兴：《我国赦免制度的激活与完善——基于限制死刑的思考》，载《现代法学》2004 年第 4 期。

国国际义务的需要”。[①] 蒋兰香等分析了我国死刑赦免制度构建的必要性和可行性，认为“死刑赦免制度是限制死刑适用的重要途径。我国古代死刑赦免适用范围较为宽泛，现行宪法规定了赦免制度，刑法和刑事诉讼法提及了赦免制度。在我国经济发展、社会进步、人权保障的今天，构建死刑赦免制度不仅必要而且切实可行”。[②] 常宁分析了死刑赦免制度，其通过对西方国家以及中国古代死刑赦免制度的比较，对死刑的赦免做了系统的论述，提出在我国当前健全死刑赦免制度的必要性，并且论述了建立我国的死刑赦免制度的初步构架。[③] 赖早兴分析了美国的行政赦免制度，并从这一角度论证了赦免对于限制死刑的重要意义，认为“赦免是各国以外在于司法制度的方法干预司法的一项制度。美国行政赦免制度是美国行政干预司法的制度。美国联邦和部分州保留了死刑，其行政赦免在限制死刑执行中曾经起到了极其重要的作用。虽然自20世纪70年代以来，美国行政赦免在限制死刑执行中的运用已变得较为少见，但其仍是一个有效的限制死刑执行的制度”。[④]

从赦免制度建设完善角度展开论述，并认为应当在我国重构赦免制度的文章共六篇。申宏的硕士论文从中外赦免制度的考察入手，探讨近现代赦免制度的概念和分类，评述赦免制度的理论基础，认为赦免制度在我国被束之高阁的重要原因之一是其法律规定过于概括和原则，内容极其单薄、疏漏，缺乏可操作性。论文在此基础上主张对我国赦免制度进行重构，具体包括两方面：第一，特赦制度具体化，建立死刑赦免制度、特殊犯罪的赦免制度和针对某些外国人的赦免制度；第二，赦免制度法制化，赦免的行使主体，申请主体，适用范围、对象及条件和适用程序等均应有法律的详细规定。[⑤] 宫贵钊的硕士论文从赦免制度的概念和类型入手，回顾了古今中外赦免制度

① 竹怀军：《论我国死刑赦免制度的构建》，载《湖南师范大学社会科学学报》2004年第5期。
② 蒋兰香、李昀：《死刑赦免制度构建的必要性和可行性分析》，载《时代法学》2007年第5期。
③ 参见常宁：《死刑赦免制度探析》，载《法学杂志》2008年第3期。
④ 赖早兴：《美国行政赦免制度及其对死刑执行的限制》，载《河北法学》2006年第4期。
⑤ 参见申宏：《论刑法中的赦免制度》，郑州大学2004年硕士学位论文。

的发展历程,介绍了历代对赦免制度的评价,分析了赦免制度的利弊及其在当代中国实施的合理性与现实需要,并在此基础上探讨了完善我国赦免制度的具体立法构想。① 胡静的硕士论文认为赦免制度在古今中外的政治法律体制中都存在,原本是君王的一种恩赐制度,是君权的重要组成部分。但是随着社会的发展,赦免制度逐渐演变为国家用以调节利益冲突、平衡各种社会关系、救济法律不足的一种有效的刑事政策。论文同时分析了赦免制度可能存在的弊端,如削弱刑罚的特殊预防和一般预防功效、破坏法的稳定性及有违权力制约原则等,指出赦免制度本身是一把"双刃剑",对其启用必须明辨各种价值,取其应有价值,同时不能缺乏必要的监督。② 邓华平等从河北省政法委颁布"大赦民企原罪"的决定出发,评析了社会各界对此"赦免行为"的反应,并指出赦免应当依法而行,我国赦免实践的无序,源于赦免制度的缺失。论文从现代赦免制度的特征谈起,评析我国赦免制度的不足,提出了对赦免制度进行法典化的建议,并对中国赦免制度的适用范围、原则、程序、效力进行了初步的构想。③ 赵秉志等从现代赦免制度的类型、程序、法规设置等角度,就如何适应和谐社会的要求而重构现代赦免制度提出了具体设想,认为"现代赦免制度不仅是对国家尊重和保障人权之法治精神的充分印证,而且正与我国努力构建社会主义和谐社会之宏伟目标相契合,在我国现行法制中甚有重构之必要"。④ 张晶等分析了我国赦免制度的实践困境与应对策略,认为"我国赦免制度的现状是存而不废,存而不用,这种立法的空置无论在理论上和实践中都是难以回避的现实",其通过分析产生此现象的原因,指出赦免制度尴尬处境的关键所在,并从理想与现实两个层面提出完善我国赦免制度的建议。⑤

---

① 参见宫贵钊:《论我国赦免制度的完善》,厦门大学 2008 年硕士学位论文。

② 参见胡静:《赦免制度研究》,中国政法大学 2005 年硕士学位论文。

③ 参见邓华平、伍操:《论中国赦免制度的法典化》,载《西南政法大学学报》2004 年第 4 期。

④ 参见赵秉志、阴建峰:《和谐社会呼唤现代赦免制度》,载《法学》2006 年第 2 期。

⑤ 参见张晶、陈京春:《我国赦免制度的实践困境与对策研究》,载《云南大学学报(法学版)》2007 年第 2 期。

此外,亦有学者从国际公法、国际经济法等角度对赦免进行研究,此类文章共有两篇。王娜从国际公法的角度认为“一个国家新的民主政权往往赦免前政权成员犯下的严重罪行,这与国际法上追究个人刑事责任的要求相抵触,从而引发赦免的国际合法性争议。坚持赦免符合国际法的学说有过渡正义说和修复正义说,坚持赦免违反国际法的有人权不可侵犯说、追诉义务说、国际法与国内法关系说、类似法律原则分析说等学说。这些学说各具特色,但并不能切实解决赦免的国际刑法问题,应当探索国家赦免与国际刑事法院追诉之间协调的路径,从而解决赦免的国际合法性问题”。[①] 孙丽君从国际经济法的角度分析美国的反垄断赦免制度,认为“美国反垄断部门出台的赦免制度在制裁国际卡特尔方面发挥着极为重要的作用,该制度规定参加卡特尔的公司中第一个向政府揭发该卡特尔的公司可免除刑事责任。赦免制度有效实施的基础包括三个方面:即管辖地的反垄断法必须对参与卡特尔的公司制定严厉的惩罚措施、卡特尔成员面临着被反垄断部门查处的巨大风险、赦免制度具有透明度和预见性。美国的赦免制度已相当成熟和完善,实践证明这一制度具有极大的应用价值,这对我国有效制裁国际卡特尔具有重要的借鉴意义”。[②]

总体而言,以赦免制度为主题的研究成果多从历史的分析出发,在介绍赦免历史脉络的基础上,对赦免的理论依据、社会功能、分类、程序、赦免权等方面进行利弊得失的剖析,并进而结合中国的实际情况,提出在中国建立和完善赦免制度的必要性、可行性。但是,从宪法角度阐释赦免制度的论文却甚是稀缺,尤其缺乏对赦免的宪法、法律文本分析。

从国外相关学者对赦免的研究情况来看,历史上一些重要的思想家如康德、黑格尔、孟德斯鸠、霍布斯、卢梭、费尔巴哈、密尔、葛德文、拉德布鲁赫

---

① 王娜:《国际法视野中的赦免理论之争》,载《中南民族大学学报(人文社会科学版)》2008 年第 4 期。

② 孙丽君:《美国制裁国际卡特尔的赦免制度介评》,载《北京交通大学学报(社会科学版)》2007 年第 1 期。

等均在其经典论著中提及赦免问题，主要的论述集中在对君主赦免的价值探讨层面，或赞成君主赦免、或反对君主赦免、或持折中态度，均反映了资产阶级的赦免思想。就当代域外著作对赦免的研究情况而言，作者收集到有关赦免制度的书籍和论文共二十余部。① 在收集到的文献资料中，从宪法角度解读赦免制度的专著、论文也不多，以规范的方式分析赦免制度的作品更是凤毛麟角，多数情况是在宪法教材或者专著中简略提及赦免制度，或者是进行历史叙事性的描述，并未进行深入研究。大多数学者从刑法和刑事诉讼程序角度对赦免的相关领域进行分析，如赦免的条件、赦免与正义、行政赦免与刑事赦免、赦免与政治选择、限制国王的赦免权等。此外，还有一些学者从国际法的角度分析了赦免制度的价值和意义，并阐述了赦免与社会民主进程的关系，给宪法学者创造了从民主宪法价值层面思考赦免的空间。概而言之，域外的赦免思想具有悠久的历史，众多思想家的论述都曾涉及赦免问题，世界各国历史上种类繁多的赦免实践也为研究赦免制度提供了可贵的经验素材。

二、主要研究方法

本书在历史唯物主义与辩证唯物主义的总体指导思想下，采用法学方法对立宪主义时代的赦免制度进行了研究。具体研究方法包括：

第一，规范分析的方法。通过对赦免制度的法律规范分析，发现隐藏在文本中的法理，并发掘其本源含义。

第二，价值分析的方法。根据对赦免规范的价值分析，为赦免制度的存在找到正当性依据。

第三，比较分析的方法。通过我国立宪史上赦免制度的纵向比较分析和与其他国家赦免制度横向比较分析，借鉴合理的经验和优良的方法，去除落后的教训和常习。

---

① 参见本书外文参考文献部分。

第四，实证调研的方法。通过对人们关于赦免制度的心态，赦免实施前后人们的情感倾向等问题进行实证调查研究，考察赦免制度的社会价值，进一步论证赦免的相关问题。

第五，数据统计的方法。通过对历史上相关的赦免法规、实施的赦免行为等进行统计，发现其存在的客观规律，并揭示赦免制度同社会兴衰的关系。

第六，案例分析的方法。通过对典型的赦免案例进行解构，分析赦免的主体、对象、程序、监督等问题。

第七，功能分析的方法。通过分析赦免的功能及其作用，进而认识赦免制度的特性及其内部结构与本质内涵，从而为更有效地应用赦免制度、实施赦免行为并充分发挥赦免功能提供理论支撑。

此外，研究过程中还将运用法哲学、法社会学、法经济学和法律文化学等多种分析方法和手段，对赦免问题进行全面深入探讨。

第一章 赦免的历史与现状

对赦免进行历史考察,分析历史上有关赦免的理论,展现先哲有关赦免的思想,陈述各国有关赦免的实践,是研究赦免权力、赦免行为和赦免制度的关键。本章通过对中国古代、近代和当代赦免制度的纵向考察,通过对大陆法系主要国家、英美法系主要国家及其他国家或地区赦免制度的横向比较,为进一步论证民主立宪时代的赦免寻求思想支持。

第一节 中国赦免制度的历史考察

从汉字文义上来看,赦免含有宽容、免除的意义。《辞海》认为:"'赦',免除或减轻犯人的罪责或刑罚。《尚书·舜典》有'眚灾肆赦',《易·解卦》有'赦过宥罪',《周礼·秋官·司刺》有三赦、三宥之法。汉以后形成定制,赦宥频繁。名目有:大赦,即在全国范围内不问犯罪轻重概予赦免,但十恶等重罪通常不在赦例。曲赦,即局部地区(如灾区或者帝王车驾到处)的赦宥。特赦,即对特定罪犯的赦宥。郊赦,即在皇帝到南北郊祭祀天地后施行的大赦。另分为恩赦与常赦。"赦免,指由国家最高权力机关或国家元首以命令方式宣告,对一般罪犯或特定罪犯免除其刑罚的全部或一部分的制度。有的国家包括大赦、特赦、复权与减刑。中国现行宪法只规定了特赦制度，未规定大赦制度和复权制度。减刑在中国属于司法制度，由人民法院裁定。①《汉语大字典》则认为："赦，宽免人的罪过。《说文》：赦，置也。段玉裁注：网部曰：置，赦也。二字互训，赦与舍音义同，非专为赦罪也。后舍行而赦废，赦专为赦罪矣。"②

一、古代的赦免

（一）古代赦免制度概况

赦免的历史可以追溯到奴隶制社会，随后演变为中国封建时代的一种刑罚措施，在史籍中早有记载，意指免除或减轻罪犯的罪责或刑罚。《尚书·舜典》有"眚灾肆赦"；《易·解卦》有"赦过宥罪"；《周礼·秋官·司刺》中有"一宥曰不识，再宥曰过失，三宥曰遗亡；一赦曰幼弱，再赦曰老耄，三赦曰蠢愚"。可以看出，最初"赦免"只适用于个别的人和事，并且局限于行为人没有主观故意的"过失"和"意外事件"等特殊情况，原则上不适用于普通的犯罪。同时，在审理的案件存在疑问的情况下，也倾向于实施赦免。"王制'疑狱，泛与众共之；众疑，赦之。'吕刑'墨辟疑赦，其罚百锾'，是赦为古人对付疑狱之一种政策。"③然而，春秋之后，赦免频发，有的年代甚至一年就有两三次赦免。"大赦天下"始于秦王朝统一天下之后的秦二世二年（前208年）。自此，普遍的赦免盛行于华夏大地。以汉高祖为例，其在位12年，共实施了9次赦免。

从赦免的起因上看，不但皇帝即位、改年号、册皇后、立太子、生皇孙要赦，平叛乱、开疆土要赦，遇灾异、有疾病要赦，郊祀天地、行大典礼要赦，甚至刻章玺、颁新律、获珍禽异兽也要赦。更有甚者，据《战国策》的记载，陶朱公之子在楚国犯罪之后，楚国的大臣庄生以"星变"为理由，要求对其实施大赦。到了这

---

① 辞海编辑委员会编纂：《辞海》，上海辞书出版社1999年版，第5528页。

② 《汉语大字典》（缩印本），四川辞书出版社、湖北辞书出版社1993年版，第1461页。

③ 徐式圭：《中国大赦考》，商务印书馆1934年版，第2页。

种程度,对赦免的实施就有滥用的嫌疑了。然后,通过纷繁复杂的表面现象追问古代赦免的根本原因,还必须回归到中国古代的权力结构中去。长达几千年的古代史表明,中国社会一直是皇权至上的社会。皇帝的权力源于上天的授予,高于尘世间的一切权力。原则上,位居统治阶级之巅的皇帝只须对上天负责,其所代表的皇权体系实际上凌驾于民众的权利之上,并无须对民众的权利负责。然而,尽管统治阶级一再宣称其统治的正当性与合法性,但是受到过度剥削的民众却有可能起来反抗,并通过暴力颠覆一个王朝。所以统治阶级总是要以一定的手段来笼络百姓,以获得其支持并维护自己的统治秩序,并且这一目标是历代统治者的最高利益。因此,一切制度的安排和行为的实施都是为了确保皇权的稳固和统治秩序的安定。古代赦免制度在本质上也是统治集团实施阶级统治的手段。诚如学者所言:"春秋以降,刑政失宜,人君每假大赦之名,以上结天心,下要民誉,历世相因,遂成定例。"①

从赦免的形式上看,古代的赦免制度分为大赦、曲赦、郊赦、恩常赦和赦书等。具体如下:第一,所谓大赦,是指效力及于全国的赦宥。古代在遇到王朝更替、重大社会变革或者吉庆等情形时,往往实施大赦,对于一定的犯罪,无论是否已经发觉,是否已经处罚,都予以赦免。经过赦免的犯罪,不许他人再向官府控告,如果以赦免的犯罪事由告发别人,就以所告的罪惩罚原告,实行类似"反坐"的措施。对统治阶级危害最大的犯罪如十恶、贪赃(见六赃)和强盗等罪,则通常不在大赦的范围内。但也有例外,有的时候将谋反、大逆等重罪也一概赦免。第二,所谓曲赦,是指对部分地区的赦宥,亦称"特赦"。曲赦的名称,最初见于西晋泰始五年(269 年)的"曲赦交趾、九真、日南五岁刑"。宋代马端临所著的《文献通考》中则记载:赦免的范围只限于京城、两京、两路、一路、数州、一州的,称为曲赦。第三,所谓郊赦,是指皇帝到南北郊祭祀天地后颁行的大赦。较早的记载见于汉文帝十五年(前 165 年),"夏四月,上幸雍,始郊见五帝,赦天下"。自晋代以后,一般都在南郊祭天时颁行大赦,郊祀年年举行,但是并非每次都实施赦免。到了宋代,郊赦

---

① 徐式圭:《中国大赦考》,商务印书馆 1934 年版,第 2 页。

成为定制,皇帝每三年一次亲祀南郊,同时颁行大赦。第四,所谓恩常赦和赦书,是指恩赦和常赦。恩赦是遇到非常庆典进行的赦免,一般除谋反大逆、谋杀故杀、十恶等死罪以及军务获罪、隐匿逃犯、侵贪公财不赦外,其余一概赦免。唐宋时期,赦书须在举行赦典的公开仪式上宣读,然后由宰臣交刑部颁发各地方,广为宣布。赦书有一定的体式,须写明赦宥的原因、期限、赦罪的范围等内容。《唐律疏议·名例》载,发出赦书当天黎明以前的犯罪一律赦免。《旧唐书·刑法志》载,颁行赦免的当天,宫城门外右边设置金鸡和鼓,将罪犯集中到门前,击鼓一千下,宣读赦书,然后将他们释放。

从赦免的原则来看,古代赦免遵循所有犯罪都可赦免,特种犯罪限制赦免的基本原则。对于特种犯罪的限制赦免,一般依据"常赦所不原"或者"常赦所不免"的相关规定。北周、隋及唐代前期,都称"常赦所不免",从唐代后期开始,通称"常赦所不原",意指对于某些犯罪行为,在寻常的赦宥中并不免除其罪责,或者虽经赦免,但仍然需要接受某种处理。"不免"或"不原"的具体内容,各代并不完全相同。唐律"赦前断罪不当"条规定,"其常赦所不免者,依常律",《唐律疏议》规定:"依常律,即犯恶逆仍处死;反逆及杀从父兄姊、小功尊属、造畜蛊毒,仍流;十恶、故杀人、反逆缘坐,狱成者犹除名;监守内奸盗、略人、受财枉法,狱成会赦,免所居官;杀人应死,会赦移乡等是。"明律、清律中有关"常赦所不原"的条款,都列举了具体的罪名,如十恶、杀人、强盗、窃盗、放火、发冢和受财枉法等罪犯,都在"不免"之列。

(二)古代赦免制度的实施情况

根据已经统计的资料,从秦孝文王①至明代崇祯皇帝②,共 1880 年,共实施 973 次赦免,平均每 2 年零 10 个月就会实施一次赦免。具体而言,从

① 秦孝文王(前 303—前 250 年),秦昭襄王之子,嬴姓,名柱。前 250 年,孝文王正式即位,在位一年(有传说在位仅三天,服太子子楚所进美酒后猝死)。

② 崇祯皇帝,即明思宗,朱由检(1611—1644 年),明朝末代皇帝,明光宗第五子,熹宗之弟,在位时间共 17 年(1627—1644 年),年号崇祯。

时间来看:间隔时间最长的是明朝嘉靖十九年至四十四年,这27年未经赦免实属罕见,史称这段时间"慎刑不赦,有以哉",是值得肯定的。从朝代来看:唐朝和南朝最为频繁。唐朝统治的290年中共实施了174次赦免,平均不到2年就会赦免1次,仅唐肃宗在位的5年就进行了12次赦免。南朝统治的178年,共实施了146次,几乎平均1年就有1次赦免,实在是引人深思。(见表2)

表2 中国历代赦免次数统计

朝代	统治年数/年	赦免次数/次	说明
秦朝	44	3	由秦孝文王至秦二世
两汉	418	186	包括王莽篡位在内
魏	45	9	
两晋	157	116	
南朝	178	146	
隋朝	38	19	
唐朝	290	174	
五代	61	28	
宋朝	308	192	
元朝	113	45	
明朝	228	55	
总计	1880	973	

资料来源:徐式圭:《中国大赦考》,商务印书馆1934年版,第94页。

如此惊人的赦免频率和赦免数量,带来的社会影响是惊人的、多方面的和深远的。一方面,赦免的实施繁荣了赦免制度,促进了这一制度的发展,维护了统治阶级的利益并使部分有冤屈的人得以救赎,从而维持了古代的统治秩序。另一方面,赦免的滥用则降低了惩罚的权威,减小了犯罪的成本,使人们对犯罪所带来的利益有新的期待和权衡,从而滋生了新的犯罪和损害了犯罪受害人的利益。这两方面到底孰重孰轻,自是仁者见仁、智者见智,各家自有不同评价。以唐朝为例,在其历时近300年的统治中,国力强盛，疆域辽阔，享有崇高的国际地位并取得了辉煌的政治、经济、文化成就，高度的物质文明和强大的文化影响力使国家空前发达，使世界各国争相与之交往，是当时亚洲的经济文化中心和东西方交流的重要桥梁。这当然是多方面因素共同作用的结果，但是与统治者采用多元、开放的治国方式联系最为紧密。唐朝统治者开明宽容的思想从其实施赦免的状况可以窥见一斑，其赦免不仅次数频繁，而且名目多样。从某种意义上讲，正是这样的理念使民间社会有了和政治国家协同发展的机会，而民间社会的发达又使统治阶级能够整合一切力量推动经济文化发展，并在政府与社会的良性互动中稳步向前，最终创造了举世瞩目的繁荣盛世。（见表3）

表3　中国古代赦免名目及出现次数分析

赦免名目一	次数	赦免名目二	次数	赦免名目三	次数
改元	103	旱饥	8	定都	4
即位	89	加元服	7	归政	3
祀圜丘	48	巡幸	7	反正	3
郊	48	地震	5	受宝	3
祀明堂	44	祀佛	5	享太庙	3
立储	37	凤凰集	5	御冠	3
上尊号	21	祥光见	4	刑政失宜	3
立后	18	封禅	4	克敌	3
平乱	16	耕藉	4	立皇太弟	2
与民更始	14	谒宫	4	临辟雍	2
皇子生	14	疾愈	4	有年	2
星变	12	日食	4	监国	2
御疾	11	上太后尊号	4	建太庙	2
罪己	9	皇子纳妃	4		
兵乱	8	崩御	4		

资料来源：徐式圭：《中国大赦考》，商务印书馆1934年版，第96页。

(三)古代有关赦免的各种思想

在古代,赦免作为专制体制下一种为皇帝所拥有的特权,历来是众多思想家探讨的对象。总体而言,反对者较多,但也有不少人站在统治阶级的立场支持赦免。

一方面,对赦免持否定意见的思想家主要有管仲①、王符②、吴汉③、匡衡④、诸葛亮⑤、王通⑥、李世民、张允⑦、欧阳修⑧、王严叟⑨、元英宗⑩、赵天麟⑪、张燧⑫、王夫之⑬、梁章钜⑭等。

春秋时期法家代表人物管仲认为君主不应当轻易赦免臣民所犯之罪,尤其是轻罪,因为过度的宽宥会让恶行得不到惩罚,法制的威严受到损害,

---

① 管仲(前723—前645年),姬姓,管氏,名夷吾,字仲,谥敬,颍上(今安徽省颍上县)人,古代著名经济学家、哲学家、政治家、军事家。

② 王符(约85—163年),字节信,汉族,安定临泾(今甘肃镇原)人,东汉政论家、文学家、进步思想家。王符一生隐居著书,崇俭戒奢、讥评时政得失,因"不欲章显其名",故将所著之书名为《潜夫论》,其思想深刻、观点鲜明、文笔犀利。

③ 吴汉(?—44年),字子颜,南阳宛县(今河南省南阳市宛城区)人,东汉开国名将、军事家。

④ 匡衡(生卒年不详),东海郡承县(今山东省枣庄市峄城区)人,西汉经学家,家境贫寒农,但十分好学,勤奋努力,最终官至丞相,他"凿壁借光"的故事广受称颂。

⑤ 诸葛亮(181—234年),字孔明,号卧龙,琅琊阳都(今山东省临沂市沂南县)人,三国时期蜀汉丞相,中国古代杰出的政治家、军事家、发明家、文学家。

⑥ 王通(584—617年),字仲淹,又称文中子,隋朝河东郡龙门县通化镇(今山西省万荣县,一说山西省河津市)人,隋朝时期教育家、思想家。

⑦ 张允(886—950年),五代后汉时期官员,镇州束鹿人。

⑧ 欧阳修(1007—1072年),字永叔,号醉翁,晚号六一居士,江南西路吉州庐陵永丰(今江西省吉安市永丰县)人,出生于绵州(今四川省绵阳市),北宋政治家、文学家。

⑨ 王严叟:宋代学者,字彦霖,清平(今高唐)人,著作有《易传》、《诗传》和《韩魏公别录》等。

⑩ 元英宗:孛儿只斤·硕德八剌(1303—1323年),元朝第五位皇帝,蒙古帝国第九位大汗。大德七年(1303年)出生,延祐三年(1316年)被立为皇太子,延祐七年(1320年)三月即位,次年改元"至治"。

⑪ 赵天麟:元代东平人,博学能文,世祖至元末,以布衣进《太平金镜策》,前后数万余言,议论政事多切时宜,后世称其"布衣法学家"。

⑫ 张燧:字和仲,明代湖南潇湘人,通经史子集,生活于大约自明万历初年至崇祯末年,著有史论随笔合集《千百年眼》。

⑬ 王夫之(1619—1692年),字而农,号姜斋,人称"船山先生",湖广衡阳县(今湖南省衡阳市)人,明末清初思想家,与顾炎武、黄宗羲、唐甄并称"明末清初四大启蒙思想家"。

⑭ 梁章钜(1775—1849年),字闳中,又字茝林,号茝邻,晚号退庵,福建福州府长乐县(今福建省福州市长乐区)人。

从而导致社会犯罪率上升,治理更加困难。因而赦免行为小利而大害,不赦方是治国之道。他说:“民毋重罪,过不大也;民毋大过,上毋赦也。上赦小过,则民多重罪,积之所生也。故曰:赦出则民不敬,惠行则过日益。惠赦加于民,而囹圄虽实,杀戮虽繁,奸不胜矣。故曰:邪莫如蚤禁之。赦过遗善,则民不励。有过不赦,有善不遗,励民之道,于此乎用之矣。……凡赦者小利而大害也,故久而不胜其祸。毋赦者小害而大利也,故而不胜其福。故赦者,奔马之委辔;毋赦者,痤雎之矿石也。”①

东汉思想家王符认为赦免行为使恶行得不到惩治,善行受到压制,并引用《诗》《书》等儒家经典著作论证严刑的必要性,得出赦免不仅不可以治乱,反而可能滋养罪恶生成的结论。他说:“今日贼良民之甚者,莫大于数赦赎。赦赎数,则恶人昌而善人伤矣。何以明之哉?夫勤敕之人,身不蹈非,又有为吏正直,不避强御,而奸猾之党横加诬言者,皆知赦之不久故也。善人君子,被侵怨而能至阙庭自明者,万无数人;数人之中得省问者,百不过一;既对尚书而空遣去者,复什六七矣。其轻薄奸轨,既陷罪法,怨毒之家冀其辜戮,以解畜愤,而反一概悉蒙赦释,令恶人高会而夸咤,老盗服臧而过门,孝子见仇而不得讨,遭盗者睹物而不敢取,痛莫甚焉!夫养稂莠者伤禾稼,惠奸轨者贼良民。《书》曰:‘文王作罚,刑兹无赦。’先王之制刑法也,非好伤人肌肤,断人寿命也;贵威奸惩恶,除人害也。故经称:‘天命有德,五服五章哉,天讨有罪,五刑五用哉’;《诗》曰:‘彼宜有罪,汝反脱之’。古者唯始受命之君,承大乱之极,寇贼奸轨,难为法禁,故不得不有一赦,与之更新,颐育万民,以成大化。非以养奸活罪,放纵天贼也。夫性恶之民,民之豺狼,虽得放宥之泽,终无改悔之心。旦脱重梏,夕还囹圄,严明令尹,不能使其继绝。何也?凡敢为大奸者,才必有过于众,而能自媚于上者也。多散诞得之财,奉以谄谀之辞,以转相驱,非有第五公之廉直,孰不为顾哉?论者多曰:‘久不赦则奸轨炽而吏不制,宜数肆眚以解散之。’此未昭政乱之本源,不察

① 《管子·法法篇第十六》。

祸福之所生也。”①

东汉军事家吴汉也明确反对赦免，在其病重之际，皇帝亲自去看望他，在与皇帝的对话中，他说：“臣愚无所知识，唯愿陛下慎无赦而已。”②

西汉思想家匡衡认为赦免不能从根本上解决犯罪问题，赦免之后再行犯罪者众多，刑罚难以发挥其作用，故反对赦免。他说：“陛下躬圣德，开太平之路，闵（悯）愚吏民触法抵禁，比年大赦，使百姓得改行自新，天下幸甚。臣窃见大赦之后，奸邪不为衰止，今日大赦，明日犯法，相随入狱，此殆导之未得其务也。盖保民者，‘陈之以德义’，‘示之以好恶’，观其失而制其宜，故动之而和，绥之而安。今天下俗贪财贱义，好声色，上（尚）侈靡，廉耻之节簿，淫僻之意纵，纲纪失序，疏者逾内，亲戚之恩薄，婚姻之党隆，苟合徼幸，以身设利。不改其原，虽岁赦之，刑犹难使错（措）而不用也。”③

三国时期，诸葛亮在与后主的对话中赞同匡衡、吴汉的观点，认为赦免是小惠而非大德，岁岁赦免无益于国家治理。他说：“治世以大德，不以小惠，故匡衡、吴汉不愿为赦。先帝亦言，吾周旋陈元方、郑康成间，每见启告，治乱之道悉矣，曾不语赦也。若刘景升、季玉父子，岁岁赦宥，何益于治！”④

隋朝思想家王通强调法度的公平性所产生的效果大于赦免的作用，如果一个国家的刑法制度是公平的，那么就无须实施赦免行为。他说：“无赦之国，其刑必平；重敛之国，其财必削。”⑤

唐太宗李世民担心赦免是小人之幸、君子之不幸，会让小人怀有侥幸心理，有机可乘而实施违法犯罪行为，应当谨慎实施。《资治通鉴》记载：“上谓侍臣曰：古语有之：赦者小人之幸，君子之不幸。一岁再赦，善人喑哑。夫养稂莠者害嘉谷，赦有罪者贼良民，故朕即位以来，不欲数赦，恐小人恃之轻犯

① 王符：《潜夫论·述赦篇》。

② 《后汉书》卷一八《吴盖陈臧列传》，“二十年，汉病笃。车驾亲临，问所欲言。对曰：‘臣愚无所知识，唯愿陛下慎无赦而已’”。

③ 班固：《汉书第五十一·匡张孔马传》。

④ 陈寿：《三国志·蜀书·后主传“答惜赦”》。

⑤ 王通：《文中子中说·王道篇》。

宪章故也！”①

五代后汉时期，张允认为赦与不赦与皇恩关系不大，罪当其罚方是正道，不赦更有利于惩恶扬善。他说：“盖行赦不以为恩，不行赦亦不以为无恩，为罚有罪故也。窃观自古帝王，皆以水旱则降德音而宥过，开狴牢以放囚，冀感天心以救其灾者，非也。假有二人讼，一有罪，一无罪，若有罪者见舍，则无罪者衔冤，衔冤者彼何疏，见舍者此何亲乎？如此则是致灾之道，非救灾之术也。自此小民遇天灾则喜，皆相劝为恶，曰国家好行赦，必赦我以救灾，如此即是国家教民为恶也。且天道福善祸淫，若以舍为恶之人，而便变灾为福，则又是天助其恶民也。细而论之，必不然矣。傥或天降之灾，盖欲警诫人主。节嗜欲，务勤俭，恤鳏寡，正刑罚，不滥舍有罪，不僭杀无辜，使美化行于下，圣德闻于上，则虽有水旱，亦不为沴矣。岂以滥舍有罪，而反能救其灾乎？彰其德乎？是知赦之不可行也明哉！”②

欧阳修认为赦免非天下之常法，不利于国家长治久安。他说：“纵而来归，杀之无赦。而又纵之，而又来，则可知为恩德之致尔。然此必无之事也。若夫纵而来归而赦之，可偶一为之耳，若屡为之，则杀人者皆不死，是可为天下之常法乎？不可为常者，其圣人之法乎？是以尧、舜、三王之治，必本于人情，不立异以为高，不逆情以干誉。”③

宋代学者王严叟认为赦免无益于圣君明主的国家治理，他说：“昔天禧中，祥源成，治平中，醴泉成，皆未尝赦。古人有垂死谏君无赦者，此可见赦无益于圣治也。”④

元英宗认为赦免罪犯对于受害者来说是不公平的，恶人通过赦免逃脱惩罚，良善反遭戕害。他说：“恩可常施，赦不可屡下。使杀人豁免，则死

① 司马光：《资治通鉴·唐纪》。

② 《五代史·卷一百八（汉书）·列传五》。

③ 欧阳修：《纵囚论》。

④ 《宋史·卷三百四十二·列传第一百一》。

者何辜”,“释囚祈福,岂为师惜?朕思恶人屡赦,反害善良,何福之有?”①

元代布衣法学家赵天麟提出赦免虽然对于罪犯是莫大的恩惠,但却不是治理国家的常态,应当罪而杀,当生而宥,严格法度,反之则国家祸乱,天下不幸。他说:“赦者,欲以荡涤瑕秽,与民更始。以负罪者言之,则为莫大之深恩;以致治者论之,则非太平之常事也。近世以来,郊天、祝宗、建储、立后,未有不肆赦者。侥幸之子、逆知期会,能不起非滥之心哉?且罹狱者,皆人之切心侧目者也。及乎啼乌夜启,驿马宵流,玉龠告灵,金鸡树伏,雷雨一解,例皆释之,名为嘉吉之符,实皆变异之征也。遂使攘劫服赃而诧议,善人屏息以衔冤,养稂莠于良田,纵豺狼于当道。独不念害嘉谷而伤平民乎?又况大赦之后,邪奸未尝衰止,朝脱囹圄,夕撄缧绁其不能承化自新,亦已明矣。今国家哀囚徒之孽苦,悯小民之庸騃,频降赦条,此盖朝廷不忍人之心形于外,而不能自已也。推此以及良民,顺大道以正生杀,则周文之治不难同矣。若当罪而宥之,当杀而生之,亦犹来暄风于霜雪之辰,行春令于秋冬之际,如此布欲天道之成,臣不知其可也。伏望明罚饬法,振纪肃纲,俾奸人贪吏革面洗心,不敢觊非常之恩,作幸邀之想,天下幸甚!”②

明代学者张燧认为赦免是古有之久远做法,然而导致杀人者不死,伤人者不刑,作奸犯科者不诘,弊大于利。他说:“后世乃有大赦之法,不问情之浅深,罪之轻重,凡有犯在赦前者,则杀人者不死,伤人者不刑,盗贼及作奸犯科者不诘;于是赦为偏袺之物、长奸之门。然观管仲之言及陶朱公之事,则知春秋战国时已有大赦之法矣。”③

明末清初思想家王夫之认为赦免要在特定的情境下方可实施,混乱之世要用严刑峻法来维护社会秩序,不能让犯罪之人免予处罚,否则将使恶行当道而善心泯灭。他说:“夫赦亦有时焉而可者,夷狄盗贼僭据上国,岂岂之氓胁从以徼幸,上不能固保其民,使群陷于逆,则荡涤而矜全之可耳。旱饥

① 《元史·英宗纪》。

② 《元史·列传八十》。

③ 张燧:《千百年眼》。

之民，流离道殣者，类不能为奸恶；而奸恶之徒，虽旱饥而固不至于馁瘠者也。如曰衣食不足，而非僻以起，则夫犯者在未饥以前，固非为饥所迫，而奚所恤哉？省囚系以疏冤滞，宥过误以恤惷愚，止讼狱以专农务，则君上应行之政，无岁不宜，而不待旱饥。至于旱饥之岁，豪民擅粟以掠市子女，游民结党以强要籴贷，甚且竞起为盗以攘杀愿懦；非法不惩，非刑不戢；而更纵不轨之徒，使无所创艾以横行郊邑，又岂非凶年之大蠹哉？”①

清代学者梁章钜认为赦免虽为帝王行仁政之举，但与法令制度的公平性没有必然联系，虽可实施赦免，但应有所限度。他说：“谢梅庄曰：自匡衡、吴汉，不愿为赦，其后孔明惜赦，孟光责赦，而文中子乃甚其词曰：‘无赦之国，其刑必平。’夫赦者，先王仁政之一，盖愚民当创惩之后，未必无悔悟之心，而人主除已往之愆，亦与民更始之义，但当以数为戒，不必以无为美也。秦皇两世，不闻有赦，唐德宗之季，十年不赦，而陆宣公、阳道州皆死于贬所，此三主者，刑何尝平哉！”②

另一方面，主张宽宥犯罪并对赦免持肯定意见的主要有荀子③、刘秀④、王守仁⑤等。

荀子以儒家的仁政思想为基础，强调国家治理应以教化为主，频繁而严厉的刑罚不仅不能从根源上解决犯罪恶行，反而不利于争讼的解决和危机的化解。他说：“孔子为鲁司寇，有父子讼者，孔子拘之，三月不别。其父请止，孔子舍之。季孙闻之，不说，曰：‘是老也欺予，语予曰：“为国家必以孝。”今杀一人以戮不孝，又舍之。’冉子以告。孔子慨然叹曰：‘呜呼！上失之，下杀之，其可乎？不教其民而听其狱，杀不辜也。三军大败，不可斩也；狱犴不

① 王夫之：《读通鉴论卷二十·太宗》。

② 梁章钜：《浪迹丛谈·卷五》。

③ 荀子（约前313—前238年），名况，字卿，战国末期赵国人，思想家、哲学家、教育家，儒家学派的代表人物，先秦时代百家争鸣的集大成者。

④ 刘秀（前5—57年），字文叔，南阳郡蔡阳县（今湖北省枣阳市西南）人，东汉开国皇帝，杰出的政治家、军事家。

⑤ 王守仁（1472—1529年），本名王云，字伯安，号阳明，浙江余姚人，明朝杰出的思想家、文学家、军事家、教育家。

治，不可刑也；罪不在民故也。嫚令谨诛，贼也；今生也有时，敛也无时，暴也；不教而责成功，虐也。已此三者，然后刑可即也。'《书》曰：'义刑义杀，勿庸以即，予维曰：未有顺事。'言先教也。故先王既陈之以道，上先服之。若不可，尚贤以綦之；若不可，废不能以单之。綦三年而百姓往矣。邪民不从，然后俟之以刑，则民知罪矣。《诗》曰：'尹氏大师，维周之氐。秉国之均，四方是维。天子是庳，卑民不迷'是以威厉而不试，刑错而不用。此之谓也。今之世则不然。乱其教，繁其刑，其民迷惑而堕焉，则从而制之，是以刑弥繁而邪不胜。三尺之岸而虚车不能登也，百仞之山任负车登焉，何则？陵迟故也。数仞之墙而民不逾也，百仞之山而竖子冯而游焉，陵迟故也。今夫世之陵迟亦久矣，而能使民勿逾乎？《诗》曰：'周道如砥，其直如矢。君子所履，小人所视。眷焉顾之，潸焉出涕。'岂不哀哉？"[①]

汉光武帝刘秀曾多次实施赦免，表现出对冤案的愤怒和行仁政的渴望。他说："其赦天下，惟残贼用刑戮深刻，狱多冤人，朕甚愍之。自今已后，有犯者，将正厥辜。"[②]这种思想和当时特定的社会背景密切相关，由于西汉后期黑暗政治的原因，社会上存在的大量囚徒与奴隶已经成为东汉初期急需解决的重大社会问题。刘秀在称帝以后，在建武二年（26 年）下诏释放囚徒，这道释放囚徒的诏令涉及全国各地，除了特重案犯以外，一切都免为庶人。到了建武七年（31 年），他又再次下发诏令扩大了赦免的范围。大量赦免囚犯的行为不仅缓和了东汉初年的社会矛盾，同时也给社会增加了大批劳动力，有利于社会生产力的发展。

明朝杰出的思想家王守仁主张天人合一、知行合一、致良知等核心观念从而实现了理论与实践的统一、主体与客体的统一、内圣与外王的统一，强调人的主观能动性和改造人的可能性，其一生建立了多领域的丰功伟绩。他认为"良知"是心的本体，每个人都有，有些人之所以做坏事，只是良知被

---

① 《荀子·宥坐》。

② 《续汉书·艺文类聚》卷五十二《赦宥》。

遮挡了，如果此类人不是十恶不赦，我们要尽量帮助他们光复良知，让他们“为善去恶”。他说：“本心之明，皎如白日，无有有过而不自知者，但患不能改耳。一念改正，当时即得本心。”①赦免虽然本质上是君王玩弄权术的手段，但是客观上能带来正面的社会价值，最重要的是能感化罪犯，使其重回本心的良善。

二、近代的赦免

中国的立宪历史可以追溯到清朝末年《钦定宪法大纲》的颁布。然而，这部想要挽救清政府腐朽统治的宪法性文件并没有能够阻止其覆灭的命运，其后短短3年内爆发的辛亥革命迅速埋葬了这个统治中国两百多年的王朝。从1908年到1949年的短短41年内，中国经历了清朝覆灭、民国诞生、军阀混战和中华人民共和国成立等诸多重大历史事件。其间不同的掌权者基于自身利益的考虑实施了多次赦免，想要稳定社会，恢复正常的统治秩序，但是收效甚微。

这一阶段报刊资料所载有关赦免的文章与报道较多，主要有：

(1)《不忍杂志》1913年7月18日第6册发表康有为诗：“京破后狱囚皆放闻徐子静侍郎即奉赦免喜倒泪下”；

(2)《华工杂志》1917年9月25日第13期发表近事纪要：“旅欧华人近况：白桑司华工死罪的赦免”；

(3)《万国公报》(上海)1877年12月22日第10年469卷发表报道：“大俄国事：大公获罪赦免”；

(4)《万国公报》(上海)1878年12月14日第11年518卷发表报道：“各国近事：大奥斯马加：赦免乱人罪愆”；

(5)《中华杂志》(北京)1914年5月16日第1卷第3号发表丁佛言评论：“评判：评五月三日赦免附乱党人令”；

---

① 王守仁：《寄诸弟》。

(6)《女铎》1936 年 25 卷(7)期 49 页发表报道:“女界新闻:国府命令特赦施剑翘,因父仇刺杀孙传芳,哀其志赦免其徒刑”;

(7)《中央党务月刊》1931 年(31)卷 44 页公布命令:“关于政治者:六、函国民政府文官处:请饬司法院等转饬所属:对于已经核准赦免之人犯,须摘录案情及其相片呈报中央备查”;

(8)《中央周报》1930 年第 123 期发表新闻“蒋主席请国府赦免军政罪犯”;

(9)《中华法学》杂志 1931 年第 2 卷第 3 期发表国内要闻:“政治会议关于政治犯赦免范围之决议”;

(10)《北平市市政公报》1931 年第 97 期发布:“奉令赦免政治犯,连带没收之财产,处理办法业奉国府指令核定,饬即知照等因,除饬属知照外呈复鉴核由”;

(11)《北平市市政公报》1931 年第 97 期发布:“奉行政院令,据广东山东两省政府先后请示,政治犯既准赦免,其连带没收之财产如何处理等情,经咨准司法院咨复办法两种,复经呈奉国府指令应用第二种办法,通饬知照等因令仰知照由”;

(12)《立法专刊》1947 年第 25 期公布“罪犯赦免案(三十五年六月二十五日立法院第四届第三零三次会议通过、三十六年一月一日国民政府令颁)”;

(13)《立法专刊》1933 年第 7 期公布“大赦条例(二十一年六月十一日立法院第一八八次会议通过,二十一年六月二十四日国民政府公布):办理赦免案件一览表”;

(14)《半月新闻》(杭州)1947 年第 2 期报道:“国府颁布赦免令”等。

这段时间内具体实施的重要赦免事件包括:

1916 年 6 月黎元洪就任大总统职位,7 月实施赦免释放了被拘禁的政治犯罪者。

1924 年 11 月段祺瑞就职临时政府首脑时,举行大赦赦免罪犯,但是犯有贿选罪的犯罪人不在赦免之列。

1927 年 6 月张作霖进入北京就任大元帅职务,举行大赦。

1931 年(民国二十年)1 月 1 日举行大赦,凡是此前的政治犯,均行赦免。但是犯有背叛党国之罪者,具有卖国行为者或者共产党员不在赦免之列。

1932 年 3 月 5 日举行大赦,对普通的刑事犯罪者予以赦免。凡是最重刑在 3 年有期徒刑以下、拘役或者专科罚金、褫夺公权、没收财产者,均行赦免。除此之外,犯有其他之罪其最终刑为死刑、无期徒刑或者 7 年以上有期徒刑者,减刑 1/3;3 年以上 7 年以下有期徒刑者减刑 1/2。①

从以上叙述不难看出秩序混乱的中国近现代社会滥用赦免权的情状,也不难看出赦免权的恣意实施不仅没能够挽救各个心怀私利的统治政权于危难之中,反而加速了这些政权的灭亡。后来的历史实践证明,只有依据宪法和法律的规定,在民主法治的环境中,以保障人权为目的正确运用赦免权才能起到预期作用,为化解社会矛盾,促进安定团结贡献应有的制度力量。

三、当代的赦免

中华人民共和国成立后至今,1959 年至 1975 年共实施过七次特赦,进入 21 世纪后,2015 年全国人大常委会决定在中国人民抗日战争暨世界反法西斯战争胜利七十周年之际对部分服刑罪犯予以特赦,2019 年全国人大常委会决定在中华人民共和国成立七十周年之际对部分服刑罪犯予以特赦。首次特赦主要对象为战争罪犯、反革命罪犯及普通的刑事罪犯,此后六次都是针对战争罪犯,第八次和第九次特赦均涉及普通的刑事犯罪。这些历史经验为赦免的实施提供了可供参考的珍贵范本,近年来针对赦免的研究也

---

① 以下十类犯罪不在本次赦免之列:(1)犯外患罪者;(2)杀害直系亲属者;(3)杀人出于预谋或有残忍行为者;(4)抢夺强盗或者海盗而故意杀人者;(5)强盗海盗而放火或强奸者;(6)掳人勒索而故意杀人或者强奸者;(7)强奸而故意杀人者;(8)移送被诱略人出民国者;(9)犯渎职或公务上侵占之罪者;(10)犯特别刑事法规所定与以上各款性质相同之罪者。

更加深入,出现了不少有关这一制度的专著、论文、评论与报道。

从具体的实践来看,以 1959 年新中国实施的第一次赦免为例,首先是《人民日报》于 1959 年 9 月 8 日发表专门的社论《改恶从善前途光明》,为此次赦免的实施造势,做好舆论宣传和新闻导向工作。

在这样的背景下,中国共产党中央委员会于 1959 年 9 月 14 日提出特赦建议,该建议全文如下:

"全国人民代表大会常务委员会:中国共产党中央委员会向全国人民代表大会常务委员会建议:在庆祝伟大的中华人民共和国成立十周年的时候,特赦一批确实已经改恶从善的战争罪犯、反革命罪犯和普通刑事罪犯。我国的社会主义革命和社会主义建设已经取得了伟大胜利。我们的祖国欣欣向荣,生产建设蓬勃发展,人民生活日益改善。人民民主专政的政权空前巩固和强大。全国人民的政治觉悟和组织程度空前提高。国家的政治经济情况极为良好。党和人民政府对反革命分子和其他罪犯实行的惩办和宽大相结合、劳动改造和思想教育相结合的政策,已经获得伟大的成绩。在押各种罪犯中的多数已经得到不同程度的改造,有不少人确实已经改恶从善。根据这种情况,中国共产党中央委员会认为,在庆祝伟大的中华人民共和国成立十周年的时候,对于一批确实已改恶从善的战争罪犯、反革命罪犯和普通刑事罪犯,宣布实行特赦是适宜的。采取这个措施,将更有利于化消极因素为积极因素,对于这些罪犯和其他在押罪犯的继续改造,都有重大的教育作用。这将使他们感到在我们伟大的社会主义制度下,只要改恶从善,都有自己的前途。中国共产党中央委员会提请全国人民代表大会常务委员会考虑上述建议,并且做出相应的决议。"

紧接着,依据毛泽东主席代表中央委员会所提出的这一建议,第二届全国人民代表大会常务委员会第九次会议于 1959 年 9 月 17 日通过了《关于特赦确实改恶从善的罪犯的决定》,该决定全文如下:

"第二届全国人民代表大会常务委员会第九次会议,讨论了毛泽东主席所提出的中国共产党中央委员会关于特赦确实已经改恶从善的战争罪犯、反革命罪犯和普通刑事罪犯的建议。会议一致同意这个建议。根据中华人民共和国宪法第三十一条第十五项的规定,决定:在庆祝伟大的中华人民共和国成立十周年的时候,对于经过一定期间的劳动改造、确实改恶从善的蒋介石集团和伪满洲国的战争罪犯、反革命罪犯和普通刑事罪犯,实行特赦。"

然后,国家主席刘少奇于1959年9月17日发布了中华人民共和国主席特赦令。特赦令全文如下:

"在中国共产党、中央人民政府和我国各族人民的伟大领袖毛泽东主席的英明领导下,经过十年的英勇奋斗,我国的社会主义革命和社会主义建设已经取得了伟大胜利。我们的祖国欣欣向荣,生产建设蓬勃发展,人民生活日益改善。人民民主专政的政权空前巩固和强大。全国人民的政治觉悟和组织程度空前提高。国家的政治经济情况极为良好。中国共产党和人民政府对反革命分子和其他罪犯实行的惩办和宽大相结合、劳动改造和思想教育相结合的政策,已经获得伟大的成绩。在押各种罪犯中的多数已经得到不同程度的改造,有不少人确实已经改恶从善。为了庆祝伟大的中华人民共和国成立十周年,庆祝中国共产党的社会主义建设总路线的胜利,庆祝'大跃进'和人民公社运动的辉煌成就,根据第二届全国人民代表大会常务委员会第九次会议的决定,对于确实改恶从善的蒋介石集团和伪满洲国的战争罪犯、反革命罪犯和普通刑事罪犯,实行特赦。一、蒋介石集团和伪满洲国的战争罪犯,关押已满十年,确实改恶从善的,予以释放。二、反革命罪犯,判处徒刑五年以下(包括判处徒刑五年)、服刑时间已经达到刑期二分之一以上、确实改恶从善的,判处徒刑五年以上、服刑时间已经达到刑期三分之二以上、确实改恶从善的,予以释放。三、普通刑事罪犯,判处徒刑五年以下(包括判处徒刑五年)、服刑时间已经达到刑期三分之一以上、确实改恶从善的,判处徒刑五年以上、服刑时间已经达到刑期二分之一以上、确实改恶从善的,予以释放。四、判处死刑、缓期二年执行的罪犯,缓刑时间已满一年、确实有改恶从善表现的,可以减为无期徒刑或十五年以上有期徒刑。五、判处无期徒刑的罪犯,服刑时间已满七年、确实有改恶从善表现的,可以减为十年以上有期徒刑。这个命令,由最高人民法院和高级人民法院执行。"

首次赦免产生了良好的社会效果,实现了赦免预期想要达到的目标,此后的十五年又陆续实施了六次赦免。

1975 年第七次赦免之后,我国宪法上的赦免制度进入休眠状态,直到 40 年之后的 2015 年方才实施第八次赦免。2015 年 8 月 29 日第十二届全国人民代表大会常务委员会第十六次会议通过了《关于特赦部分服刑罪犯的决定》,国家主席同日签署特赦令。根据特赦令,对依据 2015 年 1 月 1 日前人民法院作出的生效判决正在服刑,释放后不具有现实社会危险性的四类罪犯实行特赦。① 本次特赦令全文如下:

"为纪念中国人民抗日战争暨世界反法西斯战争胜利 70 周年,体现依法治国理念和人道主义精神,根据第十二届全国人民代表大会常务委员会第十六次会议的决定,对依据 2015 年 1 月 1 日前人民法院作出的生效判决正在服刑,释放后不具有现实社会危险性的下列罪犯实行特赦:一、参加过中国人民抗日战争、中国人民解放战争的;二、中华人民共和国成立以后,参加过保卫国家主权、安全和领土完整对外作战的,但犯贪污受贿犯罪,故意杀人、强奸、抢劫、绑架、放火、爆炸、投放危险物质或者有组织的暴力性犯罪,黑社会性质的组织犯罪,危害国家安全犯罪,恐怖活动犯罪的,有组织犯罪的主犯以及累犯除外;三、年满七十五周岁、身体严重残疾且生活不能自理的;四、犯罪的时候不满十八周岁,被判处三年以下有期徒刑或者剩余刑

---

① 截至 2015 年年底,本次依法特赦服刑罪犯 31,527 人,包括:(1)参加过中国人民抗日战争、中国人民解放战争的(共特赦 50 人);(2)中华人民共和国成立以后,参加过保卫国家主权、安全和领土完整对外作战的,但犯贪污受贿犯罪,故意杀人、强奸、抢劫、绑架、放火、爆炸、投放危险物质或者有组织的暴力性犯罪,黑社会性质的组织犯罪,危害国家安全犯罪,恐怖活动犯罪的,有组织犯罪的主犯以及累犯除外(共特赦 1428 人);(3)年满 75 周岁、身体严重残疾且生活不能自理的(共特赦 122 人);(4)犯罪的时候不满 18 周岁,被判处 3 年以下有期徒刑或者剩余刑期在 1 年以下的,但犯故意杀人、强奸等严重暴力性犯罪,恐怖活动犯罪,贩卖毒品犯罪的除外(共特赦 29,927 人)。

期在一年以下的，但犯故意杀人、强奸等严重暴力性犯罪，恐怖活动犯罪，贩卖毒品犯罪的除外。对2015年8月29日符合上述条件的服刑罪犯，经人民法院依法作出裁定后，予以释放。”

2015年特赦在保障弱势群体权利，促进社会和谐发展，彰显国家治理中的人性关怀，传承优秀传统文化和形成全社会尊崇宪法法律的氛围等方面有重大而深远的影响。诚如有学者指出的那样：本次特赦是我国40年来又一次启动特赦制度，与以往相比有诸多亮点并影响巨大，不仅体现了依法治国的精神并激发全民族的爱国热情，还取得了良好的社会效果。①

2019年6月29日，第十三届全国人民代表大会常务委员会第十一次会议通过《关于在中华人民共和国成立七十周年之际对部分服刑罪犯予以特赦的决定》。同日，国家主席签署特赦令实施特赦。② 特赦令全文如下：

“为庆祝中华人民共和国成立70周年，体现依法治国理念和人道主义精神，根据第十三届全国人民代表大会常务委员会第十一次会议的决定，对依据2019年1月1日前人民法院作出的生效判决正在服刑的下列罪犯实行特赦：一、参加过中国人民抗日战争、中国人民解放战争的；二、中华人民共和国成立以后，参加过保卫国家主权、安全和领土完整对外作战的；三、中华人民共和国成立以后，为国家重大工程建设做过较大贡献并获得省部级以上‘劳动模范’‘先进工作者’‘五一劳动奖章’等荣誉称号的；四、曾系现役军人并获得个人一等功以上奖励的；五、因防卫过当或者避险过当，被判处三年以下有期徒刑或者剩余刑期在一年以下的；六、年满七十五周岁、身体严重残疾且生活不能自理的；七、犯罪的时候不满十八周岁，被判处三年以

① 参见王兰：《读懂特赦的深意》，载人民网，http://opinion.people.com.cn/n/2015/0828/c1003-27527804.html。

② 根据最高人民法院在第十三届全国人民代表大会常务委员会第十四次会议上的报告，2019年依法裁定特赦参加过抗日战争、解放战争，参加过保卫国家主权、安全和领土完整对外作战等九类服刑罪犯共23,593人。

下有期徒刑或者剩余刑期在一年以下的;八、丧偶且有未成年子女或者有身体严重残疾、生活不能自理的子女,确需本人抚养的女性,被判处三年以下有期徒刑或者剩余刑期在一年以下的;九、被裁定假释已执行五分之一以上假释考验期的,或者被判处管制的。上述九类对象中,具有以下情形之一的,不得特赦:(一)第二、三、四、七、八、九类对象中系贪污受贿犯罪,军人违反职责犯罪,故意杀人、强奸、抢劫、绑架、放火、爆炸、投放危险物质或者有组织的暴力性犯罪,黑社会性质的组织犯罪,贩卖毒品犯罪,危害国家安全犯罪,恐怖活动犯罪的罪犯,其他有组织犯罪的主犯,累犯的;(二)第二、三、四、九类对象中剩余刑期在十年以上的和仍处于无期徒刑、死刑缓期执行期间的;(三)曾经被特赦又因犯罪被判处刑罚的;(四)不认罪悔改的;(五)经评估具有现实社会危险性的。对 2019 年 6 月 29 日符合上述条件的服刑罪犯,经人民法院依法作出裁定后,予以释放。"

有论者从国内、国际多角度指出本次特赦的重要意义主要在以下四个方面:第一,有利于彰显党和政府承续中华文明慎刑恤囚、明刑弼教的优良传统,推进法安天下、德润人心的仁政,展示执政自信和制度自信,树立新时代盛世伟邦形象;第二,有利于弘扬全面依法治国理念,形成依宪执政、依宪治国的良好社会氛围,深入推进法治中国建设;第三,有利于贯彻落实宽严相济刑事政策,充分发挥特赦的感召效应,最大限度地化消极因素为积极因素,促进社会和谐稳定;第四,有利于展现我国人权司法保障水平,进一步树立我国开放、民主、法治、文明的国际形象。①

① 参见谭衷:《第九次特赦有何重大意义?》,载《半月谈》2019 年 7 月 11 日。

第二节 相关国家赦免制度的比较研究

一、大陆法系主要国家的赦免

(一)法国的赦免

法国的赦免制度主要体现在宪法、刑法和刑事诉讼法等法律中,其对赦免权的行使主体、赦免的适用条件及适用程序等均做出了较为详尽的规定。

从立宪主义历史的发展来看,法国成为一个独立的国家以来,无论是在君主专制的时代,还是民主共和时代,都曾实施过赦免。1791 年,法国通过对有关违警罪的两部“矫正警察”和“刑事警察”法律的统一编撰,提出了刑事处罚上的“平等原则”,并随后将这一原则推向极端,通过规定“固定刑”制度和废除特赦权,取消了在处刑方面的任何差别。也就是说,法国传统的封建君主赦免制度在此时被终结了。①

1875 年,国民议会终于通过了法兰西第三共和国宪法,确立法国为总统制共和国。该宪法由《参政院组织法》、《政权组织法》和《政权关系法》三个单行法规组成,其明确规定了总统制度,总统拥有广泛的权力:除了行使行政权外,还享有任免官吏、军事、大赦、批准国际条约、提前解散众议院等权力。自此,赦免制度在法国宪法史上正式得以确立。该宪法一共施行了 65 年,赦免制度也随之存在了 65 年。此后的 1940 年到 1946 年,由于战争的原因,政局动荡,该宪法失去效力,赦免制度在法国实际被取消。第二次世界大战结束后,1946 年法兰西第四共和国成立,国民通过投票的方式制定了第四共和国宪法,该宪法重新确认了赦免制度。

法国的现代赦免制度源于 1958 年宪法的规定,该宪法第 17 条规定:

---

① 参见[法]卡斯东·斯特法尼等:《法国刑法总论精义》,罗结珍译,中国政法大学出版社 1998 年版,第 79 页。

"共和国总统有赦免权"。1958年宪法又称第五共和国宪法,其特点是大大削弱了议会的权力,扩大了总统的权力,使法国现行制度兼具议会制和总统制的特色。该宪法规定:总统是国家权力的核心,除拥有任命高级文武官员、签署法令、军事权和外交权等一般权力外,还拥有任免总理和组织政府、解散国民议会、举行公民投票、宣布紧急状态等非常权力;政府是中央最高行政机关,对议会负责,除拥有决定和指导国家政策、掌管行政机构和武装力量、推行内外政策等权力外,还拥有警察权和行政处置权、条例制定权和命令发布权。总理由总统任命,须听命于总统,起辅佐总统的作用;议会由国民议会和参议院组成,原拥有的立法权、预算表决权和监督权三大传统权力受到总统和政府的限制。议会无权干预总统选举和总理的任命。这部宪法曾于1960年、1962年、1963年、1974年和1976年等年份先后做了某些修改,但均保留了赦免制度。

在实践上,1924年以激进党人艾利奥为首的左翼联盟上台后,为了缓和国内的政治局势,曾对共产党人之外的政治犯实施大赦。1978年,也曾特赦过35名犯罪人。法国的赦免制度具有独特的特点:既有无条件的赦免,又有有条件的赦免;既有特赦性质的赦免,又有大赦性质的赦免,大赦和特赦是两种重要的赦免形式。同时,由于法国早期没有确立减刑和缓刑制度,对于附条件的赦免,尤其是因执行法官做出的减刑而获释的,已被认为是总统赦免权的下放,其实质与现代国家的减刑与缓刑制度十分相似。[①]

根据法国现行法律制度规定,特赦令不需公告和通知,对特赦令也不得提出任何司法上诉。只有在视特赦令为政府政令时,或者在特赦令涉及司法部门的运作时,最高法院才能受理与赦免行为相关事宜。

2016年1月,时任法国总统奥朗德动用总统特赦权,赦免一名不堪家暴弑夫的女子杰奎琳·索瓦日(Jacqueline Sauvage)的10年有期徒刑。然而,

① 参见郭金霞、苗鸣宇:《大赦、特赦——中外赦免制度概观》,群众出版社2003年版,第311~312页。

尽管总统赦免，但法庭两度拒绝索瓦日的假释申请。同年 12 月 28 日，奥朗德放弃参加重选，再度行使其总统权力完全特赦了索瓦日。这一赦免行为虽然引起了不少争议，但更多的人表示支持和理解，认为保护了社会弱势群体的权益，从而产生了良好的社会效果。①

总体而言，法国的赦免制度与法国的宪法变迁紧密相连，随着宪法对规定的变化，其或被承认、或被否认，不断地进行演变。

（二）德国的赦免

德国的赦免制度深受外国的影响，其赦免制度源自古罗马帝国时期，随着欧洲各国学习、借鉴外国法的趋势而传入德国。从 16 世纪开始，赦免作为君主的特权已为君主们所使用，而且越来越被按公法原则对待。启蒙时代的思想家如康德、黑格尔、费尔巴哈等都曾提出过自己的赦免思想，但其并未成为一种现实的制度。当代德国学界普遍肯定赦免制度的公法价值，并从不同的角度对其做出了分析论述。这些观点进一步被作为根本制度而反映在国家基本法中。

《魏玛宪法》第 49 条第 1 款规定，联邦德国总统代联邦行使恩赦权，特赦权由总统单独享有，大赦权力则由立法机关享有，并且赦免权可以通过委托的方式交由各州司法部门具体行使。并且，德国于 1935 年通过了专门的赦免法，详细规定了赦免的实施程序等相关事项。

现行《德国基本法》第 60 条第 2、3 项也规定："联邦总统代表联邦就个别案件行使赦免权；联邦总统得以此等权力委托其他机关行使。"值得注意的是，德国的赦免制度包括大赦和特赦，与其国家政体和政治实践高度契合。作为联邦制国家，赦免制度也采用二元制结构，赦免权由联邦和州分别

① 索瓦日因其本人难以忍受 47 年地狱般的家暴生活，在其子不堪其父的暴行上吊自杀后，于 2012 年 9 月 10 日向丈夫纽波特（Norbert Marot）背后连开 3 枪致其死亡，随后被当地法院在 2014 年宣判 10 年徒刑。随后，多家法国保护女性团体、社会名流和诸多政坛左、右两派政治家纷纷发起签名活动，呼吁特赦索瓦日。在经过近 3 年的司法程序后，2016 年总统奥朗德宣布履行宪法第 17 条权力，立即赦免索瓦日并将其从狱中释放。该赦免决定被社会各界尤其是女性群体广泛认可。

行使。大赦必须由议会以立法形式实施,除免除或者减轻刑罚外,同时也赦免尚在刑事程序中的案件以及尚未被追诉的案件。特赦权在联邦层面由总统行使,联邦总统对于由州高等法院和联邦法院为第一审法院的案件,以及因刑事有罪判决而丧失公务员资格、军人资格的案件有赦免权;在州层面大部分由州长行使,但是具体赦免工作一些州也由州长委托给州司法部长行使,各州对于地方法院和州法院的刑事案件享有赦免权。①

从宪法及相关刑事法律的规定来看,德国赦免制度的主要目的在于:相对于法律的僵化,提出公平要求,纠正事实上的或被认为的法官的误判,或者达到形势政策上的目的。② 正如有学者所指出的那样,当今德国的赦免权不再是作为神的恩惠的反映或者作为统治者仁慈的一部分,一个负有社会义务的国家,不能仅满足于对违法者的处罚,还必须考虑在刑罚执行完毕后,受刑人能够在社会上重新找到一个适当的位置,通过赦免制度减轻长期监禁对个人性格产生的消极影响,给受刑人创造重获自由的机会与希望,以促进其改造,是德国对赦免持肯定态度的重要原因。③

德国当代赦免制度的主要特点包括以下六个方面:④

第一,德国的赦免是行政权的干预,通过行政权干预,使个别生效刑事判决的法律后果被免除、减轻或缓刑交付考验,未决刑事诉讼不得通过赦免行为撤销,即不得在刑事诉讼结束前撤销个别案件;

第二,赦免权不再是作为神的恩惠或者统治者独有的特权而被规范,它是立宪主义时代的一项重要法律制度;

第三,赦免权的主体是国家权力的最高代表者;

---

① 作为一个典型的基督教国家,德国各联邦州政府有权在圣诞节前赦免部分囚犯,让他们提前回家与家人团聚。2020 年德国北威州司法部宣布遵循"传统",在圣诞节前"大赦"247 名罪犯,2019 年圣诞节北威州也曾赦免 522 名囚犯,2018 年德国各州在圣诞节前共赦免囚犯约 2000 人。

② 参见[德]弗兰茨·冯·李斯特:《德国刑法教科书》,徐久生译,法律出版社 2000 年版,第 23 页。

③ 参见吴允锋:《德国特赦:促受刑人再社会化》,载《法制日报》2014 年 5 月 7 日。

④ 参见郭金霞、苗鸣宇:《大赦、特赦——中外赦免制度概观》,群众出版社 2003 年版,第 321 ~ 324 页。

第四,赦免的理由既包括实体方面,也包括程序方面,惩罚过重或者程序错误均可使赦免行为发生;

第五,赦免权的内容包括将生效的刑罚予以免除、减轻、变更等方面,同时还存在以赦免的方式将刑罚或余刑交付缓刑考验的可能性;

第六,赦免权还可以对执行费等费用进行减免,但不得通过赦免决定给予罪犯登记方面的优惠,也就是说只能赦其刑,不能赦其罪。

总体而言,“德国的赦免制度只能消除犯罪的刑罚后果,而不能消除犯罪本身,因此犯罪行为可能在以后,特别是在构成重犯加重时重新被考虑;赦免只消除刑罚后果,而不消除私法上的补偿和赔偿义务,因此罚款不受影响;还有保安处分,特别是今天对青少年科处的教育处分,不可能因赦免行为而被免除。”①

(三)日本的赦免

日本的赦免制度承继自明治天皇时代的明治宪法,因是天皇赐予臣民的恩惠而被称为“恩赦”制度。第二次世界大战后,日本仿照欧美国家施行民主化改革,新制定的《日本宪法》明确将恩赦的决定权赋予内阁,而规定天皇仅有对内阁的恩赦决定给予认证的权力,同时又通过制定专门的《恩赦法》对赦免进行了全面的规定,形成了日本独具特色的恩赦制度。②

现行《日本宪法》第7条规定天皇根据内阁的建议与承认,为国民行使下列有关国事的行为:“六、认证大赦、特赦、减刑、免除执行刑罚以及恢复权利。”1947年制定的《恩赦法》则就恩赦的内容、程序等做了详细规定,此后又于同年10月1日通过司法省令第七十八号制定了《恩赦法施行规则》,进一步具体地规定了赦免制度。依据《恩赦法》的规定,赦免的内容包括大赦、特赦、减刑、免除刑的执行以及复权等。大赦是指以政令规定罪,对受有罪宣告者,使该宣告丧失效力,对未受宣告者,使公诉权消灭。特赦是使有罪

① 郭金霞、苗鸣宇:《大赦、特赦——中外赦免制度概观》,群众出版社2003年版,第324页。

② 参见李振林:《日本“恩赦”制度一窥》,载《法制日报》2014年5月13日。

宣告之特定人,丧失宣告效力。减刑是对于受刑的宣告之人,以政令规定罪或刑的种类,或对受刑的宣告之特定人,减轻其罪或减轻其刑的执行。免除刑的执行是对受刑的宣告之特定人,免除刑的执行。复权是对受有罪宣告而依法令丧失或停止资格之人,恢复其资格。关于恩赦的具体实施方法,则有政令恩赦和个别恩赦两种类别。政令恩赦是指以政令的形式一律决定恩赦对象的罪等及罪刑轻重的恩赦;个别恩赦是指相关部门接受了公民个人的申请而实施的恩赦。个别恩赦又分为日常所为的平时恩赦和在特别场合所为的特别恩赦。普遍实施的政令恩赦及个别而为的特别恩赦系在国家或皇室庆典时所为的恩赦。

日本自古以来有在皇室和国家的重要节日或仪式上把赦免作为天皇恩惠而免除罪犯刑责的传统,和平宪法之后,其在加入联合国、美国归还冲绳领土、昭和天皇大葬、明仁天皇即位等时间节点共计实施了十多次赦免,其中大多数是政令恩赦,上一次赦免是 1993 年德仁天皇夫妇大婚之际。总结日本近年因条约生效、皇室登基、天皇大葬或者大婚等实施的大规模赦免,其呈现对象不特定且数量众多、恩赐意味明显且政治影响较大等特点。然而,由于政令恩赦的对象不特定,并且一般数量较多,其中不少是因为违反选举规定而被停止选举权或者被停止被选举权而要求复权的人,因此这种赦免常常被批评是政治性的滥用。日本著名宪法学者阿部照哉教授也认为恩赦是使公诉权消灭,全部或部分使刑的宣告效果消灭之行为,系更正机械式权力制衡所带来的不合理因素而采取的手段,被赋予行政权,由内阁决定,天皇认证而施行之。虽然恩赦制度在日本具有重要的社会调节作用,但实际上恩赦多被用于与天皇关系行事的关联方面,且常常在违反选举者的复权等方面遭到滥用。①

2019 年 10 月,日本在政府内阁会议决定的基础上,为配合德仁天皇的

---

① 参见[日]阿部照哉等编著:《宪法:总论篇、统治机构篇》(上册),周宗宪译,中国政法大学出版社 2006 年版,第 146 页。

“即位礼正殿之仪”，于22日实施“政令恩赦”，对象约为55万人，此外日本政府还通过专家委员会对个别案情进行审查实施“特别恩赦”，约涉及1000人。本次赦免引发了日本社会的争议，赞同者认为，在宪法法律制度之下依法实施的赦免行为并无不妥；反对者则认为，赦免作为天皇的恩惠行为不符合现代宪法之精神，应当予以限缩甚至取消。尤其是在日本于2005年颁布实施“犯罪受害者基本法”的背景下，国民重视受害者情感与感受的潮流与趋势越来越强烈，政府担心实施此次恩赦会激化社会矛盾而引发民众不满。

总体而言，日本的赦免制度有较为具体的实体和程序规定，但在理论上仍然有很多地方需要进一步探讨，实践中也面临各方面的挑战。日本学界普遍认为，由于恩赦在历史上系作为君主的恩惠而被为之，故其本身饱受批判。但当今社会，它作为“内阁为了更正法院太过严苛、僵化地实施法律所产生的不合理结果而采取的必要补正措施”，因此具有一定的规范和实践价值。①

（四）韩国的赦免

韩国是世界上赦免制度较为完善的国家之一，实行赦免的历史十分悠久，实施赦免的次数频繁且赦免对象人数众多。在君主制时代就曾多次颁布大赦令大赦天下。但韩国古代的赦免主要是大赦，特赦极为少见，近代则多次实施特赦。具体情况如表4所示：

表4　韩国近代特赦情况

特赦时间	特赦次数/次	特赦人数及相关说明
第一共和国时期	15	9442人
第二共和国时期	2	“四一九革命”后过渡政府于1960年特赦6人，后来又特赦1155人
第三共和国时期	19	19,492人，其中，6次为特别赦免

① 参见［日］阿部照哉等编著：《宪法：总论篇、统治机构篇》（上册），周宗宪译，中国政法大学出版社2006年版，第332页。

续表

特赦时间	特赦次数/次	特赦人数及相关说明
第四共和国时期	6	其中,1972 年 12 月 27 日因第四共和国成立和韩国第八代总统就任而特赦 1203 人,1978 年 12 月 27 日因第九代总统就任而特赦 988 人
第五共和国时期	20	其中,1987 年 7 月 10 日为纪念"6·29"事件而特赦 1819 人
第六共和国(卢泰愚政府)时期	7	1988 年 2 月 27 日因第十三代总统就任而特赦 7234 人
金泳三(文民政府)时期	8	其中,1993 年 3 月 6 日特赦 41,886 人
金大中总统时期	7	其中,1997 年以实现国民和解为由赦免金斗焕、卢泰愚等人
卢武铉总统时期	2	其中,2003 年 8 月 15 日因纪念韩国光复 58 周年而特赦 23,780 人
李明博总统时期	7	22,684 人
朴槿惠总统时期	3	分别是 2014 年、2015 年和 2016 年
文在寅总统时期	3	2017 年特赦 6444 人,2018 年特赦 4378 人,2019 年特赦 5174 人

现行《韩国宪法》第 79 条规定:"(一)总统根据法律规定可命令赦免、减刑或恢复权利。(二)欲命令一般赦免,要经国会同意。(三)关于赦免、减刑及恢复权利的事项由法律来规定。"宪法的明文规定是韩国现代赦免制度的基础,此后颁布的《赦免法》进一步完善了赦免制度,2012 年修改后的《赦免法》加入了赦免审查委员会,对实体性与程序性规定更加详尽,并且在一定程度上有效遏制了政府滥用赦免权的情况。

根据《赦免法》的规定,韩国的赦免分为大赦和特赦,赦免申请的提起、上报、实施等程序均须严格按照法律执行。首先,由执行刑罚的检察厅检察官和受刑人所在监务所所长向检察总长提请特赦报告,检察总长也可以直接依其职权向法务部长申请特赦;其次,由检察总长对执行刑罚的检察厅检察官所提出的报告或受刑人所在监务所所长提出的报告进行审查并上报法务部长,再由法务部长上报总统;最后,经过由总统主持的国务会议审议通过后，由总统发布赦免令。如果特赦的上报申请被驳回，法务部长须通知检察总长，检察总长须将上报申请被驳回的事由通知相关检察厅检察官、监务所所长或被判刑人；如果上报申请被批准，则由总统颁发赦免状并经法务部长向检察总长送达，检察总长接收后再交由相关检察厅检察官对被判刑人宣布。

从实践的角度来看，韩国近年的赦免主要反映社会的政治诉求，其司法作用反而不太明显。2021 年 12 月，根据文在寅总统签署的赦免令，韩国法务部宣布赦免前总统朴槿惠，同时获得赦免的还有韩国前国务总理韩明淑。本次赦免意在消除社会各界分歧，展望未来，以包容精神团结全体韩国人民。但是赦免本身又带来了新的分歧，据调查，近四成民众支持赦免而近五成民众反对赦免。不得不承认赦免行为在韩国本身具有浓厚的政治色彩，如何平衡各政治派别和社会群体的利益是其能否产生良好社会效果的关键。

二、英美法系主要国家的赦免

（一）英国的赦免

英国是不成文宪法国家，其国家的宪法主要由一些单行的制定法、宪法判例和宪法惯例等组成。虽然英语词汇中同时包含大赦和特赦，但是在法律规范层面却并未对大赦和特赦作出区分，如 1701 年颁布的《王位继承法》第 3 条第 6 项仅从总体上规定："对国会平民院提出的弹劾，不得凭恃英王赦免进行抗辩。"

从制度史的角度来看，英国的赦免制度源于统一国家的形成时期，赦免权最初在国王权力至上的时代作为王权的重要组成部分而不受任何限制，被用来平衡国王与贵族之间的矛盾，主要用于对王室成员犯罪行为的针对性宽宥。英国法学家特纳曾指出："赦免独立于法官自由裁量之外，不能由国王本身之下的任何权威批准。它既可以是无条件的，也可以是有条件的；既可以减轻刑罚，也可以免除刑罚。"随着资产阶级的胜利和议会主权时代的到来，国王的赦免权逐渐受到了议会、教会、法律的限制，如 1689 年通过的《权利法案》第 12 条规定,“只有在议会会期内通过的法案明确规定的情况下,才允许进行赦免,除此之外,其他赦免一律无效”。18 世纪末,英国曾在其属地澳大利亚附条件地赦免被流放者并使之投入社会生产工作,这种行为被认为在赦免制度的基础上肇始了 19 世纪英国的假释制度并形成了世界性的影响。英国如今的赦免一般要考虑议会的决定性因素,首先由内政部长等相关内阁大臣依据议会之决议提出赦免提议,其次由英王根据其提议颁布赦免令并亲自签署批准生效。

从具体的实践来看,英国历史上既有大赦的实践,也有特赦的实践。根据典籍的记载,英国曾于 1217 年、1265 年和 1660 年由国王实施过三次对政治犯的大赦,并曾于 1747 年和 1850 年由议会实施过两次对政治犯的大赦。

1217 年,在英法战争中获胜的英国根据两国所达成的协议,对在 1215 年因反对英王加征税收而发动反叛起义的部分贵族实施了大赦,不仅恢复了其自由人身份,还把土地归还给他们。

1265 年,国王亨利三世宣布对参加 1264 年内战的起义者实施大赦,但是要求起义首领的家族成员必须离开英国,起义组织者的佃户和土地都被没收,起义者所颁布的改革法令也被宣告无效。

1660 年,斯图亚特王朝复辟,查理二世在英国重建帝制,其于回国前在荷兰发表了“布雷达宣言”,宣布对反对过君主政体的人实施赦免、不予追究责任,但是于 1649 年直接处死查理一世的人除外。

1747 年,英国议会通过决议,对那些参与到 1745 年王朝复辟行动中去的詹姆士叛乱党成员实施了大赦。

1850 年,英国议会对参与到 1837 年“人民宪章运动”中去的领导人和骨干分子实施了赦免,但是要求其不得进入大不列颠国境。①

此外,克伦威尔执政时期制定的《施政约法》规定:“英吉利共和国的最

① 参见郭金霞、苗鸣宇:《大赦、特赦——中外赦免制度概观》,群众出版社 2003 年版,第 250 ~ 256 页。

高权力由护国主和代表人民的国务会议共同掌管;护国主终身任职,兼任英格兰、苏格兰和爱尔兰陆海军总司令,并拥有任免官吏和赦免罪犯的权力;护国主每三年召开一次议会,议会从召集之日起未满5个月不得解散……立法权属于护国主和议会,议会法令须护国主同意后方能生效",并且克伦威尔曾于1649年特赦过5名参与到平等派士兵起义中的低层军官。[①]

2013年12月24日,英国女王伊丽莎白二世赦免了20世纪50年代因同性恋被定罪的英国著名数学家、密码学家、计算机科学之父艾伦·图灵(Alan Turing),这被认为是政府向那些在1967年前因同性恋倾向而被定罪的人道歉。此后历时三年,英国政府在2016年10月20日宣布历史上因过时的"严重猥亵法"而被定罪的上万名同性恋和双性恋男子将在死后得到赦免。尽管有些人反对在此事上进行"赦免",但英国自由民主党人洛德·夏基(Lord Sharkey)认为,"赦免"是政府对曾遭受残酷的反同性恋法案迫害的人道歉的最好方式。在此背景下,英国政府进一步推动制定以图灵命名的《艾伦·图灵法案》,对图灵等人的赦免及《艾伦·图灵法案》的启动均体现了赦免制度的宽容和人文主义精神。

总体而言,英国的赦免制度与其普通法传统有关,并不像有的成文法系国家那样制定了专门的赦免法,也没有一套完整的赦免制度,甚至有不少思想家明确反对赦免制度在英国的存在,如政治学家葛德文认为:"赦免这个词本身,在一个肯思考的人看来,就是完全荒谬的。在一切情形下,应该指导我的行为的是什么准则呢?当然是正义;正义的意思是指谋求可能受到我的行为的影响的全体的人的最大利益。那么,宽恕是什么呢?那不过是一个人认为自己能够比正义做得更好的一种既可怜又可笑的个人英雄主义罢了。为了某种犯罪行为我应当遭到拘禁吗?我所受的罪过的合理性一定要建立在同公共福利相协调的基础上。因此,赦免我的人是不公道地照顾

---

① See S. R. Gardrner, *History of the Commonwealth and Protectorate*, Windrush Press, 1988, Vol. Ⅰ, p. 52.

到一个人的所谓利益,而完全忽略了他对全体所应负的责任。他把我不应得而他也无权给的东西给了我。相反地,是不是我不受到所说的那种罪过就是对的呢?是不是他免除我受罪过对我有利而对别人无损呢?如果是,那么他让我受罪,他就将成为一个有名的罪人。当然,在这个最后的假定中存在很大的缺陷。如果他给我利益而对别人也没有什么损害,那么,他无疑地是对社会做了件好事。如果我像假定中所说的那样由于他的专断而受罪,社会就会从他所实现的非正义行为中,遭到无可怀疑的伤害。纠正这种可恶的非正义行为的人,则习惯于享受人们称赞其拥有宽恕之心的美名和表面崇高而实际专横的狭隘声誉。因为如果他所做的超过了纠正非正义的界限,那么他就不应该感到光荣而应该因为自己成了人类的敌人而感到羞愧。如果一切行为,尤其是一切同人的幸福有关的行动,都应该受到某种原则的支配,那么就应该在一切情形下避免任性行为;没有任何行动,我忽视它是尽到自己的义务,而采取它又是值得称道的。"①但是,英国是世界上立宪主义历史最悠久的国家,在其悠远的宪法实践历程中,实施的赦免行为和实践的赦免措施都对后世产生了影响,美国的赦免制度在很大程度上也源于英国的传统。因此,十分有必要在理论研究上重视英国的赦免制度。

(二)美国的赦免

美国是典型的联邦制国家,由联邦中央和50个州组成,国家主权由中央和各州依据宪法规定分别享有。在政体上美国采用总统制,总统是国家元首、政府首脑和武装部队总司令。政府内阁由总统、副总统、各部部长和总统指定的其他成员组成,内阁实际上仅仅起总统助手和顾问团的作用,没有集体决策的权力。

1787年《美国宪法》第2条第2款规定:"总统是合众国陆军、海军和征调为合众国服役的各州民兵的总司令。他要求每个行政部门长官就他们各

① [英]威廉·葛德文:《政治正义论》(第2、3卷),何慕李译,商务印书馆2007年版,第584页。

自职责有关的任何事项提出书面意见。他有权对危害合众国的犯罪行为发布缓刑令和赦免令,但弹劾案除外。”从该规定可以看出,赦免权是美国总统的一项重要的专有权限,不受任何机构的干涉和限制,而且适用于在美国所有被法院判有罪的人或者可能被追诉的人。

美国总统的赦免分为两种,也就是一般赦免和特殊赦免。一般赦免又称为“大赦”,没有特定对象,既可以对犯罪进行赦免也可以对刑罚进行免除,且在司法判决之前和司法判决之后均可作出。特殊赦免又称为“特赦”,受到对象和时间的限制,专门针对特殊的犯罪人。特赦只能赦免刑罚而不能赦免犯罪,且只能在经司法判决后被宣告有罪并处以刑罚之时方可实施。从美国实施赦免的实践来看,总统主要行使特赦权,而很少进行大赦。比如,1974 年尼克松总统由于“水门事件”而被迫辞职后,继任的福特总统赦免了尼克松“已经犯下的和可能犯下的一切罪行”;1992 年布什总统赦免了前国防部长温伯格以及其他卷入所谓“伊朗门”丑闻的官员;2001 年克林顿总统在任期的最后一天签署了 141 项特赦令,赦免了一位名叫马克·里奇的商人等。

在赦免的对象上,美国总统的赦免权原则上及于国内的每一公民,上至国家总统,下至贩夫走卒。以 1992 年布什总统的赦免为例,在赦免的人当中,一位是在 1957 年因为坚持本教派教义拒绝服兵役而被判入狱的教会牧师;另外还有一些被判犯有轻罪的人,其中一位是从邮件中偷窃了 10 美元 90 美分的邮局雇员,另一位是因为私自改动汽车里程表而被处以罚金的人。

在美国,总统赦免权的行使往往是一个争议十分激烈的问题。在福特赦免中,很多政治分析人士指出因为赦免尼克松引起了选民的不满,从而导致其竞选连任的失败;在布什赦免中,人们也认为,其有严重的“作秀”成分,从而引发不满;在克林顿赦免中,更是有人指出马克·里奇的前妻曾经为克林顿的竞选活动捐款,并为希拉里竞选参议员贡献力量,后来国会和司法部甚至要求有关机构对此事展开调查,虽然最终并未采取任何行动进一步追究,但是其结论认定克林顿总统的赦免不恰当,引发了人们激烈的争论并招致了广泛的批评,各界认为这是赦免权的滥用。从争议的观点来看,反对赦免者主要认为在实行民主制度的国家里,国家元首不应当拥有赦免权,因为司法机关必须拥有法律领域的绝对权威,而国家元首的赦免权混淆了行政权和司法权之间的界限,打破了权力之间的制约与平衡,破坏了《美国宪法》分权制衡的基础,成为三权分立国家权力架构形势下的一个漏洞。支持赦免者则主要指出任何司法制度都是有缺陷的,世界上不存在完美的司法制度,任何司法机关都可能出现错误的判决,错误判决可能基于法律的原因,也可能基于法官的原因,赋予国家元首赦免权的目的之一就是纠正这种可能发生的错误,尽量促进社会的实质公正。

总体上讲,美国在联邦中央层面的赦免较为频繁,几乎每位总统在任期内都曾实施过赦免。赦免的理由多种多样,赦免的对象也不受限制,完全取决于总统的意志。主要体现出三个特点:第一,赦免权由总统独享,无须征求国会的意见和同意;第二,赦免权的适用范围是触犯联邦法律的犯罪行为;第三,总统无权赦免弹劾案。① 尽管在美国围绕总统的赦免权存废的争论不少,但是从赦免的结果来看,大多数的总统赦免并没有造成严重的社会危害,应当承认其在一定程度上起到的正面的社会作用。

除此之外,基于宪法所规定的联邦主义体制,未被宪法明确规定为联邦中央独有或禁止为各州所享有的权利,得为各州及人民所保留,各州州长作为一州之行政长官,往往依据州宪法之明文规定或默示承认而享有在本州之内的赦免权。从实践来看,各州州长经常运用赦免权进行政治操弄,为达政治目的而不择手段,即使极端严重犯罪行为亦予以赦免,从而不断引发社会争议和制造社会分裂。②

---

① 参见韩大元主编:《外国宪法》,中国人民大学出版社 2000 年版,第 191 页。

② 2019 年,美国肯塔基州州长马特 · 贝文(Matthew Bevin)在州长竞选中落败,得知无法继续连任的他在卸任前突击签署多达 428 项赦免令,其中包括 161 项免刑赦免以及 267 项减刑赦免,从而引发美国社会针对赦免的激烈辩论。

三、其他国家或地区的赦免

尽管赦免在世界范围内首先被认为是和平社会的事物,具有典型的宽容特点,但是过去几十年的历史表明,这一制度的机能在非洲地区和拉丁美洲地区也占有主流的地位,被众多的国家采用和实施。这两个地区可能一直遭受着最为严重的国内冲突和专制独裁统治,它们也是处于向现代民主与和平转变过程中的典型地区。中东欧地区的国家,民主与和平的转型则充满了政治运动的特点,其通过了一系列的清洗运动法案来完成这一历史使命。因此,相对于必须通过赦免来实现和平与民主的非洲地区和拉丁美洲地区,这些地区的情况显得更为复杂。在20世纪80年代和90年代,中东欧地区在总体上与非洲地区和拉丁美洲地区有着较大的差别,比如,其出现的国内民主政府和国外军事扩张、独裁制度等。这种转变充满了政治教化的因素,这里的过渡通常是通过国内政府改革、个人尊严的宣告或者调整传统的思想结构来完成的。

美国学者奥希尔曾指出,"在专制、动荡和混乱的国家与社会,赦免作为一种法律之外的正式的且有明确规定的手段,被理所当然地用来缓解民主与和平过渡时期所必然经历的阵痛,它被认为是可以感知和信赖的最为必要的手段之一"①。这些地区专门通过法律的形式规定赦免制度的相对较少,更多情况下,政府通过临时宣告的方式来实施赦免。政府临时宣告赦免的现象在非洲地区尤为普遍。但是,随着全球范围内对民主程序的强调和广泛增长的普遍联系的利益之影响,全球化时代的赦免立法将在非洲和拉丁美洲地区得到发展并进一步流行起来。在非洲和拉丁美洲逐步增加的赦免法律引发了史无前例的广泛争论和法律探讨,具有相似性但又存在差异的这两个地区给进一步研究赦免制度提供了可贵的样本和材料。

---

① Andreas O'Shea, *Amnesty for Crime in International Law and Practice*, Kluwer Law International, 2003, p. 34.

(一)非洲地区的赦免

在追求建立民主与和平的过程中,非洲历史一直充满着暴力、恐怖与斗争。各政府一直通过赦免来缓和与反抗者的关系,前反抗者执政后又通过赦免来促进和平与巩固自己的权力。通过总统宣告的方式实施的赦免不胜枚举,但是很少将赦免行为以法律制度的形式固定下来并普遍适用。

乌干达和南非的赦免法可以作为有建设性的例证,赦免在这两个国家得到经常地或者临时地直接适用。乌干达的赦免法是一个较新的样板,它的赦免法区别于其他国家的赦免法,其主要目的是维护现行政治系统的稳定而不是确保实现社会向民主的过渡。南非的赦免程序实现了一个新的进步与发展,其典型特点是通过揭示真相运动而大力地推动与促进社会和谐。因为在尊重与保障人权上得到了认可,南非赦免法所产生的作用和客观影响是重大的,它也比其他相关立法更容易融入国际社会。从人权的角度看,南非赦免法应该在未来作为非洲国家相关立法的样板,其他国家可以在经过调整后对其进行效仿。

津巴布韦早期的赦免法受到了南非的影响,其赦免法在 1979 年召开的兰开斯特宫宪法会议上通过,适用于在整个战争期间的犯罪,不仅要求不被揭发与控告,而且在执行的过程中即使违反人权的案件也不会受到调查。

莱索托在取消了 1970 年选举后,经历了长时间的政治动荡,国王认为,在此条件下应该毫无条件地实施赦免。其于 1980 年通过了一部赦免法,旨在免除对大量受到严重政治犯罪指控的人的处罚。与南非赦免法相比,这部法律对受害人的唯一安慰是并不免除犯罪人对民事责任的承担。

1. 乌干达的赦免

乌干达在 2000 年通过了一部赦免法,这部相对简略的立法旨在消除困扰乌干达北部十多年的长期敌对与混乱。在实践上,这并不是第一次运用赦免的手段来说服反抗军队解除武装,政府在此之前已经通过总统令的形式实施了多次赦免。但用法律的形式实施赦免则是首次,是具有重要意义的。对乌干达赦免法的理解必须放入一个更大的语境中,那就是这个国家现实的敌对痛苦和长期以来遭受的独裁统治。乌干达人民对和平与稳定的渴望在赦免法颁布前空前高涨,人们对这样一部法律理所当然地寄予了厚望。另外,1995 年通过的乌干达新宪法规定了新的权利法案,其中包括个人的自由和政治组织的自由。但是这一权利受到了限制,人民普遍要求实现真正的民主,可以自由参加政治组织来表达对国家的权利。因此,这部赦免法可以看成是整个国家为了实现民主过渡的产物,是民主斗争的结果。对于那些支持多党民主的人来说,赦免法可以作为其进一步争取选举权利的手段;而对于那些支持一党民主的人来说,其则可以作为巩固现行政治,弥合社会矛盾的有效途径。换言之,在政府与反对者的政治合力下,赦免法的目的指向了化解社会矛盾与争取实现民主二者之间的冲突的平衡。

赦免在这部法律中被定义为:“被国家免予刑事指控或者其他形式的处罚的一种豁免、宽容和宽恕。”想要获得赦免的人只需要向相关部门宣称放弃参与反抗组织并解除武装即可,因此其关闭了赦免范围内的人受到刑事犯罪指控的“大门”。并且,依据这一法案成立了专门的“赦免委员会”,除了管理赦免事务外,其职能还包括考虑和促进相关领域的合适的调解机制,以及在法案的精神之下推进对话与达成和解。针对发现真相的调查(至少是与受害者利益相关领域的真相),将可能由赦免委员会直接发起。赦免委员会同时被委托组织协调一个专门负责调查公众对赦免法的反应与敏感度的项目以考察赦免行为的社会效果,因为普通民众无法理解一个给他人造成伤害的犯罪人为什么会被免予受到惩罚。

赦免法的效力期间从 1986 年 1 月 26 日至法案终止,具有法律上的追溯力,适用于那些参与或被卷入战争通过武力反抗政府的人,包括实际参加战斗的反抗者、同战斗者结盟的人、帮助反抗者的人和犯有其他与反政府武装相关罪行的人。这部赦免法直接针对的是那些与战争有关的政治犯罪,并概括性地规定与政治犯罪有关的普通犯罪也可以被赦免。那么,像强奸、抢劫、谋杀等严重的侵害人身权利的犯罪是否应该在执行的时候考虑赦免的因素就成为一个相当模糊的问题。尽管对此争议不断,疑问重重,但是赦免法并未对此做出明确规定。

尽管乌干达赦免法的制定具有政治因素，因政治原因而诞生，但是从法律上讲，其概括性的规定给赦免普通的刑事罪犯提供了空间，从而在客观上促进了人权的发展。

2. 南非的赦免

南非在历史上曾为英国殖民地，在白人统治时期长期在国内以立法和行政手段推行种族歧视和种族隔离政策，1994 年举行首次不分种族的全民大选产生了制宪议会和新政府，同年终止种族隔离制度并通过了保障黑人权利的法案。南非是非洲的第二大经济体，国民生活水平较高，政治法律制度相对完善。种族隔离之后的南非赦免法无疑是在这一领域的重要发展，它注定将对未来一段时间里的赦免制度、赦免立法和赦免行为产生影响。但是，赦免在南非有着比这部法律更为久远的历史。荷兰东印度公司在 1652 年至 1795 年占领好望角的时候，为了实现荷兰的利益，实际掌控这一地区的政府当局曾经多次实施赦免。1922 年工人革命之后，也曾通过一部"国有化和赦免法案"，该法案宣称："任何人因在威特沃特斯兰德及其周边地区的工人动乱中所犯的罪行或者所做出的牺牲都予以免除，不予追究，即使这些罪行和牺牲被法律规定为是有罪的。"在种族隔离达到顶点的时候，南非议会分别于 1961 年和 1977 年实施了两次旨在自我保护的赦免。

德克勒克当选南非第七任总统后认为种族隔离制度没有存在的必要，于是力排众议在 1990 年赦免了已经关押 27 年的曼德拉并安排其代表黑人参与政治，并且在 1994 年正式废除了种族隔离制度。1994 年前，南非政府代表少数人并对多数人进行压制，社会被严重的且被视为合法的种族歧视制度所统治。这导致了国内多数民众和代表少数人的政府之间的持续冲突，在冲突中造成了许多的侵害人权案件。在当时的情况下，如果不及时地改革政府，整合社会矛盾，那么，南非的社会制度将面临崩溃。曼德拉的目标是建立一个黑人选民和白人选民具有同等权利的多种族政权。1990 年出狱后他以一种与 20 世纪六七十年代截然不同的精神来追求这一目标，这种精神就是宽恕。在整个和平过渡的进程中他所实践的是一种仁慈的政治，这种仁慈是完全成熟和纯粹意义上的宽恕和恢复。南非根据曼德拉提议建立了一个真相与和解委员会，负责调查在种族隔离时期白人和黑人的所有犯罪情况，并许诺，在委员会成立后一年内所有自首者将得到赦免。该委员会成立后共收到了7115份赦免申请，其中有1/4左右的案件涉及大规模侵犯人权罪行，委员会在行政审查后认定真正有效的申请数量约2500份。获得赦免的条件是申请人必须对其曾参与的罪行进行全面供述和表达忏悔，并且实施这些犯罪行为的动机是实现政治目的而非其他，任何出于个人私利而犯下的罪行均不得被赦免。

当今南非的赦免制度不仅在政治犯罪领域继续发挥作用，也在普通犯罪方面产生重要的社会影响。赦免的动机不再局限于社会政治平衡和政治矛盾化解，还包括缓解司法压力及强化社会管理等层面。例如，2012年4月南非总统祖马宣布赦免3.5万名罪犯以缓解牢房紧张局面，2020年8月南非重启"非法枪支特赦"以改善社会治安环境等。进入21世纪，赦免制度总体上在南非的国家治理中产生了越来越多元、积极和有效的价值。

（二）拉丁美洲地区的赦免

20世纪80年代，拉丁美洲地区的国家反思了早期的人权侵害现象，重新启动了雅典时代意义上的赦免法运动。这一运动赋予了赦免制度或多或少的现代意义，所诞生的一批赦免法与相关和平协定衔接起来，在维护和平与稳定上产生了深远的影响并引发了一系列的挑战与争论。

更早的时间内，赦免行为在总体上被认同和鼓励，其合法性与正当性并未受到追问。但是随着免刑与人权概念的发展，随着豁免与人权保障的结合，赦免这一古老的法律概念注定将会面对来自法律的深层次追问，受到来自合法性与正当性的双重考问。就像此前的国际法和平协定中规定的赦免条款对欧洲时代的拉丁美洲的影响一样，现代赦免法的概念和紧随的对其合法性、正当性的争论对拉丁美洲的影响巨大。

1. 阿根廷的赦免

从1976年3月开始,阿根廷经历了长达七年的军事独裁统治。在1980年阿弗森激进党执掌政权前夕,前贝隆政权通过了一部赦免法,这部叫作“国家平定法案”的赦免法广为人知,并据此赦免了部分涉嫌参与武装暴动的军方人员。1983年12月阿弗森总统签署了要求逮捕和指控高层军事官员的命令,实际上使这部赦免法沦为一纸空文。针对具体个人或者群体的无条件赦免最终在1989年和1990年实现,通过总统行使和使用赦免权的方式来实施。[①] 但是其后的政权一直处于不稳定的状态,虽然采取了一些有条件的类似于赦免的措施,但是收效甚微。

2003年8月,基于保护受害者人权的考虑,阿根廷议会举行投票以绝对优势票数废除了赦免法。但是,根据总统签署的命令,阿根廷政府于2004年9月宣布对居住在阿根廷的外国非法移民实行“大赦”,使一些非法居住在这里的外国移民获得了合法居留权。自此,赦免权的行使在克服存在于阿根廷核心社会的根深蒂固的分裂方面和整合各界力量进行建设的过程中都起到了越来越重要的作用。

2. 智利的赦免

智利于1978年颁布了赦免法,从1973年到1989年年末,智利遭受了皮诺切特整整十六年的漫长的军事独裁统治,1990年埃文领导的新政府并没有废除该赦免法。这部赦免法最大的特点是规定了无条件赦免和对民事责任的赦免。首先,该法赦免范围涵盖从1973年至1977年这段时间内的所有犯罪行为,和南非赦免法所规定的协商程序有着很大的区别,直接规定对于那些申请赦免的人都无条件地适用,并且规定无论是主犯还是从犯,所有犯罪人在这一期间所犯之罪均得以赦免。但是,该法将部分普通的刑事犯罪排除在赦免范围之外,如杀害婴儿、强奸、持械抢劫、诈骗、贪污和醉酒驾驶

① See Decree 1002/89 of October 1989 and Decree 2741/90 of December 1990, both reproduced in Kritz, Vol. Ⅲ, Laws, Rulings, and Reports, p. 529 – 531.

等,一般的杀人、绑架和暴力等行为则可以得到赦免。其次,该法规定针对可赦免之罪,也适用于民事责任领域,如果行为人被赦免了民事责任,那么他不需要再对所造成的民事损害进行赔偿。尽管这一做法可能对被害人造成不公正的结果,但是对于稳定国内秩序和发展社会经济在一定程度上起到了积极作用。埃文总统就任六个星期后成立了真相与和解委员会,主要负责调查军事独裁时期的人权违反的现象和受害者的生存状态。该委员会的调查报告在被政府递交给最高法院之后,最高法院决定进一步追究侵害人权者的个人责任,但那些被赦免法所涵盖的罪行却不能受到指控。最后,根据法律规定,仅仅 1978 年之后的犯罪和不在赦免法规定范围之内的犯罪受到了追究。

1998 年,前总统皮诺切特曾根据该法被赦免,但其在英国治病期间被逮捕,曾经使他受益的赦免法因为地理原因的限制而失去了管辖权,凸显出难以解决的问题:根据英国的法律程序,他被逮捕和引渡的法律效力受到质疑,《智利赦免法》毫无疑问在国外是无效的。皮诺切特在回国后,不得不面对国内增长的民怨与最高法院推翻原赦免法并追究其刑事责任所带来的挑战。2000 年 8 月智利最高法院在圣地亚哥上诉法院初审判决的基础上,首次宣布剥夺皮诺切特终身参议员的司法豁免权,2004 年 8 月智利最高法院再次作出终审裁决宣布维持圣地亚哥上诉法院关于皮诺切特司法豁免权的决定并对其进行司法调查和审判。至此,对其赦免的行为被完全推翻而失去效力。

2022 年 3 月,智利总统加夫列尔·博里奇(Gabriel Boric)将新政府第一份基于人道主义的特赦令授予来自瓦尔迪维亚(Valdivia)的 22 岁囚犯拜伦·索托·罗哈斯(Byron Soto Rojas),该名囚犯因盗窃罪而被判入狱 10 年,已服刑满 3 年并身患癌症而急需治疗。①

---

① 《智利第 18.050 号法律》第 6 条规定,总统人道主义特赦令是"在特定条件下通过的有据可循的最高法令,可授予被判处可执行的有效判决且不涉及国家政治宪法第 9 条规定的恐怖主义行为的囚犯"。同时还规定,"在特定条件下,如健康状况严重不佳,被赦免囚犯可不必服完法律判处的剩余 2/3 刑期"。

3. 萨尔瓦多的赦免

萨尔瓦多的民主过渡是在国际协定和联合国的帮助之下完成的。在1987年8月埃斯基普拉斯条约签署以后,其实施了一次大赦。1991年4月墨西哥协定签署之后,萨尔瓦多成立了真相调查委员会,它被赋予了调查“发生在1980年后的、公众迫切需要了解真相的、对社会产生重大影响且具有紧迫性的严重暴力犯罪”的职责。① 该委员会有六个月的时间去完成这项工作,但是却不能直接参与到赦免程序中去,其调查报告在1993年3月被提交到了联合国秘书处。

1993年萨尔瓦多为了巩固国内和平而制定的大赦法将赦免推到了全国范围之内,这远远超越了此前为了促进国内民主进程、社会重组和国家和解而实施的限制较为严格的赦免。这部赦免法为那些在1992年前参与到政治犯罪、衍生政治犯罪和20人以上的群体普通刑事犯罪者提供了普遍的、绝对的和无条件的赦免。绑架幼童、敲诈勒索、毒品犯罪和严重的财产犯罪则不在赦免的范围之内。并且,对其刑事责任的赦免并不免除其民事责任的承担。

① UN Doc. S/25500(April 1,1993):reprinted in Kritz,Vol. Ⅲ,Laws,Rulings,and Reports,p. 74.

第二章　赦免的价值研究

作为一个持续数千年，在全球范围内广泛存在的制度，赦免制度与人类文明同在。在对其进行纵向的历史梳理和横向的地域比较之后，有必要进一步追问其在人类社会存在的正当性。赦免的正当性是指其存在的合理性，即人类社会的治理中选择这一制度的自然天成的原因。它要求在明了赦免之含义的基础上，进一步探讨这一制度存在的理性，研究其得以发挥作用的原因，分析其背后的政治、经济、文化与社会基础。然而，正当性或合理性并不是一个容易说清楚的概念，“在把‘合理的’、‘有理的’、‘被证明为正当的’等等当作科学术语方面，一个总的困难是真正发现关于一切合理的可接受信念的强有力概括，看来前景相当黯淡”。[①] 要对其进行一个精确的概括显得十分困难。本章从政治文明和宗教文化对赦免制度的影响出发，探讨了立宪主义价值下的赦免制度，并从功能主义的角度运用功能分析的方法分析赦免存在的正当性价值，指出其正当性主要在于促进和平、维持秩序和治疗社会创伤三个方面。

---

① ［美］希拉里·普特南：《理性、真理与历史》，童世骏、李光程译，上海译文出版社2005年版，第117页。

第一节 人类文明进程中的赦免

一、政治文明对赦免的影响

政治文明是人类在社会历史发展过程中所创造的、体现社会发展进步的、处理公众事务的所有成果，主要包括一定社会的政治观念及在此观念影响之下形成的政治制度等。在政治观念层面，主要表现为政治价值观、政治理念和政治情感的发展变化等，如民主、法治、自由、平等、人权等思想观念的养成，以及人们参与政治和国家管理活动意识的培养等；在政治制度层面，主要表现为由于社会生产方式和阶级力量对比关系的变化所引起的国家管理形式、结构形式的进化发展，即国体和政体等领域的内容，如立法制度，代议制民主制度、司法制度、政党制度、行政制度和军事制度等。赦免，作为一种文化现象，形成于等级社会，在政治文明进化的过程中不断发展完善。只有在人与人之间形成分层之后，一部分人对另一部分人享有特权之后，才会有赦免现象的发生。

摩尔根将人类社会划分为蒙昧时代、野蛮时代和文明时代，并且认为“自从文明时代开始以来所经过的时间，只是人类已经经历过的生存时间的一小部分，只是人类将要经历的生存时间的一小部分”。[①] 那么，作为文明时代的产物，赦免现象虽然在阶级社会和国家形成以后即已萌芽，但在人类历史的长河中却是一个短暂的事物。从发生学的角度来看，赦免是国家与政府形成后才出现的现象，它一直作为统治阶级维护自身统治的手段，是统治者为了自身利益的需要，将某些反抗者的罪责予以免除的一种方式。为了维护统治秩序，除了制定一系列的规则并建设暴力机构之外，当政者也往往恰当地运用赦免手段来纠正暴力强制所可能造成的负面影响，并体现自身

① 参见《马克思恩格斯选集》，人民出版社 1972 年版，第 175 页。

的仁慈与恩德。那么,要从人类文明的视野来理解赦免制度,就不能避开人类社会的发展演绎过程,就必须关注国家与政府的形成过程。人类社会的原初状态究竟是怎样一种状态,国家和政府究竟在什么时候开始出现,很难从考据学的角度得到精确的答案。但是,科学的考古和历史分析有助于对此做出思考和种种假设。在众多的国家与政府学说中,以下几种关于其起源的理论影响巨大,产生了深刻而广泛的理论影响。①

第一种理论称作"征服理论",或者"强权理论"。该理论认为,人类社会是由各种力量组成的集合体,这些力量之间彼此制衡,互相竞争。当其中一种力量在竞争中获胜之后,掌握这种优势力量的集团将一定的土地、人口纳入自己的控制之下,并宣告主权,组织政府机构,建立国家。国家与政府形成于这种占有绝对优势的力量对其他力量的征服与压迫之下。现代德国的第一位领导人俾斯麦曾说:"我们今天面临的许多重大问题不能通过演讲或民主选举来解决,解决它们的唯一办法只有铁与血。"他的这一演讲可以被认为是强烈支持这一理论的。

第二种理论称作"契约理论",或者"联盟理论",该理论是资产阶级十七、十八世纪最著名的政治理论,在世界范围内产生巨大影响,主要代表人物包括英国的霍布斯、洛克和法国的卢梭等。比如,卢梭认为:当自然状态中生存障碍超过个人所能够承受的地步,人类就被迫改变生活方式,人类不能产生新的力量,而只能是集合并形成力量的总和来克服生存的阻力,要寻找出一种结合的形式,使它能以全部共同的力量来护卫和保障每个结合者的人身和财富。而且由于这一结合使每一个与全体相联合的个人只不过是在服从自己本人,并且像以往一样自由。② "契约理论"认为,国家与政府源于组成社会的个体的自愿结盟,或者为了防止人类社会因自身的恶劣关系而消亡,或者为了抵抗险恶的生存条件所带来的危险,或者为了维持一种良

---

① See Roger Leroy Miller, *American Government*, National Textbook Company, 2002, p. 13.

② 参见任文启主编:《社会工作专业经典选读》,兰州大学出版社 2015 年版,第 110 ~ 111 页。

好而舒适的生活状态，人们聚集在一起，每个人将自己的一部分权利贡献出来，让渡给一个公共的机构来行使，并通过订立契约的方式来保障这些目的的实现。在契约的基础上，国家得以形成，这个公共机构就是政府。

第三种理论称作“进化理论”，或者“自然演化论”。该理论认为，国家与政府源于社会内部自然的进化。最初由单个的人组成家庭，家庭进一步组成部落，然后是部落联盟，然后形成更大意义上的组织体——国家与政府。“国家决不是从外部强加于社会的一种力量。国家也不像黑格尔所断言的是‘伦理观念的现实’，‘理性的形象和现实’。毋宁说，国家是社会在一定发展阶段上的产物；国家是表示：这个社会陷入了不可解决的自我矛盾，分裂为不可调和的对立面而又无力摆脱这些对立面。而为了使这些对立面，这些经济利益互相冲突的阶级，不致在无谓的斗争中把自己和社会消灭，就需要有一种表面上凌驾于社会之上的力量，这种力量应当缓和冲突，把冲突保持在‘秩序’的范围以内；这种从社会中产生但又自居于社会之上并且日益同社会脱离的力量，就是国家。”①

研究发现，在国家与政府出现之前，赦免制度和赦免行为都缺乏存在的“土壤”。随着作为文明社会标志的国家与政府的产生，剥削制度和等级社会进一步形成。社会的一部分人成为统治阶级，拥有各个方面的资源和财富，另一部分人则沦为被统治者，处于依附性的地位。“随着在文明时代获得最充分发展的奴隶制的出现，就发生了社会分成剥削阶级和被剥削阶级的第一次大分裂。这种分裂继续存在于整个文明时期。奴隶制是古代世界所固有的第一个剥削形式；继之而来的是中世纪的农奴制和近代的雇佣劳动制。这就是文明时代的三大时期所特有的三大奴役形式；公开的而近来是隐蔽的奴隶制始终伴随着文明时代。”②剥削和等级制度造成了严重的贫

① [德]恩格斯：《家庭、私有制和国家的起源》，载《马克思恩格斯选集》，人民出版社 1972 年版，第 166 页。

② [德]恩格斯：《家庭、私有制和国家的起源》，载《马克思恩格斯选集》，人民出版社 1972 年版，第 172 页。

富差距和地位悬殊,处于社会顶层的少数人使用着整个社会的绝大部分资源,而处于社会底层的绝大多数人仅仅拥有少数的资源。"由于文明时代的基础是一个阶级对另一个阶级的剥削,所以它的全部发展都是在经常的矛盾中进行的。生产的每一个进步,同时也就是被压迫阶级即大多数人的生活状况的一个退步。对一些人是好事,对另一些人必然是坏事,一个阶级的任何新的解放,必然是对另一个阶级的新的压迫。这一情况的最明显的例子就是机器的采用,其后果现在已是众所周知的了。如果说在野蛮人中间,像我们已经看到的那样,不大能够区别权利和义务,那么文明时代却使这两者之间的区别和对立连最愚蠢的人都能看得出来,因为它几乎把一切权利赋予一个阶级,另一方面却几乎把一切义务推给另一个阶级。"[①]客观存在的这一矛盾决定了社会冲突将此起彼伏,持续不断地发生。当绝大多数的底层人觉醒后,或者是部分底层的先知先觉意识到严重的社会不公后,就可能发生反抗。绝大多数的反抗都是以暴力的形式重新分配社会资源,以流血的方式追求生活的权利并杀死剥削者;绝大多数的反抗都动摇了剥削阶级,至少影响了那些养尊处优的人的既得利益。因此,如果不能很好地平衡剥削者与被剥削者之间的利益,就会产生王朝覆灭的结果,历代的统治者都不遗余力地要求处理好这一对矛盾。

站在另一个立场上,统治阶级也完全能够意识到这一点:被统治阶级可能对这种严重的不公正心存不满并组织起来反抗,而且反抗总是客观存在且不可消除的,只有直接面对这一现实才能找出解决问题的办法。于是,他们在宣称反抗统治是一种不正义行为的同时,不得不采取一些具体的措施来防止对统治权的威胁。一方面,如前文所述,通过制定法律与运用警察、监狱和法庭等国家公共武器对反抗者进行残酷镇压;另一方面,又通过教育、说服、奖励与给付等措施消解反抗者的意志。在必要的时候,甚至宽恕

① ［德］恩格斯:《家庭、私有制和国家的起源》,载《马克思恩格斯选集》,人民出版社 1972 年版,第 173 页。

某些违反统治阶段利益的行为人的罪过,从而达成社会的和解,缓解矛盾。在这种情况下,赦免就成为一种必要的手段。但是,统治阶级并不认为赦免是理所当然的,更不认为获得赦免是被统治阶级的权利。相反,其通过一系列的规定、程序和仪式,向被统治阶级传递一种信号:赦免是对所实施的反抗行为的恩赐,被赦免的人应当感激这种恩赐,并按照统治阶级的意志纠正自己的行为。“凡对于统治阶级是好的,对整个社会——统治阶级是把自己与整个社会等同起来的——也是好的。所以文明时代愈是向前进展,它就愈是不得不给它所必然产生的坏事披上爱的外衣,不得不粉饰它们,或者否认它们,一句话,是实行习惯性的伪善,这种伪善,无论在较早的那些社会形势下还是在文明时代第一阶段都是没有的,并且最后在下述说法中达到了极点:剥削阶级对被压迫阶级进行剥削,完全是为了被剥削阶级本身的利益;如果被剥削阶级不懂得这一点,甚至举行叛乱,那就是对行善的人即对剥削者的一种最卑劣的忘恩负义行为。”①

概言之,政治文明是社会生产力发展和生产关系变化在上层建筑层面的综合反映,反映特定时代一定社会的价值追求及人们为了实现此等价值所选择的路径和采用的手段。在意识观念层面,政治文明发展进程中所确立的社会价值秩序的变化不断影响赦免行为的实施;在制度建设层面,赦免制度作为国家制度的一部分深刻融入一国政治体制中并与其他制度相互关联。

二、宗教文化对赦免的影响

在人类文明的视野中,赦免制度作为一个具有合理性的重要的宪法制度,当然不是由文化单一决定的,但是其从产生、发展以至于发达的整个过程,都受到了来自文化的影响,尤其受到宗教文化的影响。“决定一个信念

① [德]恩格斯:《家庭、私有制和国家的起源》,载《马克思恩格斯选集》,人民出版社1972年版,第174页。

是否合理,并不是这个或那个文化的合理性规范,而是一个关于合理性的理想性理论,一个为某一信念在任何可能世界的相关场合成为合理信念提供必要条件和充分条件的理论。"①文化因素提供了赦免制度生存的"土壤",是其普遍意义与价值所依托的充分必要依据。因此,要追问赦免的正当性,应当从人类社会文化的演绎与进步过程开始探讨。

文化因素是研究赦免制度本质特征的重要切入点,宗教文化对赦免制度的作用则体现在方方面面。一方面,赦免的本质属性所体现的宽容在某种意义上直接源于宗教传统。"宽容观基础上的多元理念的形成,既是人类本身具有的智力和道德天赋作用的结果,也是人类文明进程中,经过宗教改革而形成的。"②另一方面,宗教以赦免之名实施的某些措施有时候甚至会给世俗政权带来沉重的压力,很多时候国家不得不对宗教势力做出让步。"如果有些正直和虔信的人,通过祈祷、赦罪和忏悔——专司此职的教会的仆役(神职人员)通过这些仪式,许愿他们在来世能交好运——分享教会许诺给信徒们在他们死后的恩惠,设立一个永久性的捐赠基金会,在他们身后把捐赠的某些土地变为教会的财产,而国家对这一部分,或那一部分,或者甚至全部,授予教会对采地者的保护义务,那么,这样一种据说是永久性的捐赠基金会就根本不可能解释为永久性的,而是国家可以甩掉这种教会强加给它的负担,如果它想这样干的话。"③

基督教认为,赦免的权力属于上帝,其教义对此有长篇累牍的论述。圣经旧约中虽然数次提到上帝和以色列人之间达成谅解,但是并未直接明确表达宽恕的意义,这一意义在新约中才有较为系统的表述。基督教教义认为,罪人获得宽恕必须首先假定其有罪,因为一旦有了罪,就必然接受这种

---

① [美]希拉里·普特南:《理性、真理与历史》,童世骏、李光程译,上海译文出版社 2005 年版,第 117 页。

② 金相文:《论宗教个人主义的世俗意义——分析 16 世纪宗教改革的起源和影响的一个视角》,载《学海》2002 年第 4 期。

③ [德]康德:《法的形而上学原理——权利的科学》,沈叔平译,商务印书馆 2005 年版,第 207 页。

罪的罚,而且必须付出或由他人代为付出受到他侵犯而又把他置于自己掌握之中的人所要求的赎价。由于受侵害者是上帝,上帝对一切人拥有主权,且万物又在上帝掌控之下,所以在得救之前就必须付出上帝根据自己的意志所要求的代价。这种赎价并不足以抵偿罪人对上帝所造成的侵犯,也并不是用来赎罪的赎价,任何罪人都无法为自己付出这种赎价,也无法请他人代为付清这种赎价。一个人对他人造成的损害可以通过赔偿来补偿,但是罪却没有办法用赔偿的方式消除,因为那样就使犯罪成为一种自由、可以买卖的对象了。但是罪却可以因上帝的许诺或者认可而无偿地得到赦免。在旧约中,上帝一般因行为人付出某种牺牲或者祭献而赦免其罪。虽然惩罚是正当的,是对违反预先所规定之行为的一种正确措施,但赦免也并不是不正义的行为。因此,救世主基督以自己的生命和苦难拯救人类的时候,在一定程度上付出了人类所犯之罪的赎价。在基督实施救赎之后,就其行为本质而言,上帝如果再以永恒的死亡和痛苦来惩罚人类,不宽恕那些虔诚的信仰基督的人,那么上帝此种惩罚罪人的行为反而成为不义的事情了。上帝本身也是悲悯和宽容的,它在基督以身殉难之后,赦免了那些虔诚的信众的罪。

基督教早期神学思想集大成者奥古斯丁指出:"上帝造人类始祖亚当时,亚当是正直的,具有自由意志,不知痛苦也不知死亡。但是由于他滥用了自由意志,和夏娃吃了伊甸园树上的禁果,便丧失了向往善的能力,丧失了绝对知足状态,道德败坏进入他们体内,此乃原罪。上帝因此将他们逐出伊甸园。从此人便与上帝分离。亚当的罪不仅把向他宣判的死刑带给了他的后代,而且也把罪本身传给了他们。原罪代代相传,人人生而有罪,加之凡出生在此世的人,都生于情欲之中,继承了败坏的本性,因此,除始祖传下的原罪之外,还有人因自由意志而犯的本罪。人不能做任何善事拯救自己,只有凭借上帝的恩典,人才能克服自身的罪恶,重新获得行善的能力,与上帝和好,复归天堂。上帝的恩典已由于其独生子基督为人类赎罪被钉于十字架而得以在人间实现。只要信仰基督,尊崇上帝,履行洗礼、圣餐和悔罪圣礼仪式,就可以得到这个恩典。若非此,便要遭受永世的惩罚,即便是未犯本罪的婴儿,亦不可避免。”[①]并且,奥古斯丁进一步认为:“基于人的自由意志,上帝有权赏罚,上帝不与有罪之人直接交往,人的获救必得借助教士的中介作用,只有教士阶层掌握着圣礼的主持权,这样,不仅使其本身存在合法性,而且以此最大限度地控制了人们的政治、经济、精神生活。以教皇为首的僧侣阶级成为信徒与上帝之间的中介人。教皇是上帝在人间的代理,掌握着拯救人的灵魂的大权。人要想获救,就必须服从教皇,遵守教会法律。”[②]因此,教会享有实际上代表上帝在现实社会中行使宽恕和赦免权。

在西方社会,赦免制度深深地植根于基督教文化,宗教文化在此的诸多痕迹清晰可见。拉丁美洲很多国家在实施赦免的过程中使用的术语都源于基督教神学体系。宗教的因子在南非的赦免程序中体现得更为明显,这一点可以在其成立的“真相与和解委员会”的组成和架构上得到印证:和拉丁美洲国家拥有“真相委员会”与独立的赦免程序不一样,南非模式中拥有一个“赦免委员会”、一个“人权委员会”和一个“赔偿与复原委员会”,这三个委员会共同组成一个整体,服务于南非的赦免与人权保障,都带有较为强烈的宗教因素。但是,尽管含有浓厚的宗教文化传统,现代赦免在这里则使用了更多的世俗语言而非宗教语言,同时也是更适用于法庭的术语而不是适用于教堂的圣歌。

另外,其他的宗教教义也可能对赦免产生作用,如非洲地区的一些传统宗教和伊斯兰教的教义也规定应当对人的部分错误行为进行宽恕,这一点和赦免制度的追求是一致的。印度教和犹太教也未宣称反对赦免中所体现出来的宽容精神。仍然以南非为例,犹太社区曾经就“真相委员会”的存在进行了激烈的辩论,但是最终承认了宽容的理念并且使其与传统的犹太信仰相互兼容,虽然这种理念在犹太教义中并不是居于核心地位。在一

① 李平晔:《人的发现——马丁·路德与宗教改革》,四川人民出版社 1984 年版,第 83 页。
② 李平晔:《人的发现——马丁·路德与宗教改革》,四川人民出版社 1984 年版,第 85 页。

些具有祖先崇拜传统的地区,人们普遍认为人的一切行为都是在祖先的荫庇之下得以实现的。比如,一个人生病会被认为是冒犯了祖先,病痛是祖先对其罪过实施惩罚的一种形式,治疗疾病的方法包括与祖先的精神交流与通灵等,这其实也是在寻求来自祖先的宽恕,并希冀能够得到祖先的赦免,从而获得心灵上的安慰与平静。

中国古代也有受宗教文化影响赦免的实例。东汉时期(65年),汉明帝下诏敕令赦免犯罪,其内容是:"天下死罪皆入缣赎。"当时崇信佛教的皇室成员楚王刘英并无死罪,也纳缣,并且自称:"记在蕃辅,过恶累积,欢喜大恩,奉送缣帛,以赎愆罪。"[①]这个事件反映了两种罪的观念:一种是国家法度所规定之罪,另一种则是民间宗教(主要指佛教)所规定之罪。刘英或许是想借此彰显自己的宗教信仰之笃诚,故虽不犯国家之死罪,亦认为自己犯了宗教性的死罪,而这种宗教的罪会导致人生病或者不幸,所以也请求赦免。[②]

那么,上帝、祖先或者其他宗教中的主宰者为什么享有赦免的权力呢?那是因为在宗教信仰的意识形态中,所有的罪行都是针对这些主宰者而犯下的,行为人对主宰者存在心灵的罪过,主宰者是犯罪者行为结果的承受者,其罪行当然只能由主宰者自己来宽恕。在宗教的世界,根据理论的演绎,只有牺牲者才能决定是否报复或者宽恕,世俗政府不是犯罪的牺牲者和受害人,因此其无权对加害人实施惩罚或者赦免。在特征上,宗教中的赦免所体现出来的宽恕与和解也具有很强的主观因素,如果主宰者在这一问题上缺位或者疏忽了,那么行为人将会受到来自自身的惩罚,来自良心的谴责。在世俗政权中,以法律形式所体现出来的赦免制度与程序则具有更多客观性,是一种适合于进行司法解读并可适用于法院辩论的特殊机制。政府机关从总体上来说是一个有机的法律组织体,而绝非精神与生物意义上

① 《后汉书》卷四二《光武十王列传》,第三十二。

② 参见甘怀真:《皇权、礼仪与经典诠释:中国古代政治史研究》,华东师范大学出版社2008年版,第276页。

的个人,因此其不像宗教中的主宰者那样可以用心灵或者精神去感知赦免所带来的宽恕,赦免往往是政府进行社会管理的一种手段。

鉴于宗教挥之不去的重要影响,世俗政权在实施赦免的时候,赦免程序都会认真考虑宗教的因素,寻求与信仰人群达成精神的和解,避免产生新的裂痕与冲突。尽管在具体的使用过程中,宗教的赦免概念与现代赦免概念存有差异,也很难实现融合,但是后者在很多方面取法于前者却是不争的事实。例如,宗教教义将一些罪过排除在赦免范围之外,现代意义的赦免法也同样将部分犯罪排除在法律规定之外等。

第二节 宪法哲学层面的赦免

宪法哲学从道德、伦理角度研究和回答与法治文明社会所制定的宪法相关的所有价值性问题,包括为什么选择制定宪法、制定什么样的宪法、如何制定宪法、如何实现宪法的变迁以及如何保障宪法在现实社会中的落实等;同时,宪法哲学也思考宪法规范本身所蕴含的各种价值、所希望在特定社会确立的客观价值秩序和所尊崇的适应于特定语境的整体价值体系。这些内容均通过宪法制定和实施的行为实践而体现在宪法文本之概念、规则、基本原则和指导思想等话语体系中。

赦免,作为一种社会产物,具有独特立宪主义政治价值。虽然在专制与独裁的时代,人们对帝王所实施的恣意赦免行为曾进行过激烈的反对,如拉德布鲁赫所言,“赦免这一法律制度意味着对所有法律可疑问题直言不讳地承认,是对法律理念内部的以及法律理念和其他理念,比如和伦理、宗教理念之间冲突可能性的紧张关系的承认。正是因此,那些没有疑问的时代,赞同理性共治与独裁的时代,比如自然法和启蒙时代,都与赦免权进行了斗争。首先是贝卡利亚,康德紧随其后,贝氏将赦免视为是‘统治者所有权力中最下流的一个'",①但是进入法治社会后,各国普遍承认赦免的积极作用。在宪法哲学层面,赦免与主权、人权、民主法治、自由平等、权力制约等现代宪法基本原则均密切相关。

一、主权原则与赦免

国家主权是国家最重要的属性,它不可分割、不可让渡,是国家在国际法上所固有的独立处理对内与对外事务的权力。主权是国家最主要、最基本的权力,是国家所固有的,并非由法律所赋予的;国际法中的国家主权原则只是对这一权利予以确认和保护。"主权是国家的主要标志,是国家身份最重要的组成要素和法律基础。"②

主权作为国家的固有权利,表现为三个方面:对内最高权、对外独立权和防止侵略的自卫权。所谓对内最高权,是指国家行使最高统治权,国内的一切中央和地方的行政、立法和司法机关都必须服从国家的管辖。所谓对外独立权,是国家行使主权权力的自主性和排他性,指按照国际法原则,在国际关系中享有独立权,即独立自主地、不受任何外力干涉地处理国内外一切事务,如国家有权按照自己的意志,根据本国的情况,自由选择自己的社会制度、国家形式、组织自己的政府、制定国家的法律、决定国家的对内对外政策等。所谓自卫权,是指国家为了防止外来侵略和武力攻击而进行国防建设,在国家已经遭到外来侵略和武力攻击时进行单独的或集体的自卫的权利。③

从演变的历史看,主权的语词概念出自中世纪的法语"Sovrain",首先在法国出现和发展。从其词源上来考证,与拉丁语"Superanus"有关,含有"在一般人之上"的意义。"Sovrain"一词在法国10世纪左右的最初使用中并不含有最高之意,不仅人们对国王使用这一称谓,即使国王所册封的各诸侯也

---

① [德]G.拉德布鲁赫:《法哲学》,王朴译,法律出版社2005年版,第174页。

② Prakash Chandra, *International Politics*, 3rd edition, New Delhi Educational Books, 1979, p. 52.

③ 参见 http://baike.baidu.com/view/110482.htm,最后访问日期:2023年10月8日。

可称"Sovrain"。近代意义的主权观念,也是在法国发展和演变的,并且和法国的政治状态有着密切的联系。

在中世纪的欧洲,世俗国家的权力受到种种制约;这种制约既来自政府自身,也来自政府之外。首先是来自基督教教会的制约,罗马教皇与皇帝相对,在宗教世界主张权力,对世俗政权有着重大影响。教会的权力是如此之大,有时候甚至可以压迫国王,而国王不得不服从教皇的命令。其次是来自国内各诸侯和封建领主的制约,当时各诸侯和封建领主占有封地,享有极大的权力,有些时候甚至可以直接对抗国王。从法国的情况来看,13 世纪以前也是这种情况。13 世纪后半期,随着世俗政府的强大,国王的权力逐渐增加并得到巩固,统一的集权国家伴随进一步对诸侯领地的征服和没收而逐渐形成。到 16 世纪后,国王已经成为全国名副其实的最高统治者。在这种背景下,渐渐产生了"国王主权"的学说。随着近代民族国家的形成,作为在某个特定领土内行使立法、司法和行政权力的至高无上的中央权威的主权概念于 16 世纪后半叶由法国人让·博丹首次提出。让·博丹在其巨著《共和六论》中对国王主权有过较详尽的论述,并将恩赦权与立法权、裁判权、课税权等列举为主权的具体权能。明确地指出赦免是主权的一种权能,是一国主权范围内的事项,并认为其和立法、裁判、课税诸权一样重要。此后,主权学说得到广泛传播。

从 17 世纪开始,随着资产阶级的兴起和民主自由思想的传播,渐渐产生了对"国王主权"形成挑战的"人民主权"学说。这一时期,启蒙思想家的天赋人权和社会契约等理论对主权学说产生了重大影响。他们认为,国王之权力源于人民,人民通过订立契约而让渡自己的一部分权利出来并拥戴国王,所以国王拥有了统治人民的权力。霍布斯认为:"当一群人确实达成协议,并且每一个人都与每一个其他人订立信约,不论大多数人把代表全体的人格的权利授予任何个人或一群人组成的集体时,赞成和反对的人每一个人都将以同一方式对这一人或这一集体为了在自己之间过和平生活并防御外人的目的所作为的一切行为和裁断授权,就像是自己的行为和裁断一样。这时国家就称为按约建立了,由群聚的人同意授予主权的某一个或某些人的一切权利和职能都是由于像这样按约建立国家而得来的。”[①]卢梭曾论述道:如果国家,或者说城邦,只不过是一个道德人格,其生命全在于它的成员的结合,并且如果它最主要的关怀就是要保存它自身,那么它就必须有一种普遍的强制性的力量,以便按照最有利于全体的方式来推动并安排各个部分。正如自然赋予了每个人以支配自己各部分肢体的绝对权力一样,社会公约也赋予了政治体以支配它的各个成员的绝对权力。正是这种权力,当其受公意所指导时,就获得了主权这个名称。[②]

近现代,主权的概念已经被世界各国广泛承认,并在一些具体的法律文件中有所体现。1970 年《关于各国依联合国宪章建立友好关系及合作之国际法原则之宣言》详尽阐述了主权原则的内容,其中心是各国主权平等。该宣言规定,主权平等包括下列六个要素:第一,各国法律地位平等;第二,每一国均享有充分主权之固有权利;第三,每一国均有义务尊重其他国家之人格;第四,国家之领土完整及政治独立不得侵犯;第五,每一国均有权利自由选择并发展其政治、社会、经济及文化制度;第六,每一国均有责任充分并以诚意履行其国际义务,并与其他国家和平共处。在主权原则的核心价值观念中,赦免作为一国之内政事项得由各主权国家自行裁定,他国无权进行干涉。

正如前文所述,惩罚犯罪和赦免罪犯在传统的理论上被认为是一国主权范围之内的事情;作为主权的一种权能,赦免不能脱离主权而存在。首先,犯罪在本质上是危害社会的活动,被认为是孤立的个人反抗统治阶级意志的做法,表现为违反主权者所制定的法律的各种行为,没有主权就没有罪行,没有罪行就谈不上犯罪。霍布斯认为,“在没有主权的地方就没有罪行。因为没有这种权力的地方就不可能从法律方面得到保障,于是每一个人都

---

① [英]霍布斯:《利维坦》,黎思复、黎廷弼译,商务印书馆 1985 年版,第 133 页。

② 参见[法]卢梭:《社会契约论》,何兆武译,商务印书馆 2002 年版,第 41 页。

可以用自己的力量来保卫自己；道理是这样，任何人在按约建立主权时，都不能认为放弃了保全自己人身的权利，一切主权的订约成立，就是为了人身安全。但这只能认为是对于那些没有在取消保卫他们的权力方面出力的人而言的，因为在取消这种权力方面出力从一开始就构成一种罪行”①。其次，无犯罪就不能实施刑罚，无刑罚就无从赦免。黑格尔认为，“君主主权产生赦免罪犯的权力，因为只有这个主宰一切的权力才有权实现这种化有罪为无罪，并用既往不咎的办法消除犯罪的精神力量”②。

既然将赦免认定为主权的一种权能，那么主权的性质决定赦免的性质，赦免行为体现主权行为的特征。具体主要体现在以下三个方面：

第一，主权的最高性决定赦免的最高性。霍布斯说：“世俗社会的维持在于司法，司法的维持则在于国家的主权者所操的生杀大权以及程度较轻的赏罚。如果在主权者以外还有人能颁赐比生命更高的奖赏，施加比死亡更重的惩罚，那个国家就不可能立足。”③主权者或者主权者的代表在决定赦免并发布赦免令之后，赦免行为即对相关组织和个人发生效力。因为主权是最高的，因此不得再有超越主权权威的实体宣布赦免无效。在此等意义上，国际组织如联合国等都不能干涉独立国家的赦免行为，他国更不得以赦免不当为由介入独立国家之内部事务。除非主权者自己依据情势变更等理由纠正不恰当的赦免之外，赦免一经生效，即具有终局性的最高效力，不得变更。

第二，主权的整体性决定赦免的整体性。主权不可分割，赦免亦不可分割。在历史的实践中，常常由主权者自己实施赦免，如君主制国家君主实施的赦免，议会主权国家议会实施的赦免等。但是在立宪主义时代，主权多归于国民，而国民不能直接行使国家权力，代议制成为一种常态。因此，更多的赦免由主权者的代表予以实施，这些代表可能包括议会、内阁及司法机关

---

① ［英］霍布斯：《利维坦》，黎思复、黎廷弼译，商务印书馆1997年版，第227页。
② ［德］黑格尔：《法哲学原理》，范扬、张企泰译，商务印书馆2007年版，第305页。
③ ［英］霍布斯：《利维坦》，黎思复、黎廷弼译，商务印书馆1997年版，第355页。

等机构，也包括总统、首相或州长等享有特殊职位的个人。将赦免权赋予这些具体的机构和个人的时候，并不是赦免本身产生了分裂或分割，而是作为一个统一整体的赦免权被具体地交给不同的行使主体具体执行。虽然在行使过程中赦免权为不同主体所掌控，但是在归属上则仅有一个，那就是主权者，赦免权是主权者不可分割的权力。

第三，主权的不可转让性决定赦免的不可转让性。主权不可转让，赦免权亦不可转让。一切的组织和个人只能以主权者的名义发布赦免，一切的行为人也只能因主权者的决定而得到赦免。如果将赦免权具体划分为赦免所有权与赦免执行权的话，这一问题就豁然开朗了。无论是主权者直接宣布实施的赦免，还是主权者的代表间接宣布实施的赦免，都只是赦免权在执行层面的不同分工罢了。赦免所有权只能归属于主权者，因为赦免权不能转让，它作为一个整体必然是主权权威的象征。

二、人权保护原则与赦免

尊重和保障人权作为现代宪法的基本原则，和赦免制度共同构成宪法规范的有机内容。赦免行为的主要目标之一是保障人权，伴随人权保护制度发展的历史过程而不断变化，并且受到人权保护制度特性的制约和影响。

首先，从目的论的角度看，保护人权是赦免制度所要实现的重要目标。人权是在一定的社会历史条件下每个人按其本质和尊严享有或应该享有的权利，它是人对自身的庄严宣告。在道德哲学意义上，人类是由具体的个人所组成的有机整体，没有个体的人就没有国家和社会，政府、法律等上层建筑必须以保护每个人生存、发展和完善的利益为最高使命和终极目标。这些利益是多样化的，并因具体的人和具体的外部环境而有所不同；但是最基本的利益则是一致的，那就是每个人首先都要生存下去，其次才能满足其他更高的价值诉求。基于此，现代立宪国家普遍将人权保护作为基本的宪法原则并将人的最重要的权利明确写进宪法，这些权利包括人人基于生存和发展所必需的生命权、自由权、平等权、尊严权和财产权等。同时，立宪主义精神要求宪法保护一定社会所有人的权利而不能有所遗漏或差别对待,即一切人,至少一个国家的一切公民或一个社会的一切成员,不分种族、肤色、性别、语言、宗教、国籍、社会出身、财产状况、文化水平等都应当享有人权。虽然世界各国宪法文本对人权的表述和规定有所不同,如法国《人权宣言》称为"人权",《德国基本法》称为"基本权利",1936 年苏联宪法称为"公民的基本权利",我国《宪法》则兼有"公民的基本权利"和"人权"之称谓等,但是在立宪主义理念之下认为宪法的核心价值在于保障人权的观念并无二致。具体而言,宪法的一切制度安排和设计都必须围绕人权保护这一核心而展开。赦免作为重要的宪法制度,其建立与实施的主要目的也理所当然在于保障人权。

其次,从历史变迁的角度看,赦免制度随着人权保护制度的发展而不断向前演绎。人权作为一个普遍的政治理论概念,是 17、18 世纪欧洲资产阶级在反对封建专制制度的斗争中提出的。为了对抗和否定当时被认为神圣不可侵犯的神权、君权和等级特权,资产阶级思想家和政治家举起了"天赋人权"的旗帜。他们断言,每一个人都是天生独立、自由和平等的,生命、财产、自由、平等及反抗压迫等是不可剥夺的自然权利;剥夺或放弃这些权利,就是剥夺或放弃人的做人资格,是违反人的天性的。密尔曾指出:"任何人的行为只有涉及他人的那部分才须对社会负责;在仅只涉及本人的那部分,他的独立性在权利上则是绝对的。对于本人自己,对于他自己的身和心,个人乃是最高主权者。"①1776 年美国《独立宣言》在人类历史上首次明确宣称:"人人生而平等,他们都从造物主那里被赋予了某些不可转让的权利,其中包括生命、自由和追求幸福的权利。为了保障这些权利,所以才在人们中间成立政府。而政府的正当权力,则系得自被统治者的同意。如果遇有任何一种形式的政府损害这些目的,那么,人民就有权利来改变它或废除它,

---

① [英]约翰·密尔:《论自由》,程崇华译,商务印书馆 1959 年版,第 11 页。

以建立新的政府。”[①]1789 年法国大革命期间通过的被马克思称为世界上第一个全面的人的权利宣言的《人权和公民权宣言》也宣布:“在权利方面,人们生来是而且始终是自由平等的。除了依据公共利益而出现的社会差别外,其他社会差别,一概不能成立。……任何政治结合的目的都在于保存人的自然的和不可动摇的权利。这些权利就是自由、财产、安全和反抗压迫。”[②]此后,各国资产阶级在夺取政权后,人权相继被以各种形式载入宪法,成为资产阶级民主制的重要内容和象征。资产阶级从人性的角度,反抗封建神权和对人的奴役,并从人性中引申出自由、平等诸种人权;这在当时曾经起到过巨大的思想解放作用,具有非常进步的历史意义。但是,资产阶级形态的人权概念从一开始就有明显的历史局限性和阶级局限性。封建的等级特权被打倒了,但是资产阶级的阶级特权取而代之,一种新的特权和压迫形成了。马克思清晰地指出资产阶级人权本身就是特权:“资本主义社会的根本前提是少数资本家占有生产资料、绝大多数劳动者被剥夺得一无所有。所以,在这里最主要的人权之一便是资产阶级的所有权,自由只是资本家榨取工人最后脂膏的自由,平等也无非是指资本家平等地剥削劳动力。与此相应,资产阶级民主制所宣布的各项政治权利和自由,归根到底也只能是资产阶级共同压迫劳动人民的自由。”[③]进入 20 世纪以后,人权概念在国际社会得到了进一步的丰富和发展。资本主义从一开始便发动的对外侵略和殖民掠夺,使争夺殖民地和霸权的斗争愈演愈烈,并在 20 世纪初短短的几十年之内引发了两次世界大战,战争给人类的生命财产造成了空前的浩劫。第二次世界大战以后,通过对战争的反思,世界各国人民普遍意识到保护人权的重要性。此后,联合国在世界人权保护中发挥了重要的作用。在第二次世界大战后的 50 多年里,联合国共通过了约 70 个有关人权的宣言、公约和议定书,其内容涉及社会生活各个领域:1945 年,“促成国际合作……不分

① 《独立宣言》第二段。

② 《人权和公民权宣言》第 1、2 条。

③ 《共产党宣言》,载《马克思恩格斯选集》,人民出版社 1972 年版,第 253 ~ 257 页。

种族、性别、语言或宗教，增进并激励对于全体人类之人权及基本自由之尊重”被明确规定为联合国的宗旨之一；1948 年，《世界人权宣言》第一次系统地在国际范围内提出人权的具体内容，并将其作为人类努力实现的共同目标；1966 年，《经济、社会、文化权利国际公约》和《政治权利国际公约》以法律的形式进一步确认了《世界人权宣言》的基本内容，同时更突出地确认了民族权利、自然资源和财产所有权等人权内容；1984 年，《人民享有和平权利宣言》宣布全球人民享有和平的神圣权利；1986 年，《发展权利宣言》确认发展权是一项不可剥夺的人权；1993 年联合国世界人权大会通过的《维也纳宣言和行动纲领》则强调了人权普遍性与特殊性的统一及各类人权的不可分割性。另外，各地区根据不同的历史、文化、社会制度和意识形态，也制定了各种区域性保护人权的公约，如《美洲人权公约》《欧洲人权公约》《非洲人权和民族权宪章》等，这些区域性公约也发挥了重要的人权保护作用。中国政府和人民从自己的历史和国情出发，根据马克思主义的基本原理和长时期革命与建设的实践经验，在积极参与国际人权领域的活动中和对外人权斗争中，将人权的普遍性与中国传统、现实的特殊性结合起来，形成了具有中国特色的社会主义人权观。我国的社会主义人权观主要包括以下几方面的内容：第一，在人权的普遍性与特殊性问题上，人权普遍性的原则必须同各国国情相结合；第二，在人权的内容上，不仅包括公民政治权利而且包括经济、社会、文化权利，不仅包括个人人权还包括集体人权；第三，生存权和发展权是首要人权，没有生存权、发展权，其他一切人权均无从谈起；第四，权利和义务具有统一性，人权是权利与义务的统一；第五，稳定是实现人权的前提，发展是实现人权的关键，法治是实现人权的保障，人权的实现离不开稳定的社会政治环境和经济、社会、文化的发展，离不开民主法治的保障；第六，在主权和人权的关系上，人权在本质上是一国主权范围内的问题，主权高于人权，没有国家主权的人权是不切实际的；第七，评价一国的人权状况不能割断历史，脱离国情；第八，在国际人权发展上，对话与合作是国际社会维护和促进人权的唯一正确途径。[①] 概言之,在人权发展的历史进程中,赦免的价值观念、制度建设、权力配置、行为实施等均始终契合不同阶段人权保护的需要。资产阶级初期的赦免体现出反抗封建统治和保障资产阶级权利的特征,后来则表现出维护资产阶级特权和对抗无产阶级利益的特点;无产阶级革命之后,赦免被打上了反抗资产阶级特权和维护广大人民群众权利的"烙印";全球化时期的赦免则体现出对各种人的权利和利益进行平衡和调和的特点。

最后,人权保护的相对性要求在赦免过程中坚持相对的利益均衡原则,综合权衡各方利益。从本质上来看,人权是一个相对的概念,从来就不存在绝对的人权;在某些情况下,人权可以被合法剥夺,人权保障受到限制。"自然法要求有意遵从理性的每个人在保存自己不成问题时,应该尽其所能保存其余的人类,而除非为了惩罚一个罪犯,否则不应夺去或损害另一个人的生命,以及有助于保存另一个人生命、自由、健康、肢体或物品的事物。"[②]因此,在赦免程序中必须考虑到人权的相对性特点。赦免在给犯罪人带来利益的同时,可能对因犯罪行为而受到侵害的被害人造成不公,这种不公在保护一种人权的时候不当地侵害了另一种人权,使社会成员陷入迷茫与绝望中。

通过对国内外宪法关于人权保障条款的规范分析,其规定的方式主要有两种:一种方式是指导性的规定,主要规定政府权力的界限,明示或默示政府哪些行为可为、如何为,哪些行为不可为;另一种方式是强制性的规定,将人权尤其是基本人权界定为国家的最高法律规范,明确约束公民和政府,并可因个人之诉讼而交由普通法院依司法程序保障和实施。第一种方式主要有赖于政府或权力行使者的善意与良知,属于制度设计上的保障,而非直接对基本权利的规范性保障,充其量只是间接地通过限制公权力来实现保

① 参见张晓玲:《论中国特色社会主义人权观》,载《北京日报》2009年5月4日。

② 张宏生、谷春德:《西洋法律思想史》,台北,汉兴书局1993年版,第137页。

障的目标而已。第二种方式则依靠可以由法院独立有效执行的法律规则，属于司法裁判上的保障，公民的基本权利受到侵犯时，可以直接向法院提起诉讼请求救济，因此其力度显然大于第一种方式。这些规范中所体现出来的人权保障的基本理念是体恤人情、尊重人性、重视人道、维护每个人作为独立生命体的崇高价值。赦免，因其宽容的本质特征，而与其他法律制度一道共同构成了人权保障的“防护墙”。在某种意义上，法律下的赦免制度着重保护特定人群（主要是罪犯群体）的人权，并需要平衡不同群体的权利诉求，而其他法律制度则普遍保护所有社会成员的人权。

三、法治原则与赦免

法治是基于规则的治理模式，是以民主为前提和基础，以严格依法办事为核心，以制约权力为关键的社会管理机制、活动方式和秩序状态。“法治也称法的统治，是指统治阶级按照民主原则把国家事务法律化、制度化，并严格依法进行管理的一种治国理论、制度体系和运行状态。其核心内容是依法治理国家，法律面前人人平等，反对任何组织和个人享有法律之外的特权。”①

各国根据自身的文化传统和制度架构，对法治有着不同的认识，形成了不同的法治理念。《布莱克法律词典》认为：“法治是由最高权威机关认可颁布的并且通常以准则或逻辑命题形式表现出来的、具有普遍适用性的法律原则。法治有时被称为法律的最高原则，它要求法官制定判决（决定）时，只能依据现有的原则或法律而不得受随意性的干扰或阻碍。”德国《布罗克豪斯百科全书》将法治国家的要素概括为：“第一，颁布在法律上限制国家权力（尤其是通过分权）的成文宪法；第二，用基本法规来保障各种不容侵犯的民众权利；第三，法院从法律上保护公民的公共与私人权利不受国家权力的干涉；第四，在因征用、为公献身及渎职而造成损失的情

① 周叶中主编：《宪法》，高等教育出版社、北京大学出版社2000年版，第105页。

况下，国家有赔偿的义务；第五，保障法官的法律地位，行政机关严格依法办事。"中国特色社会主义法治理念是体现社会主义法治内在要求的一系列观念、信念、理想和价值的集合体，是指导和调整社会主义立法、执法、司法、守法和法律监督的方针和原则。把握社会主义法治理念，必须从中国社会主义国体和政体出发，立足于社会主义市场经济和民主政治发展的时代要求，深刻地认识社会主义法治的精神实质和基本规律，系统地反映符合中国国情和人类文明发展方向的核心观念和价值取向。"中国特色社会主义法治理念是马克思列宁主义关于国家与法的理论同中国国情和现代化建设实际相结合的产物，是中国社会主义民主与法治实践经验的总结。依法治国作为治国之道，不仅是控权与保权的辩证统一，也是主权与人权的辩证统一，而且是坚持党的领导与依法办事的辩证统一。"[①]总体而言，中国特色社会主义法治理念的精髓包括坚持党的领导、人民当家作主和依法治国三个方面。

赦免制度在历史上缺乏法律的规制，往往作为一种帝王的特权而被滥用。现代亦有学者将其作为法治的补充而论证："现代赦免制度的存在，其实是法治国家对于法治的一种谦抑，承认法治并非万能，亦非毫无缺陷，这对于法治原则不仅无损，而且多有裨益。"[②]但立宪主义政治之下的赦免制度本身就是法治的产物，它是一种以民主为基础、以法治为保障、以人权为目的的制度。无论是赦免的主体、权限、内容，还是赦免的程序、形式，都离不开法律的规定，都需要有法治的保驾护航。赦免与法治的关系可以形象地理解为两个"安全阀"作用。

一方面，法治是赦免的"安全阀"。滥用赦免权将会对社会正常秩序造成严重破坏，将会使人权受到侵害，并最终走向极权从而损害民主的根基。所以为了防止这一情况的出现，法律尤其是宪法的规定必须为赦免权的行

---

① 参见李龙：《宪法基础理论》，武汉大学出版社 1999 年版，第 199 ~ 200 页。

② 阴建峰：《现代赦免制度论衡》，中国人民公安大学出版社 2006 年版，第 411 页。

使设置一道屏障。这道屏障直接对赦免权力、制度和行为构成约束,要求一切赦免活动都必须依据宪法和法律做出。法治原则下的惩罚措施作为加强民主和促进和平的重要手段,其在一开始就应当被视为一种权威的力量而加以尊重。在冲突不断、矛盾激烈的社会,对法律的普遍不尊重是惯常现象。此时实施的赦免将对建立和平与稳定带来负面影响,破坏国家机关依法维护社会秩序的权威及法律本身的效力。特别是,各种犯罪之间存在差异,赦免作为一种处理社会矛盾的手段,很难对不同犯罪区别对待,容易造成个案的不公正,从而引起人们的怀疑。也就是说,不恰当的赦免行为将破坏法治原则,并将进一步导致人们对法律更加不信任,依法赦免是法治国家开展赦免活动的基本原则与要求。

另一方面,赦免是法治的"安全阀"。由于立法技术的缺漏、社会情势的变迁、法律适用的偏差以及外部力量的干涉等原因,法治并不是完美的事务,它总是存在难以弥补的缺陷。这种缺陷会导致社会不公,尤其容易使个案判决丧失正义。在这种情况下,赦免制度就应当发挥其应有作用,充当法治的一道屏障,调控法律的刚性与不足,维护社会的正义。同样以处于动荡冲突状态的社会为例,乱世的政治状态是:法律失去其常规效力,法律被错用、滥用或缺位的状况随处可见。由于社会秩序处于混乱之中,公众之意识随之偏离对法治的信赖,法治原则所能起到的作用在此自然也受到限制。此时,恰当地运用赦免可以缓解社会矛盾,给人们建设法治提供必要的缓冲地带,给法治本身的成长创造空间,为将来完善法治带来机会和希望。因此,赦免是法治的"安全阀"。不仅局限于此,赦免还具有独立于法律之外的更高层次的价值,对法治本身具有重要影响。"赦免也不仅限于是法律的'安全阀'(按照耶林的话来说),它是一个标志,表明在世界上存在价值,这些价值从比法律更深的源泉中涌出,又攀向比法律更高的山峰。"①

---

① [德]G.拉德布鲁赫:《法哲学》,王朴译,法律出版社2005年版,第176页。

综合分析以上两个方面,在法治原则下,立宪主义社会应当谨慎地实施赦免,使其在法治框架内发挥最大的作用,而不是破坏法治秩序。既要尊重法治,也要重视赦免,这二者并不是对立的。相反,法治与赦免相互关联,彼此影响,执政者应当寻求二者之间的平衡。

四、民主原则与赦免

民主的词义源于希腊语"demos",译为人民,定义为:在一定的阶级范围内,按照平等和少数服从多数原则来共同管理国家事务的国家制度。现代民主理论认为,民主是一种建立在普选基础上的多数决策机制,并须兼顾少数人的利益。在民主机制下,人民拥有超越立法者和政府的最高主权。尽管世界各民主政体间各有差异,但所有民主政府有着区别于其他政府形式的基本运作方式,并且都在这些运作方式上具有相似性。民主政府的基本运作方式主要包括:第一,注重协商,由全体公民直接或通过他们自由选出的代表行使权力和履行公职,力争以宽容的态度在众多领域达成共识,并善于用妥协的方式消解社会矛盾。正如甘地(Mahatma Gandhi)所言,不宽容本身就是一种暴力,是妨碍真正民主精神发展的障碍。民主国家认识到,虽然分歧常常存在并很难达成绝对共识,但是基本共识是民主治理的基础,且宽容与妥协是达成共识的良途。第二,所有民主国家都在尊重多数人意志的同时,注重保护少数群体的基本利益,遵从在平等的基础上防止多数人暴政和少数人专制的双重宪法理念。正如巴利特所指出的那样,"代议制民主政体要求由人民参与选择政府,政党通过选举而执政或下台;保护人权,包括言论自由、持不同政见和公开辩论各种问题的权利;维护少数派的权利;施政须有被统治者的同意,并据以对之进行督察和平衡"。[①] 第三,以保护人类自由和权利为目的,和平地表达个人的意愿,

---

① N. Ardito-Barletta, *Democracy and Development*, The Washington Quarterly, Vol. 13:3, Summer, p. 165(1990). 转引自[法]居伊·埃尔梅:《导论:民主的时代?》,载中国社会科学杂志社编:《民主的再思考》,社会科学文献出版社 2000 年版,第 10 页。

并将个人自由与权利融入整个社会的活动规则中,将自由和权利制度化、普遍化。在尊崇立宪主义精神的国家,民主原则有一种天生的防止权力集中的能力:它通过对集权的反抗而预防权力专制和腐败,要求公权力由国家的各个组成部分分散协作行使,要求政府各部门必须最大限度地对人民开放和对人民的要求做出反应,也要求社会各成员必须积极地参与到公共活动中以达成利益的妥协与共识。这极大地促进了个体利益与整体利益的融合,维护了个人的自由与权利。

民主原则作为一项重要的现代宪法原则已被当今世界各国宪法所确认。在宪法的视野中,民主是赦免的基础,赦免则是实现民主的必要手段之一。首先,民主所要求的内在宽容符合赦免的价值追求,"它提供了一种政治设计,尽量减少国家的强制,以确保每个人都具有与他人自由相容的信仰、价值、生活方式的自由"。① 其次,民主社会所奉行的容忍、合作和妥协等价值观念为现代赦免制度铸造了人类精神层面的坚实基础和平台,为赦免制度的发展提供了土壤。在民主观念下,赦免所体现的宽容既是一种忍耐和谦让,是"一个人虽然具有必要的权力和知识,但是对自己不赞成的行为也不进行阻止、妨碍或干涉的审慎选择"②,又是一种做人的态度。正如有学者所指出的那样,"民主政治的基本条件是宽容。所谓宽容,亦即忍耐;但并不是世俗所谓忍耐。世俗所谓忍耐,往往是勉强而行之的。处于勉强的忍耐,有时虽然可以称作人类智慧的表现,但有时也有极不合理的地方。我们称所谓宽容,乃是根据人性而规定的一种做人的态度"。在民主国家,公民不仅享有权利,而且负有参与国家管理的责任,他们的权利和自由通过人民自己制定一系列法律而实现,这些法律保护人们普遍期待的自由和平等,包括赦免制度在内的其他所有制度都围绕着这些反映民主精神的法律而设计,并尽可能地实现民主所要求的宽容、自由和平等。

---

① Anna Elisabetta Galeotti, *Toleration as Recognition*, Cambridge University Press, 2001, p. 23.

② [美]戴维·米勒编:《布莱克维尔政治学百科全书》,邓正来译,中国政法大学出版社 2002 年版,第 820 页。

如果说没有宽容就没有赦免，那么没有民主意义上的宽容就没有现代意义上的赦免。民主原则贯穿于立宪主义国家的所有制度中，现代赦免制度的各个方面都包含民主的特性：首先，赦免法案的起草、表决和通过都必须在民主程序下完成；其次，法律一般将赦免决定权交由代议机关行使，代议机关需要通过多数表决的民主原则决定是否实施赦免；最后，赦免执行过程中决策机构、执行机构、监督机构以及各种社会力量相互合作，共同作用，在民主协商的精神下达成妥协与共识，使赦免发挥最优的宪法制度功能。

五、权力限制原则与赦免

权力限制原则是世界各立宪主义国家的最重要宪法原则之一，体现有限政府和防范公权力滥用的宪法精神。1789 年法国《人权宣言》明确宣告："凡权利无保障或分权未确立的社会就没有宪法"，这一规定将权力制约和人权保障举于同等重要之地位，强调了分权理论在现代宪法上的重要意义。的确，分析当今世界各民主立宪国家之宪法，其大体内容都可分为两个部分：一部分为公民之基本权利和义务，以人权保障为核心；另一部分为国家之组织与机构，以权力的规范运行为根本原理。但是这两部分并不是完全平行的：国家机构之组织与设置的目的在于公民基本权利义务的实现，统治机构存在的意义从属于人权的保障以及人之尊严的保护。因而，从与人权原则相关的角度展开，权力限制原则是实现人权不可或缺的必要手段，具有不言而喻的宪法要义。传统的赦免制度是集权体制的产物，常常取决于个人好恶及意志；而在权力限制原则和分权理念之下，赦免的申请权、决定权、执行权及监督权分别交由不同的组织和个人行使，互相监督，互相配合以更好地保障人权，体现了宪法文明的根本价值。

要明白赦免权之各具体权能分别行使的意义及内涵，必须首先明确宪法上权力制约的本质内涵及具体路径。权力制约问题素为宪法研究上的疑难；尽管有很多思想就此做过探讨，但仍显艰深晦涩。

英国经验主义哲学的鼻祖、近代自由主义国家理论的创始人约翰·洛克(John Locke,1632—1704年)认为,无论是国家的最高主权,还是主权之下具体的各种国家权力,均应当受到限制,在其对全世界立宪主义政治产生重大影响的近代民主政治经典代表作《政府论》中对此做了详尽论述。他指出,就主权而言,其首先受到来自自然法以及人类社会保障人权、维持和平安宁生活的目标之限制;同时,由于一个共同社会原则上并不直接行使最高主权,而是将这一最高权力授予政府组织,所以一旦政府组织合法行使各种权力,最高的主权权力即应当处于休眠状态,不得轻易启动。就具体的国家权力而言,其来自共同社会的最高主权,当然不能超越该主权权力,且不得违反权力授予的根本目的。若政府行使具体国家权力侵害人民之生命、自由和财产,人民得因此而发动最高主权,行使对政府进行反抗的权利。除受到来自最高主权的限制外,国家之具体权力也应当受到内部的限制,这种内部限制主要体现在分权构造理论上。洛克将具体的国家权力分为立法权、执行权与对外权三种:立法权是指制定法律,规定死刑以下之所有刑罚,以保全生命、自由及财产等诸方面权利,或者是运用国家力量保全共同社会及其成员之有序生活的权力;执行权是执行现行有效之法律的权力,其与内政有关,受实定法约束;对外权用以处理犹然保持在自然状态中之国际关系,包括战争与媾和、联盟与同盟以及与国外任何人交涉之一切权力,其与外交有关,不受事先制定的实定法之约束,更多地依赖执政者的思虑与判断而决定。[①] 洛克虽然未于立法权、执行权与对外权之外单列出司法权,并非不重视司法的重要作用,相反,其立法权与执行权内均含有司法的意蕴。洛克认为,立法权之作用主要在于完善刑事司法方面的制度,执行权之作用也主要是指刑事司法之适用。从而国家之主要作用,本质上是司法性质的,国家是自然状态中所欠缺之裁判者。总体而言,洛克生于革命与动乱的年代,十分渴望政治社会的安定,公民个人自由与权利有所保障,所以相当重视对公共权力的限制或制衡。虽然其理论具有重要学术价值并影响各国政治实践,

---

① 参见[英]洛克:《政府论》(下篇),叶启芳、瞿菊农译,商务印书馆2005年版,第83~99页。

但由于受英国光荣革命的影响较大而充满浓厚妥协色彩，时代局限性十分明显。他的理论晦涩难解之处甚多，也并未对国家权力各部分之间的关系进行清晰的划定，故而后世一般认为其不是纯粹的完全分权和权力限制原理，批判者甚多。法国著名启蒙思想家孟德斯鸠（Montesquieu，1689—1755年），于1748年出版的巨作《论法的精神》之内容涵盖了他对政治结构的理解，将政治结构划分为共和政体、君主政体及专制政体，并提出了权力制衡的观点和主张，对分权原理有十分详尽的论述。他将国家权力分为立法权、行政权和司法权三种，并且通过法律规定，将三种权力分别交给三个不同的国家机关执掌，既保持各自的权限，又要相互制约保持平衡。[①] 孟德斯鸠作为古典自然法学派的代表人物，其主要著作包括《波斯人信札》、《论法的精神》和《罗马盛衰原因论》等，其政治理论以外部客观环境对法律的影响问题为核心而展开，对近代政治理论影响巨大，贡献甚伟。他的权力分立理论对后世政治实践具有重要意义，当今美国、法国等国的政治体制直接源于其思想。此外，维尔的分权理论也值得一提，他以孟德斯鸠的学说为基础蓝本，对分权理论做出了更为细致的描述，认为分权原理包括六个基本要素[②]：第一，需以政治自由之保障与维护为目的；第二，国家机构分为立法、行政与司法三个部门；第三，各部门分别行使立法权、行政权与司法权；第四，各部门仅能行使宪法及法律赋予其自身之权力，而不得侵犯其他部门的权力；第五，各部门之间禁止兼职或共同行使权力；第六，各部门之间相互牵制，彼此抑制，禁止单一个人或者集团控制整个国家机器。维尔所描述的分权状况为绝对意义上的分权，是一种极端理想的状态；如果严格按照此标准来确定，那么当今世界上实现此等分权的绝无仅有，因而在实践层面具有极大局限性。

权力限制理论由政治思想蜕变成近世不言自明之国家原理，并已明确

---

① 参见[法]孟德斯鸠：《论法的精神》，张雁深译，商务印书馆2020年版，第201～219页。

② See M. J. C. Vile, *Constitutionalism and the Separation of Powers*, Oxford, 1969, p. 13.

作为宪法基本原则而享有崇高之宪法地位,且为美国、法国和德国等一些国家所具体采纳适用,在某些地方亦普遍被视为崇拜之对象和必须遵守之信条,甚至有神化和教条化倾向。在我国历史上,孙中山先生的五权宪法观也是分权制约理论的一个重要经验。孙中山先生创见性地提出国家权力由立法权、行政权、司法权、监察权与考试权五部分有机组成,其各自独立运行并互相监督制约以维护一国之宪法秩序。他认为西方传统宪法思想所做的立法权、行政权和司法权划分方式在中国适用存在很大弊端,应该结合中国的历史传统,继承优良的历史制度,加入考试权与监察权。这一思想被 1946 年制定的中华民国宪法所采纳。

然而,作为一项宪法与政治基本原理,分权制约理论无法摆脱宪法与政治原理之宿命,亦即绝不可能是无懈可击之真理。赦免权在原则上并不属于分权理论之下所划分之各项权力,因此也不受到国家具体权力的实际限制,但是权力限制的基本原理却对赦免制度有着重要的影响。一方面,"国家刑罚权的确定与行使原为法院专属权限,但在各国宪法上,无一例外赋予国家元首介入的可能性,以保留对于冤假错案的最后救济途径,借由象征国家的元首权平衡司法体系无法自行纠正的错误。例如,因宗教信仰而拒绝持有武器的某教会信徒,遭军事法院以拒绝服从命令为由判刑且服刑多年,军事法院对于类似案例拘泥于国民服勤义务及军命的贯彻执行,而未能审慎考量人民的宗教信仰自由。在各种替代方式如国防役或替代役付诸实行后,处罚这些信徒无疑地更显荒谬。但司法体系又无自行解决之道,最终只能透过总统特赦来衡平这种不正义的结果"。另一方面,赦免权作为一种主权权能,在立宪主义国家一般并不是作为一个整体而存在,它被划分为不同的部分交由相关机构分别行使。如前文所述,一般而言,赦免决定权在于国家权力机关,赦免执行权在于行政机关和司法机关,赦免申请权则在于社会公众,而赦免监督权则由政府与公众共同行使,但是也有例外。将赦免权分离行使虽然是为了使赦免顺利实施并增加其执行效率,但更重要的是为了促进赦免公正地实现,确保公平正义。

即使在赦免权相对集中行使的国家,目前也在考虑对这一权力进行内部的分权制约,以防止专断赦免所可能带来的随意性与不公正。例如,美国宪法规定的总统赦免权相对集中,法院对其解释也在相对广义上进行,并且司法机关的宪法解释认为立法机关在实践中不能控制总统的赦免权。但是,这样的传统解释近来却在美国受到了质疑。最近"总统的赦免权得到了进一步加强,联邦最高法院坚持认为总统具有免除犯罪人罪责的权力,这一权力原则上不受干涉。联邦最高法院还陈述道:既然赦免权是美国宪法明确授予总统的权力,那么总统可以在不违反宪法的任何情况下自由行使这一权力,而国会无权干涉。但是,随着 2001 年克林顿总统在卸任的最后时刻赦免曾支持其妻希拉里竞选参议员的犯罪嫌疑商人里奇之后,对赦免权的争议声四起。人们普遍在思考国会是否应该发起对这一案件的调查,或者直接通过立法对总统赦免权的范围、程序等进行限制"。[①] 将在主权属性上不可分割的、作为一个整体的赦免权具体划分为相互关联的部分并交由不同机构具体行使是现代权力科学理论的必然要求,这样的制度架构符合权力限制的基本宪法原则。

第三节　赦免的正当性

人类进入文明社会以后,衡量一切活动价值的最终标准都在于其是否有利于人自身的完善、人权利的保障和人尊严的实现。无论是物质生产活动还是精神层面的劳动,其最终目标都指向人类本身的进步这一终极标准。只有能够保障人的权利、实现人的尊严和完善人类自身的事物才被认为是进步的和有价值的。这一点,在社会制度和社会规范层面体现得尤其明显。

---

① David Crump & Eugene Gressman, *Cases and Materials on Constitutional Law*, LexisNexis, 2002, p. 360.

反动的、违反人性的社会制度和规范在历史上也存在过，而且数量巨大，但是随着时代的更替和历史的演进，这些事物都被自然而然地淘汰和抛弃。从人类同犯罪行为作斗争的历史来看，具有宽容精神的措施和制度逐渐代替残酷的报复行为，并成为历史的主流而被当代社会认可。经验论证表明，在特定情况下，赦免比惩罚更能实现对犯罪行为的纠正，更能体现人道主义和维护人权。其所蕴含的容忍与妥协精神符合社会制度演进的基本规律，符合人类自身进步的基本要求。因此，赦免这项有着几千年历史的古老制度能够经受住各种社会形态的考验和各种思潮的冲击而存续下来，并被当代文明社会所接纳。

在此意义上，赦免的首要的正当性存在于其促进和平、维持秩序和治疗社会创伤的本质特性中；这些特性既具有独自的特点，又相互联系并彼此影响。

一、促进和平

和平是一种没有暴力或其他敌视行为的有序状态，与暴力革命或战争行为等混乱状态相对应。纵观人类社会的历史，总是在战争与和平两种状态交替进行的过程中向前发展和进化。与战争的残暴、痛苦和不幸相对应，和平给人类社会带来安宁、快乐和幸福，和平是人们的美好愿望和真诚期待。

具体言之，要实现人的尊严和完善人类自身，和平是极为重要的，它是创造一种良好生存环境和保障人权的根本条件。但是，得到和平的道路并非一帆风顺，相反其满布坎坷与荆棘。有时甚至会经过严重的社会动荡和激烈的冲突之后，才有和平的曙光，才能完成从一种制度形态向另一种形态的转变，而这样的激变现象在历史上并不少见。激烈的社会冲突源于利益纠葛，源于人与人之间的敌意，源于阶级压迫和仇恨，源于社会的病。对思想与制度史的研究发现，宽容与谅解往往能够有效地医治社会之病，平稳地实现社会过渡从而促进和平。但是，无限制的宽容和非理性的宽容则会过犹不及,造成意外的损害和对人权的更大的侵害,只有符合规律的、理性的宽容才会带来理想的结果。现代赦免制度所具有的理性和宽容性刚好能够完美地结合起来,推动社会制度的良性进步,从而守护和平并促进人的发展与完善。因此,马瑞斯认为虽然人们可以列举许多关于赦免的正当性理由,其最重要的作用仍然在于它能够促成陈旧的腐朽制度向崭新的民主制度之过渡;无论赦免法律具有多少的功能,其首要功能在于能够维护社会的稳定。[①] 更进一步,即使赦免并不是政治上和谐的唯一必要手段,它也是长期和平的必需,这一点已经经过很多地区实施赦免的实践的证明。诚如格劳秀斯所言,"长久稳定与和平的原则并不在于君主或首领的对人任意施加惩罚的权力,这种权力带来恐惧,所实现的和平也不是完美的和平,真正的和平来源于宽恕"。在那些赦免作为一种必要的政治和解手段的地方,赦免行为也会带来附带的政治之外的效应,对人们的社会生活产生影响。通过妥协和协商而结束冲突与敌对状态远远比通过报复与复仇有效得多,也划算得多。对于保障人们长久的安宁生活来说,奥古斯丁的名言深有启发:"对犯罪的严苛惩罚使社会充满愤怒,而宽恕和慈悲则让我们拥抱未来。"

另外,伟大的哲学家康德从国际法的角度指出:"战争之后的权利开始于和平条约生效之时,并且涉及战争的后果。这种权利包括:战胜者提出条件并同意根据这些条件和战败当局达成和平的结局。……一次大赦要包括在和平条约之内,因为这件事已经包含在和平观念之中。"[②]同时,根据国际习惯法的要求,纳克维认为:"国家必须履行防止战争罪发生的义务,并不妨碍国际社会对战争罪有限的赦免予以承认。赦免也能够使国际社会了解,并谴责在武装冲突中或者在严酷统治下所发生的罪行。按照国际习惯法,

---

① See H. Marais, *The Skeletons Come Out of the Cupboard: The Amnesty Debate Goes on Trial*, Work in Progress, Vol. 91, p. 10 – 13(1993).

② [德]康德:《法的形而上学原理——权利的科学》,沈叔平译,商务印书馆 2005 年版,第 183 ~ 185 页。

国家根据犯罪的性质,可以决定选择起诉战争罪犯,或者有义务必须起诉战争罪犯。习惯法上必须追究所有战争罪责任的发展趋势,并不意味着对罪犯的赦免全都无效。国际社会抵制的是对战争犯罪的不惩罚,因为它被视为对和平的妨碍,并与所有正义观念背道而驰。对包括战争罪的罪犯进行赦免应当在某些情况下予以承认,因为如果不承认赦免,反倒会构成对和平与安全的威胁。例如,可能会损害和平协议或者会导致新近成立的民选政府被颠覆。即使在这样的情况下,只有那些被限定在国际可接受范围之内的赦免,以及那些并不违反国家根据习惯法应承担之基本义务的赦免,其合法性才会得到国际承认。"

从历史的规律来看,和平与稳定的社会生活秩序总是十分脆弱的,很容易被偶然发生的事件所破坏,而妥协与宽容对于预防这类偶然性事件的发生有着至关重要的作用。赦免作为一种对以往的残忍与错误的弥补,或者仅仅作为一种宽恕,刚好充满了妥协与宽容的特点;它给人类自身以同情,并唤起人们的良知。宽容意味着弥补伤痕,赦免虽然并不一定要求与先前的敌对者或加害人建立友谊,但是其至少可以消除彼此之间的敌意。一般而言,政府赦免反抗者或者签署相关的赦免法令也并不是为了要和先前的敌人重建友谊;它仅仅希望可以消除激烈的敌对状态,从而实现人民的安居乐业和社会秩序的稳定。

二、维持秩序

在很多情况下,要维持良好的社会秩序,赦免必不可少。汉语中,秩序是由"秩"和"序"两个字组合而成的。"秩""序"二字在本源上都和英文的"order"一样,具有"常规、不混乱"的含义。从总体上来看,秩序与混乱、无序相对,指的是自然或社会现象及其发展变化中所具有的规则性、条理性。从静态上来看,秩序是指人或物处于一定的位置,有条理、有规则、不紊乱,从而表现出结构的恒定性和一致性,形成一个统一的整体。就动态而言,秩序是指事物在发展变化的过程中表现出来的连续性、反复性和可预测性。

赦免与秩序的关系应当从两个方面来看，这两个方面矛盾运动，互为表里，共同构成赦免正当性的内容。

一方面，赦免制度受到秩序的影响，服务于维持国家治理秩序的目标。这一现象自古有之，有学者指出："奠基于西汉中后期郊祀宗庙改制运动的儒教国家，其天子之职责在于执行国家的祭祀，在祭祀中与天地交通，而能安定宇宙的秩序。政治的存在就是为了贯彻此秩序，天子的职责亦在此。更具体而言，人间的秩序是依儒家所说的名分原理，故国家的职责在于维护此名分。在儒教的宇宙论中，天地人分化后，天子所领导的政府负责人间的事务，只要天子能称职扮演圣人之职责，而借祭祀与天地交通，宇宙的秩序自可安定。人间之罪，是人的行为没有依照名分的规范。名分秩序乃国之大分，除罪、赎罪和赦免等天子行为自然也概莫能外。"①

另一方面，赦免也反作用于秩序，影响秩序的形成，尤其是法律秩序的建设。毫无疑问，自古至今法律都是建立秩序的重要手段。法律之所以能带来秩序，乃是因为秩序本身要求社会中人们的行为是一致的和合乎规则的。而法律作为国家创制的规范，是统治阶级以国家名义发布的、具有强制力的并为社会全体所遵循的最基础的行为规则；其目的正是规范和统一人们的行为，这符合秩序的真实含义。"法包含着统治者对秩序的希望，统治者总是把自己对秩序的希望注入法之中，在法的典章条款及其字里行间形成一个社会秩序的预想模式，并以此模式作为现实中法的秩序追求的目标。法是社会关系的调整器，调整着形形色色的社会关系。而社会秩序正是建立在各种社会关系相对稳定或有规律地运行之中的。法律规则在调整社会关系的同时也调整着社会秩序。法对社会关系的调节机制，实际上是法对社会秩序的调节机制。"②相对于古代的通过道德说教与礼制约束所建立的社会秩序而言，法治文明时代的法律秩序具有崭新的意义。最突出的是法

① 甘怀真：《皇权、礼仪与经典诠释：中国古代政治史研究》，华东师范大学出版社 2008 年版，第 278 页。

② 卓泽渊：《法的价值论》，法律出版社 1999 年版，第 183 页。

律秩序的国家强制性及程序性，这二者使法律秩序具备了典型的现代文明特征，也使法在调节秩序的众多规则（包括宗教、道德、纪律、习惯等）中风格独具，成为社会秩序的最有力保证，确保社会秩序免遭任何非法的破坏。在法律产生之后，赦免被纳入法治的框架之下，祛除了帝王时代的专制性和随意性，具有了规范性的特点，具备了崭新的内涵；依法实施的赦免被实践证明能够促进社会行动的一致性，十分有利于维护法律秩序。

实证主义哲学大师奥古斯特·孔德曾提出需要重建秩序，他将这种重建的社会秩序之原则主要概括为以下六个方面：第一，崇尚科学与自然法则；第二，扩大博爱倾向；第三，信仰和道德的统一；第四，实行社会分工与合作；第五，增强政府权威与调节；第六，在私有制基础上进行社会改造。如果这六个方面符合秩序的科学建构的话，那么可以明显看出秩序本身包含强烈的精神和心理因素。事实上，从心理学角度分析，人们对秩序的需求具有深刻的心理根源，而赦免的实施在某种意义上符合人们的这种心理期待。博登海默认为："渴望建立有序的人际关系之心理倾向，主要可以追溯至两种欲望或冲动，它们都深深地根植于人的精神之中。这两种倾向是：首先，人们具有重复在过去被肯定的、受他人赞赏的经验行为之天然心理倾向；其次，人们倾向于对下述一些情形做出逆反反应，在这类情形中，人与人的关系是受即时兴致、任性和武断力量控制的，而不是受权利义务对等的、合理稳定的决定所控制的。法律的秩序要素还可能具有一种审美成分，该成分在对艺术之匀称美和音乐之节奏美的欣赏中也会得到相应的表现。此外，对秩序的追求还具有一种思想的成分，它则根植于人的固有思维结构之中。"①任何人都有自己的价值判断，这种价值判断使人们总是在潜意识中为自己的行为做正面辩护，总是在一定程度上想要证实而不是证伪自己的想法。赦免通过免除刑罚给人带来的否定性社会评价，实现了对罪犯总体上

① ［美］E. 博登海默：《法理学——法律哲学与法律方法》，邓正来译，中国政法大学出版社 2004 年版，第 236 页。

的肯定与新的认可,符合人们的潜在价值判断,也符合人们关于秩序之冲动的先见取向。同时,因为犯罪人此前的犯罪行为可能是基于即时兴致、任性抑或武断的决定,其在痛定思痛之后就会激起心底最原始的善的价值取向,并期待有重新回归善的机会,而赦免则提供了这样的机会。因此,从心理上分析,赦免对于秩序也有着至关重要的作用。

三、治疗社会创伤

如果把社会看成一个充满活力的有机整体,其时刻进行着类似生物体意义上的新陈代谢,那些腐朽的、破败的、负面的因素需要不断被清除和代替,而那些受到抑制、侵害、破坏的正面因素需要不断被激励和补强。换言之,当一个社会的正常状态被伤害之后,需要有一定手段对其进行治疗,以使该社会避免坠入黑暗深渊并回归新的正常状态。赦免制度无疑是医治社会创伤的有效措施之一。

在赦免过程中,对真相的公布可以实现和解,得到受害人对犯罪行为的谅解;这一点对于抚平以往犯罪过程中造成的伤害具有显而易见的意义,对于纠正因犯罪行为而产生的社会负面心理也作用巨大。心理学理论认为对已经发生之事件的全方位了解有助于受害人从过去的负面经历中解脱出来,因此告知真相是一种重要的心理治疗手段。苏珊·福沃德认为:"将遭受伤害的事实进行公开以争取部分人的支持或者向牧师倾诉以求得安慰是智慧的做法,不仅可以放松自己也可以改善人际关系;相反,否认或者隐藏受伤的事实将迫使人重复实施与伤害类似的行为侵害他人,并使其自身持续处于悲观、消极的情绪中,破坏人际交往。"①在平稳治理和社会和谐时期,这一理论也在宏观上适用于针对个人、集体乃至整个国家的赦免。相反,在社会动荡、政府缺乏权威和公权力弱小的时候,赦免治疗社会创伤的功能将受到抑制。这种情况下,真相往往会被各怀鬼胎的阴谋家、独裁者或者特定

---

① Susan Forward, *From Wounds to Healing*, Journal of Psychology and Judaism, p. 13 - 18(1994).

利益团体刻意掩盖,局外人很难知晓事情的前因后果。证据可能会被破坏,证人可能并非自愿,裁判者可能存有偏见。因此,政府在这种情况下极有可能运用严酷的刑罚来取代宽容从而放弃实施赦免。在此时,刑事惩罚程序对于稳定事态将比赦免更加有效。换句话说,赦免行为应当因时因地制宜,滥用宽容精神不仅不能为社会疗伤,反而会纵容犯罪而造成新的不利后果。周礼之言“大司寇之职,掌建邦之三典,以佐王行邦国,诘四方。一曰刑新国,用轻典;二曰刑平国,用中典;三曰刑乱国,用重典”①,所体现的也是这个道理。

从治疗社会创伤的价值角度看,“水门事件”后时任美国总统福特对前总统尼克松的赦免是一个典型例证。② 1972 年大选时,尼克松本来有极大的获胜概率,尤其是大选前夕,国务卿基辛格在巴黎谈判中取得的成功更是增添了国内对他的支持。民主党总统候选人乔治·麦戈文打出改善民生的口号,虽然深得美国弱势群体的支持,但是其支持率远远低于尼克松。然而尼克松专断独行的作风和依靠秘密行动的发家史似乎预示了这次选举并不会如此平淡结束,共和党神秘地派人到民主党竞选总部所在地华盛顿水门饭店窃取文件,并安装窃听装置。5 名窃贼和 2 名工人被当场抓获,其中一人被认出是共和党总统连任委员会的安全工作负责人。但是尼克松坚决否认此事,故而未对竞选发生实质性影响,尼克松得以成功连任总统。然而,随着华盛顿邮报的两位记者坚持不懈的努力,事情的真相慢慢被揭发出来,事实证明尼克松难脱干系。为了弄清楚尼克松具体参与窃听事件的程度,参议院成立了以欧文为首的特别委员会负责调查此事。委员会在得知尼克松从 1971 年 2 月就开始保存自己一切谈话的录音资料后,于是要求他交出有关谈话的录音资料。尼克松以总统享有行政特权为由拒绝交出,还命令司法部部长将坚持此要求的特别起诉人撤职,结果司法部正副部长被迫辞职。

---

① 《周礼·秋官大司寇》。

② 参见许海山主编:《美洲历史》,线装书局 2006 年版,第 396 页。

此事引发美国国民的不满情绪，纷纷要求尼克松辞职，参议院也提出了弹劾案。1974 年 3 月，联邦大陪审团对尼克松的几位得力助手提起诉讼，并指责尼克松为阴谋参与者。尼克松为争取主动，交出了经过加工的录音带，并将其中关键的十几分钟抹去。但是，录音还是证明尼克松策划掩盖真相并阻挠调查进行，联邦最高法院随后裁决尼克松必须交出有关的一切录音带。此时，民主共和两党一致决定以滥用职权、阻挠公正和违背宪法等理由对其进行弹劾。1974 年 8 月 9 日，尼克松被迫辞职，成为美国历史上迄今为止唯一一位被迫辞职的总统。历时两年多的“水门事件”给美国社会造成了严重伤害，人们普遍认为政治不可信任并感到失望。[①] 尼克松辞职后副总统福特继任总统，成为美国历史上第一个非民选的总统，他在就职演说中强调：“我们的宪法仍在运作，这里是人民治理的国家”，这在一定程度上获得了民众的认可。福特在上任后一个月内，就赦免了前总统尼克松在任职期间已经犯下的和可能犯下的一切罪行从而使其免于被起诉，并且这次赦免是完全的、绝对的和无条件的。为此，他在接受国会的质询时指出：“尼克松既然已经接受了赦免，表明他承认自己有罪，但是全国应尽快医治‘水门事件’造成的创伤，重新团结起来建设国家而不是穷究以往的问题。”此次赦免引起了国民的极大不满，人们普遍怀疑政府在做政治交易，更增加了对共和党政府的不信任，这导致 1974 年国会大选中民主党轻易取得优势。[②] 此后不久，福特又以做完 24 个月的公共服务为条件赦免了越南战争中出现的逃兵，他说，“希望残酷的越战所带来的创伤能够得到及时治愈”。[③] 1974 年 9 月 8 日又以良知为名宣布终结“水门事件”的调查并封存案卷，以求国家安宁。后来，福特曾表示对尼克松的赦免有出于私人深厚友谊的因素，他在接受记者鲍伯·伍德沃德采访时说：“我把他当作我的朋友，而且我一直珍视我们

---

① 参见新华资料：“水门事件”，http://news.xinhuanet.com/ziliao/2005-06/02/content_3034821.htm，最后访问日期：2023 年 10 月 8 日。

② 参见《赦免尼克松是明智之举　福特获肯尼迪勇气奖》，载《浙江日报》2001 年 5 月 24 日。

③ 《福特：为越战疗伤的美国总统走了》，载《上海证券报》2006 年 12 月 28 日。

之间的关系，在决定赦免时我没有迟疑，因为我们有这种关系，而且我不希望我真正的朋友蒙受耻辱。”这进一步激起了民众的不满情绪，有人甚至认为正是这一原因导致福特未能获得连任。但是福特对这一段历史并不后悔，他阐明了在明知前总统在“水门事件”中有罪且赦免尼克松将会让自己成为争议的焦点并可能断送自己政治前途的情况下实施赦免行为的理由：“我当时更担心的事情是国家的健康状态，是抚慰创伤，既涉及国内，也涉及整个世界”。①

赦免原理作为一种法律的概念被提出之后，其还具有促进社会和谐的正当性。因此，在对犯罪实施刑罚和进行报复的同时均需考虑多方面的因素，寻求最为妥当的方法。这里的唯一路径就是宽容，只有这样才能为未来的期待创造条件。那些在犯罪中受到伤害的人会有心灵的创伤并不能平静，为了实现对受害人的正义而必须对犯罪者实施惩罚；但是过度的惩罚会带来持续的伤害与新的不正义，犯罪者会产生新的创伤与不平静，被强加在其身上的无情制裁可能迫使他们进行新的复仇。虽然在表面上被迫接受了法律的惩罚，但是内心依然充满不服与怨恨；而此种心态将使这一群体的人永远生活在压力与黑暗之中，并进而选择继续为恶。赦免本身所蕴含的价值则正好可以克服此问题，通过对有错的人的安抚从而实现人与人之间的和谐相处，很难想象没有赦免精神的社会将蜕变成何等模样。

除此之外，赦免的正当性同时存在于对正义的追求中：它通过对相关程序、事实和行为的调查，进一步向社会公布事实并纠正可能存在的错误刑罚，从而实现真正的社会正义。赦免的整个过程必须实事求是。对于那些因各种原因而蒙受不白之冤的错案受害人及其家庭来说，任何社会都应当创造条件保障他们了解与案件所遭受的痛苦相关的一切事实的权利，任何社会的政府都负有确保这一权利得以实现的义务。赦免行为通过严谨的程序依法展开不仅有利于安抚蒙冤之人及其亲人的心灵，而且也可以通过对

① 《福特出于友情赦免尼克松》，载《华商报》2006年12月30日。

冤假错案的重新调查从而实现社会正义。

在立宪主义之下,虽然赦免作为一种刑事惩罚之外的正式的对犯罪行为的处理手段在某些方面构成对当代民主法治建设的新挑战,但是更应当看到其在促进和平、维持秩序、抚平创伤和实现正义等方面的积极意义。赦免随着物质精神文明的进步而演化,为维护社会秩序的安定而存在,体现人类良心的仁慈与宽容,在人权的概念形成之后更以尊重和保障人权为目的。在法治时代,这一制度具有历史的正当性、秩序的合理性、制度的合宪性与合法性。

第三章　赦免的规范分析

如果说价值研究是从法哲学层面探讨赦免制度自身所具有的理性，那么赦免的规范分析则是在对赦免的本质进行充分阐释的基础上，主要从法律文本尤其是宪法文本解释层面，实证分析赦免制度的现象、规则及条文，找出其与相关制度规范之间的关联，并力求说明其在宪法体系中的地位。本章以中国宪法及相关法律条文规定为依据，分析赦免制度的合宪性及合法性问题，阐述赦免与当代法律责任的基本原理，并考察赦免在宪法规范体系中的价值。

第一节　赦免的合宪性与合法性

一、赦免的合宪性

赦免的合宪性，是指其作为一种权力、制度和行为符合宪法条文的内在规定性，同时意味着不符合宪法的赦免无效并将承担法律责任，尤其是宪法上的责任。从实证分析来看，宪法意义上的赦免之合宪性蕴含于宪法文本的明文规定中。从立宪史来看，在我国历史上曾经出现的以宪法命名的文件中多次提到赦免、特赦和大赦等相关概念。

辛亥革命胜利后,以孙中山先生为首的建都于南京的中华民国临时政府制定了具有“宪法”性质的根本大法——《中华民国临时约法》。该法取代了此前作为政府纲领的《中华民国临时政府组织大纲》,1912 年 3 月 8 日由南京临时参议院通过并于 3 月 11 日公布实施。该临时约法是资产阶级民主革命的产物,是资产阶级宪法性质的重要文献,它宣告封建君主专制制度的灭亡和资产阶级民主共和国的诞生,民主共和观念从此深入人心。该临时约法不仅具有反对封建君主专制制度的意义,而且也蕴含反对帝国主义侵略和反对民族分裂的作用。该约法第 40 条规定:“临时大总统得宣告大赦、特赦、减刑、复权;但大赦须经参议院之同意。”

天坛宪法草案是民国初年(1912 年)第一届国会宪法起草委员会起草的宪法草案。1913 年 7 月,由众参两院各选出 30 名议员,组成宪法起草委员会,负责制定中华民国宪法。袁世凯为加强其专制统治,曾派人向起草委员会提出“大总统有任命国务员及驻外公使之权,无得议会同意之必要”,“大总统得参议院同意,有众议院解散权”等,起草委员会内虽有亲袁世凯的党徒,但国民党人占有明显优势,他们坚决反对袁世凯干涉宪法起草,力图维护制宪工作的神圣尊严,将袁世凯的党羽一一逐回。1913 年 10 月中旬,宪法草案成稿,共 10 章 113 条。该宪法草案第 73 条规定:“大总统经最高法院之同意,得宣告免刑、减刑及复权,但对于弹劾事件之判决,非经国会同意,不得为复权之宣告。”

1914 年 5 月 1 日公布的由袁世凯一手操纵的“约法会议”所制定的具有宪法性质的《中华民国约法》以确认袁世凯专制独裁制度为基本特征,取消了国会制,也实际上否定了主权在民的原则。虽在条文上也保留了人民享有言论、结社等多项自由权利,事实上这些权利却被剥夺殆尽。相反,总统的权力则提高到如同封建皇帝一样。袁世凯企图利用这个约法,把个人独裁统治以法律形式加以肯定,为复辟封建帝制做准备,但遭到全国人民的坚决反对。《中华民国约法》随着袁世凯的垮台而被废止,该约法第 28 条规定:“大总统宣告大赦、特赦、减刑、复权;但大赦须经立法院之同意。”

1922年6月,叶夏声奉命起草的《五权宪法草案》,可以说是反映孙中山五权宪法思想的一个弥足珍贵的法律文本。该宪法草案第47条规定司法院之职权如下:“(四)经大总统之同意,得行大赦、特赦、减刑、复权。”

1936年国民党立法院通过了《中华民国宪法草案》(“五五宪草”),这部宪法草案是国民党中央1932年12月开始筹备立宪活动的具体成果,它虽然标榜要实行立宪主义政体,但却与“训政”时期实施的约法并无多大的差别,事实上充满集权主义的特点。“五五宪草”的主要特点是党国一体,总统集权,其虽然在形式上、文字上具有资产阶级民主色彩,但实质上是为维护国民党一党专政及蒋介石个人独裁创造宪法根据,是一部反民主、反人民的宪法草案。这部宪法草案公布后,理所当然地遭到了全国人民的反对,最终也因时局的变化而胎死腹中,未能成为正式生效的宪法文本。该宪法草案第41条规定:“总统依法行使大赦、特赦、减刑、复权之权。”

1946年12月25日国民党召开国民大会通过的《中华民国宪法》第40条规定:“总统依法行使大赦,特赦,减刑及复权之权”;第58条规定:“行政院院长,各部会首长,须将应行提出于立法院之法律案,预算案,戒严案,大赦案,宣战案,媾和案,条约案及其他重要事项,或涉及各部会共同关系之事项,提出于行政院会议议决之”;第63条规定:“立法院有议决法律案,预算案,戒严案,大赦案,宣战案,媾和案,条约案及其他重要事项之权”。

中华人民共和国成立后,1954年9月20日第一届全国人民代表大会第一次会议通过并颁布了第一部《宪法》。1954年宪法包括序言和总纲、国家机构、公民的基本权利和义务以及国旗、国徽、首都等4章,共106条。这是中国第一部社会主义宪法,它以中华人民共和国成立前夕颁布的《中国人民政治协商会议共同纲领》为基础,又在此基础上有了巨大发展。这部宪法以立法的形式固定了中国人民革命的成果,体现了中华人民共和国成立五年来的成功经验,反映了中国广大人民建设社会主义国家的共同愿望,把实现国家在过渡时期总任务的具体步骤用法律的形式固定了下来。其第27条规定全国人民代表大会行使下列职权:“(十二)决定大赦”;第31条规定全国人民代表大会常务委员会行使下列职权:“(十五)决定特赦”;第40条规定中华人民共和国主席根据全国人民代表大会的决定和全国人民代表大会常务委员会的决定“发布大赦令和特赦令”。1954年宪法将大赦和特赦分别做出规定，有其特定的历史背景，符合当时的客观形势及中国的政治体制，契合了独具中国特色的共和国元首制度。正如刘少奇同志曾指出的那样：“适应我国的实际情况，并根据中华人民共和国成立以来建设最高国家权力机关的经验，我们的国家元首职权由全国人民代表大会所选出的全国人民代表大会常务委员会和中华人民共和国主席结合起来行使。我们的国家元首是集体元首。同时，不论常务委员会或中华人民共和国主席，都没有超越全国人民代表大会的权力。我们国家的大事不是由一个人或少数几个人来决定的。”①因此，赦免权的行使也不是像国外那样由一个人或者少数几个人行使，大赦必须由作为代表机关的全国人民代表大会决定后再由国家主席发布，特赦则可以由全国人民代表大会或者全国人民代表大会常务委员会决定并由国家主席发布，这样做既符合人民主权原则的要求，也适应国家的集体元首制度。

1982年宪法在文本规定中取消了关于大赦的相关规定，并将特赦决定权赋予全国人民代表大会及其常务委员会，发布权赋予国家主席。其第67条规定全国人民代表大会常务委员会行使下列职权：“（十七）决定特赦”，第80条规定，中华人民共和国主席根据全国人民代表大会的决定和全国人民代表大会常务委员会的决定，发布特赦令。

从上述不同时期宪法文本之规定可以看出，历史上绝大多数宪法文件将赦免的决定权力赋予主权机关，将宣告权或发布权授予国家元首。但也有少数的文件将决定权赋予行政或司法机关，并由国家元首进行宣告。

二、赦免的合法性

赦免的合法性，是指一切赦免行为的主体、权限、内容、程序与责任都必须严格符合具体法律规则的规定，不得有超越法律规定的地方。一般而

---

① 刘少奇：《关于中华人民共和国宪法草案的报告》，1954年9月15日。

言,在成文宪法国家,根据法律位阶理论,宪法是根本法且具有最高的法律效力,一切与宪法相抵触的法律都会被撤销或归于无效,一切违背宪法的行为都将受到违宪审查的责任追究。以中国为例,一切法律都依据宪法而制定,不仅在形式上,几乎所有的法律头条头款都需要言明“依据宪法、制定本法”,在实质上也要求法律的精神、原则、规则和概念都不得违反宪法。根据宪法序言规定,本宪法以法律的形式确认了中国各族人民奋斗的成果,规定了国家的根本制度和根本任务,是国家的根本法,具有最高的法律效力。全国各族人民、一切国家机关和武装力量、各政党和各社会团体、各企业事业组织,都必须以宪法为根本的活动准则,并且负有维护宪法尊严、保证宪法实施的职责。第 5 条规定,国家维护社会主义法制的统一和尊严。一切法律、行政法规和地方性法规都不得同宪法相抵触。一切国家机关和武装力量、各政党和各社会团体、各企业事业组织都必须遵守宪法和法律。一切违反宪法和法律的行为,必须予以追究。任何组织或者个人都不得有超越宪法和法律的特权。似乎在逻辑上合宪的行为应当是合法的,但是在具体的实践中,法律是宪法精神与宪法原则的具体化,鉴于客观情势的千变万化以及法律适用中的主观因素,十分有必要分析赦免的合法性。

就我国而言,对赦免进行直接具体规定的法律目前有《刑法》与《刑事诉讼法》。《刑法》第 65 条规定,被判处有期徒刑以上刑罚的犯罪分子,刑罚执行完毕或者赦免以后,在五年以内再犯应当判处有期徒刑以上刑罚之罪的,是累犯,应当从重处罚,但是过失犯罪和不满 18 周岁的人犯罪除外。第 66 条规定,危害国家安全犯罪、恐怖活动犯罪、黑社会性质的组织犯罪的犯罪分子,在刑罚执行完毕或者赦免以后,在任何时候再犯上述任一类罪的,都以累犯论处。《刑事诉讼法》第 16 条规定,具有经特赦令免除刑罚的情形的,不再追究刑事责任,已经追究的,应当撤案,或者不起诉,或者中止审理,或者宣告无罪。这三条是我国在刑罚执行和赦免实施中需要遵守的主要法律规定。

在明白赦免之合宪性与合法性之后,本章进一步探讨立宪主义背景下赦免与法律责任的基本原理,以及赦免于宪法体系中之地位。

第二节 立宪主义价值中赦免与法律责任的基本原理

从全球范围来看,相当数量的国家都有过赦免的实践,针对过去的犯罪,它们选择了赦免而不是继续追诉。但是,负有侵犯人权犯罪行为的罪犯并不是都能从赦免中获得好处,绝大多数情况下,它们都接受了法律的惩罚,承担了法律责任而非幸运地遇到赦免。即使在那些经历了战争,实现了政权更替的国家,通过武力执掌国家权力的新政府在感觉政权稳定之后,也不是必然要选择赦免来宽恕先前的犯罪行为。在没有赦免的情况下,法律就发挥常规作用来维护社会秩序,故而赦免必须作为一种基本的法律责任的替代形式而加以理解。无论是国内法还是国际法,公法还是私法,都只在正常的惩罚程序之外给赦免留有一席之地。因此,对赦免的理解需要分析法律责任本身所蕴藏的理性与价值。

法律责任是指一个人因其实施违法或者犯罪的行为时,应当依法所承担的不利后果,这种后果是对行为人行为的否定性评价,行为人因此需要付出相应的代价。如果个人仅仅实施了错误或者不当行为,则不一定受到法律的追究,如背叛朋友的人并不会承担法律上的责任,但可能承担道德、纪律或者伦理等方面的责任。违法或者犯罪者也不一定要承担法律责任,如果他们不受到追究和指控,则可以相安无事。在宪法意义上,“法律责任”一词通常与赦免相对应,是赦免的前提,没有法律责任就没有赦免。即使行为人实施了犯罪行为,但是只要在法律上不应当承担责任,也就没有赦免的必要了。比如在刑事责任年龄之下的人实施的危害社会行为,并不需要讨论赦免的问题。换言之,法律责任是联系赦免与犯罪本身的“纽带”。在没有赦免的地方,法律责任仍可以独立存在;但是,在没有法律责任的地方,断无赦免存在之理由。

也就是说,赦免之理性源于法律责任之理性。法律责任的理性意味着在法律上追求一种理念，那就是任何人都应当承担其自身行为所带来的后果，有行为必有责任。这样的理念应当贯穿于现代法律的原则、规则与概念之中。有责任的人不一定受到法律的追究和起诉，但是没有责任的人一定不会受到追究和起诉，而一旦被追诉，相应的惩罚和一系列的不利负担将紧随其后。惩罚与不惩罚必须依据法律的明文规定，法律在诸多对社会产生重要影响的事项和领域内也应当对责任问题做出规定，并指明什么行为，在何种程度上应当受到什么样的惩罚。因此，负有法律责任的人在明确的公法或私法规范面前，原则上应当接受一定形式的惩罚或者否定性评价。

法律责任通常包含宪法责任、刑事责任、民事责任和行政责任等几个方面。赦免作为一种历史现象，主要存在于对刑事责任的免除中，在某些情况下，也包含对民事责任的排除。刑事责任的理性存在于对犯罪人的检举、控告及审判程序之中，民事责任的理性存在于维护民事权利而对侵权者提起的诉讼过程之中。赦免的作用则在于通过外部的力来免除行为人应当承担的法律责任，如果一个人违法或者犯罪，但是没有获得赦免的资格，那么他的法律责任依然存在，按理必然受到惩罚。既然赦免意味着排除惩罚，那么其必须存在一个作为前提条件的惩罚，而且这个惩罚是法律的常规规定，是法律责任的外在化体现。在这一意义上，公法与私法的责任可以理解为是违宪责任、刑事处罚、行政处罚、民事责任或者对行为人其他依法苛加的不利义务的同义词。

宪法语境中的赦免则有着更为广阔的意义，从未来的发展来看，赦免所面向的法律责任之范围将进一步扩大，宪法责任和行政责任等是否能够进行赦免是一个值得深入研究的问题。为了便于理解，有必要将法律责任概括地划分为公法责任与私法责任，公法责任包括宪法责任、行政责任和刑事责任三个部分，私法责任则指民事责任。在对赦免的研究中，以往的理论和实践主要关注的重点是公法责任中的刑事责任，宪法责任和行政责任鲜有提及，对私法上的民事责任也相对关注较少。

一、赦免与公法责任的基本原理

公法责任中当数刑事责任与赦免之关系最为密切,历来的哲学家、法学家和社会学家也大多着墨于此。但是,随着法治的发展,尤其是立宪主义理念逐渐主导社会治理方式之后,很多新的问题显现出来了。对那些应当承担宪法责任和行政责任的人是否可以实施赦免就是其中之一。从基本原理来看,以上诸者既相互联系又彼此区别。

刑事责任是依据国家刑事法律规定对犯罪者予以追究的一种法律责任,负有刑事责任的人将会受到刑罚。按照中国刑法规定,刑罚的方式包括主刑和附加刑:主刑有管制、拘役、有期徒刑、无期徒刑和死刑五类;附加刑有罚金、剥夺政治权利、没收财产以及对于犯罪的外国人独立适用或附加适用的驱逐出境四类。一国之刑法主要是用来制服针对社会的暴行和保护个人的权利,刑事责任的基本原理是国家对严重的社会危害行为必须加以阻止,以国家刑法的形式明确宣告实施这类行为构成犯罪,同时以国家的名义对行为人强制科处不利义务,并且使用最严厉的手段来保障义务内容的实现。在法治国家,为了保障人权的需要,对犯罪的宣告和处罚都相当慎重,构成犯罪必须有刑法明确规定,并且在法院审判之后才能具体实施惩罚。那么,为什么犯罪行为应当受到惩罚呢?以国家公权力之名义惩罚一个人为什么是正当的呢?换言之,现代意义的刑罚存在的理论依据是什么?这需要得到公法哲学的解答,相对于规范性的解释,它更多的是一个法哲学上的沉思。赦免制度进入法治的视野并成为一个法律的概念之后,法学家、立法者和执法者都不得不重新思考惩罚的正当性问题。“任何人不能从自己的错误行为中获得好处”这条自然正义的原则通常被用来说明这个问题,但是其却很难对此有圆满的论证。相对较为详尽和具有影响力的刑罚正当性理由包括报复理论、威慑理论和改良理论等,这些理论具有相对独立的内容,但是有时候也彼此交叉,并对赦免法的发展从目的、内容和程序等方面都造成了影响。

刑罚的报复理论认为犯罪行为是错误的,有危害的和邪恶的,是对社会的严重腐蚀,因此应当对其施加报复。“刑法不仅应该而且的确是一种对大量形式的不义行为的镇压,而不仅仅是一种防止痛苦或者伤害的工具。那些普遍得到承认并且被用来对大量惩罚进行规制的特定原则已经印证了这些情况。”①但是,这一理论在具体的实践过程中却遇到了严重的困难,并且产生了影响深远的不利后果。首先,必须有一个确定一种行为是对还是错的标准,并且依据这个标准来确定犯罪,然后实施报复。对与错的界限十分模糊,缺乏一个权威的力量去决定对错。虽然在实证意义上法治国家可以成立专门的法院作为权威机构来判定一种行为是否构成犯罪,但很多时候这种权力却成为拥有强力的集团对弱者实施压榨的工具,并且在理论上强权机构的权威性也备受质疑。例如,一个饥饿难耐、为了生存而抢劫食物的人可能会被一国法院依据法律认定为犯有抢劫罪而被判处重刑,但是其行为在更高层级的规范(如道德规范、自然法和人类的理性)面前却是正义的,可以原谅的,并不存在错误与邪恶。其次,报复理论使社会充满仇恨,缺少宽恕,从而剥夺了犯罪人重新生活的机会,并催生了酷刑、刑讯逼供等严重违反人权现象的发生。最后,采用报复的手段所需要的社会成本也相当巨大,远远超出了宽恕所需要的代价。

刑罚的威慑理论强调通过对犯罪人的严惩来形成对公众的社会压力,震慑潜在的存有犯罪想法的社会成员,并教育公众,从而维护社会的良好秩序。因此,这一理论认为刑罚的正当性在于它可以警示世人并维护秩序,强调有罪必罚,而且需要严格地处罚。宽恕尤其应该体现在立法层面,威慑则通过执法者来实现,贝卡利亚认为:“仁慈是立法者的美德,而不是执法者的美德。它应该闪耀在法典中,而不是表现在单个的审判中。如果让人们看到他们的犯罪可能受到宽恕,或者刑罚并不一定是犯罪的必然结果,那么就

① [英]哈特:《法律、自由与道德》,支振锋译,法律出版社 2006 年版,第 34 页。此为哈特引用斯蒂芬力图的观点。

会煽惑起犯罪不受处罚幻想。既然罪犯可以受到宽恕,那么人们就认为:无情的刑罚不是正义的伸张,反而是强力的凌暴。如果君主把恩赦即公共安全赐给某个人,并且这种不明智的私人仁慈行为成了不予处罚的公共法令,那么,我能说什么呢?”[①]从某种意义上讲,如果不能坚持刑法的权威并对罪犯实施惩罚,选择与有罪行为妥协,那么刑罚对未来犯罪的威慑功能将丧失殆尽。

刑罚的改造理论认为犯罪人本身存在罪恶,这种罪恶应该受到惩罚,但是,基于宽容与人类的良知,惩罚的同时也应该给犯罪人改过自新的机会,通过惩罚和教育,使犯罪人摆脱原来的罪恶,重新做人。因此,刑罚的目的在于改造人,刑罚的正当性在于实现宽恕。该理论在理念上包括宽容精神,这一点与赦免制度之内涵最为切近,在价值意义上,也与赦免理论实现较好的衔接。但是,改造论在某些个案的处理中存在难以克服的问题,尤其针对那些虽然被当权者宣告有罪却被民众普遍认为无罪的犯罪嫌疑人,由于缺乏承担罪责的坚实基础,改造往往无从谈起。如南非前总统曼德拉,虽然入狱多年,但一直被国民认为是推翻种族隔离政策的英雄,对其实施的刑罚饱受质疑,最终不是法律改造了他,而是他改造了法律。当然,从教育刑主义的角度看,改造理论看到了人性本身存在的善良,强调教化改造和治病救人的思想,否定了对犯罪行为本身进行报复的观念,也不支持通过严刑峻法威慑犯罪的做法,这无疑在刑事法治文明方面具有显著进步意义。

赦免基于对刑事责任制度理论的充分判断,认为在某些领域,对犯罪的报复并不能实现正义,严酷的惩罚措施也不必然导致社会的和谐,宽宥与教化也能实现对犯罪的预防和秩序的维护,因此将其作为刑事责任与刑罚制度补充殊为重要。一方面,根据现代刑法理念,刑事责任是对犯罪行为实施惩罚的必要条件,没有刑事责任就不会被宣告为犯罪,当然也就没有赦免;另一方面,根据辩证唯物主义思想,基于刑事责任而实施的刑罚措施内存必

---

① [意]贝卡利亚:《论犯罪与刑罚》,黄风译,中国法制出版社2005年版,第73页。

然的局限性和缺陷,赦免能够很好地纠正错误、弥补缺陷。

宪法责任又称违宪责任,是指“国家机关及其工作人员、各政党、社会团体、企业事业单位和公民的言论或行为违背宪法的原则、精神和具体内容因而必须承担相应的法律责任”。[①] 宪法责任的承担主体主要是行使公权力的国家机关、个人或者组织,其既具有法律性,又具有政治性。具体的责任形式包括弹劾、罢免、撤销、宣告无效、拒绝适用和取缔政治组织等。弹劾是指有权机关依据法定程序剥夺违宪或违法失职国家领导人及重要公职人员的职务;罢免是指公职人员任职届满前,原选民或者选举单位以选举方式免除其职务;撤销是指违宪审查机关废除违宪的法律法规及其他规范性文件;宣告无效是指违宪审查机关依法否定法律法规或者行为的效力;拒绝适用是指普通法院在具体审理案件的过程中,对危险的法律法规拒绝适用;取缔政治组织是指违宪审查机关依法禁止相关政治组织在一国境内活动。从对象上来说,以上六种主要的宪法责任形式中,撤销、宣告无效和拒绝适用所针对的对象均是规范性文件,显然不能以此提起赦免案;能够适用于赦免程序的并作为赦免对象的仅仅有弹劾、罢免与取缔政治组织三种。然而,弹劾、罢免与取缔政治组织都是与主权者行使权力密切相关的行为,在实施赦免的时候存在理论与实践上的障碍。议会、原选民或者依据主权者之委托行使管理权的相关行政机关根据宪法之规定,依法要求相关人员和组织承担宪法之责任。那么,同样源于宪法之规定,一般认为赦免规范之效力并不高于弹劾、罢免与取缔政治组织规范之效力,它能否对宪法责任实施赦免呢?事实上,基于主权与规范效力之考虑,各国一般将此类宪法责任排除在赦免范围之外。如美国宪法明确规定弹劾案不在赦免之列等。但是,随着宪法责任形式的丰富以及当今世界实施宪法过程中的经验积累,是否可以赦免宪法责任已经成为一个新的需要进行论证的理论课题,有必要从立宪主义的角度加以分析。

---

① 周叶中主编:《宪法》,高等教育出版社、北京大学出版社2000年版,第410页。

行政责任,是指有违反有关行政管理的法律、法规的规定,但尚未构成犯罪的行为所依法应当承担的法律后果,主要包括行政处分和行政处罚。根据我国法律的规定,前者是对国家工作人员及由国家机关委派到企业事业单位任职的人员的行政违法行为给予的一种制裁性处理,包括警告、记过、降级、降职、撤职、开除等种类。后者是指国家行政机关及其他依法行使行政处罚权的组织,对违反行政法律、法规、规章,尚不构成犯罪的公民、法人及其他组织实施的一种制裁措施,包括:警告、罚款、没收违法所得和非法财物、暂扣或者吊销许可证和执照、责令停产停业及行政拘留等种类。行政责任在惩罚的力度和形式上都比刑罚更轻微和宽松,而且主要涉及的是与国家公权力相关的行为。作为内部行政行为的行政处分当然不在赦免规范的考虑范围之内,针对外部相对人的行政处罚因其对行为人影响相对于刑罚较小,在实践中一般也未纳入赦免范围。但是,一方面,随着行政法的发展,行政责任作为一种数量上远远超过刑罚的处罚措施,有必要重新界定其赦免问题;另一方面,部分行政责任涉及公民的自由权、财产权和人格尊严等宪法性基本权利,对相对人权利影响巨大,在某种意义上堪比刑罚的力度,非常有必要论证其赦免的问题。

总体而言,公法责任的基本原理是错误的公权力行为或者违反公法秩序的私人行为都将受到追究,其目的是实现公法上的正义。因此,在赦免的时候有必要权衡赦免与惩罚二者之间的利害得失,做出正确的判断。一般而言,采用赦免或惩罚这两个相互关联却又对立的手段来结束混乱的秩序是那些渴望稳定的国家之惯常做法,能够正确地将其适用是结束社会冲突的关键,否则,不仅旧的混乱将持续,新的混乱也将滋生。冲突一般包含双方甚至多方利益的存在,它可能发生在两个或者多个国家之间,一个国家内部的不同组织或个人之间,或者一国之政府和其反对者之间。犯罪者可能来自冲突的任何一方,不公正或不适当的赦免与惩罚都会导致新的矛盾发生。当然,对于同一个犯罪而言,惩罚与赦免不能同时实施,当选择赦免的时候,意味着实施犯罪行为的人将不再承担法律责任,而选择惩罚则意味着其必须受到控告和追诉。那么,应当如何权衡二者之优先性,从而正确和适当地适用赦免与惩罚呢?和平与稳定的秩序通常被视为一个社会最重要的事项,也是首先需要考虑的因素。如果一个社会需要一方面面对和平稳定的问题,另一方面面对报复、威慑或改良等问题,那么选择和平稳定应该具有优先性。

在一国由专制制度向民主制度过渡的过程中,民主可能取代和平稳定而成为做出赦免与惩罚选择的首要考虑因素。这种情况下,民主的实现也是体现赦免正当性的最高形式。但是,要实现赦免之宽容精神,实现和平与民主的目的,还必须追问赦免的实际效果问题。反对者认为赦免的实际效果并不像其预定目的那样清晰可见,赦免对一个社会平稳地过渡到民主制度下所做出的贡献或者所造成的威胁到底有多大,赦免到底是不是一个合适的手段来实现民主、和平与人权的目标等尚需验证,因此不可对其期待过高。支持者认为惩罚与赦免的争议实际上是报复与宽恕、敌对与和解之间的争议,因为时代理念呼唤宽恕与和解,所以应当肯定适当地赦免。人类社会存在于这样一个基础之上,那就是选择宽容而不是复仇,选择理解而不是报复,选择生存而不是牺牲。例如,1993 年 12 月 22 日,南非议会特别会议以 237 票赞成、46 票反对通过的南非历史上第一部非种族主义的临时宪法明确宣称:“今吾等集会於国会,特宣告全国:吾人凛于对上帝与人类所负责任;复深知团结之重要,以保障吾国之完整与自由;以维护法律与秩序;以促进国民之幸福及精神与物质上之利益;愿与举世爱好和平之各民族合作,尽追求和平之责任;并负起建立南非共和国之责,特制定宪法,使适合于本土之传统与历史。”①这部体现着宽容与合作精神的宪法也明确规定了赦免制度,它终结了南非延续 300 多年的种族统治,使该国民主进程取得了突破性进展,赢得了和平与稳定。

---

① 参见 1993 年《南非宪法》序言。

二、赦免与私法责任的基本原理

私法责任一般也称民事责任，是指私法主体在民事活动中，因实施了违反民事法律规定的行为而根据私法所承担的对其不利的法律后果。它属于法律责任的一种，是保障私法权利和私法义务实现的重要措施，是一种私法救济手段，旨在使受害人被侵犯的权益得以恢复。私法责任是对违反私法义务的自然人或法人提出的必须履行其义务的法律要求，具有国家强制性。中国法律规定的私法责任体现在民事法律规范中，主要方式有：停止侵害；排除妨碍；消除危险；返还财产；恢复原状；赔偿损失；支付违约金；消除影响、恢复名誉；赔礼道歉；等等。[①] 具体而言：停止侵害指受害人针对加害人正在实施的侵害其财产或人身的行为可以依法请求停止继续加害的要求；排除妨碍指权利人在行使其权利受到他人不法阻碍或妨害时，有要求侵害人排除或请求人民法院强制排除相关障碍以保障权利正常行使的措施；消除危险指人身或财产受到现实威胁的当事人请求造成危险或对危险负有责任的人排除相关风险情况以保障其人身财产安全的民事责任承担方式；返还财产指侵权人承担的返还被侵占财产权利人财物的民事责任；恢复原状指侵权人须采取措施使受到其不法行为损害的有关事物恢复到该不法行为实施以前的状态的民事责任形式，包括修理、重作、更换等方法；赔偿损失指违约方以支付金钱的方式弥补受害方因违约行为所造成的财产或者利益减少的一种民事责任形式；支付违约金是通过金钱支付方式来实现对违约行为追究责任的一种民事责任形式；消除影响、恢复名誉是特定的民事主体的人身权遭受不法侵害时，侵权人应当在影响所及的范围内，以公开的形式承认错误，澄清事实，消除所造成的不良影响，以恢复权利人原来的名声、信誉的民事责任形式；赔礼道歉是要求侵权行为人认识到自己的错误行为并向受害人承认错误且表达歉意的民事责任形式。

---

① 参见《民法典》第179条。

赦免不仅与公法基本原理密切相关,也和私法基本原理联系紧密。在公法层面,赦免可以免除犯罪人的刑事责任是毋庸置疑的,虽然对宪法责任和行政法律责任的免除尚待论证并存有争议,但从理论上持支持态度的亦不在少数;在私法层面,部分国家对通过赦免行为免除私法责任也持肯定态度。违法犯罪人在被赦免后,不仅可以免于刑事处罚,也可以逃脱民事制裁。如《南非宪法》规定:"总统为共和国之元首、南非国防军之统帅,在宪法规定范围内,总统有下述诸权力:(六)凭己意无条件或有条件赦免或缓刑,或取消任何罚款或没收处分。"①但是,相对于赦免免除公法责任之正当性的研究而言,尤其是与免除刑罚的正当性研究相比,对免除私法责任的正当性关注则要少得多。这可能是因为私法责任所对应的民事行为给受害人造成的损失相对较轻,通过赔偿等手段即可恢复原状,无须采用激烈的处罚手段给加害人造成不必要的痛苦,而刑罚等公法责任手段对人的权利造成的损害和给人带来的伤害远远大于私法责任的缘故。但更重要的原因在于,私法上民事法律关系产生于平等主体之间,私法责任也是平等主体之间的责任,赦免规定作为公法条款是否应当介入平等主体之间冲突的解决和利益的界分存在理论上的难题。与公法制定者在立法过程中必须考虑公法责任的伦理道德性相比,私法责任手段也很少思考这一问题。因此,对私法责任原理的正当性追问主要集中在损害与赔偿这一对概念之中。刑事责任主要关注犯罪人的错误行为,故集中在对行为的处罚上;民事责任则更倾向于受害人所遭受的损失,因而集中在对损害的赔偿上。那么,法律为什么要规定通过民事责任的方式对受害人的损失进行赔偿呢,为什么要通过国家强制力量保障其实现呢?一方面,因为损害必然造成权利的侵犯,而对被侵犯的权利进行救济是正义的基本要求,没有被救济的权利就不是权利;另一方面,因为私法责任的承担可以将社会矛盾化解在私人领域,从而避免出现更大的违反公法规定的社会冲突。公法的冲突一般导致严厉的制裁措施,将

---

① 参见 1993 年《南非宪法》第 7 条。

会大大增加处理的成本。

那么,赦免行为人的私法责任的正当性与合理性到底是什么呢?传统理论认为赦免制度的设计主要针对公法责任中的刑事责任,民事责任的赦免只是对刑事惩罚赦免在一定程度上的延伸,认为赦免比惩罚更具有正当性的理念使赦免程序理所当然地涵盖了民事责任的内容。从心理上看,随着时间的推移,一切行为所造成的损害都将被慢慢淡忘,一切事件都将成为过去,直到就像什么都没有发生一样。赦免在传统的理念中被认为可以促使所有参与到有关不幸事件中去的人忘却那些不好的记忆,开始崭新的生活。在"忘却不幸"这一意义上,赦免必须包括所有的责任形式,不仅有公法责任,也有私法责任。另外,私法责任作为一种恢复受害人权利的重要措施,其目的之一也是为了防止不可控制的私人复仇。因此,公权力必须介入,通过让加害人赔偿等行为弥补受害者及其家庭所遭受的损失,让其消除心中的不满,渐渐忘却曾经发生的伤害。值得注意的是,政府或公权力机构的遗忘并不意味着个人的遗忘,如果不妥善处理,则暴力或者具有更严重破坏性质的私力救济行为将会发生,产生不可预料的结果。更进一步,现代赦免制度已经远远超越"忘却不幸"这一单纯而朴素的理念。如果在刑事责任领域对犯罪实施严厉的追诉并通过外部强制力量纠正罪行并不一定使加害人获得心灵上的救赎这一理念同样适用于民事责任领域,那么赦免在私法关系中通过宽容的方法感化责任承担者的内心就有其正当性理由。这种正当性在排除行为人对相关损害的赔偿时至关重要,虽然其实施了错误或者违法行为,但是由于其能够从根本上认识到自己的错误,并且在以后的行为中自觉抵制这种错误,所以主权者以法律的名义免除了对他的惩罚,从而使其在物质和精神方面得到了保全。

基于上述理由,在某些情况下对行为人的民事责任进行赦免是正当的。但正如只有部分刑事责任可以被赦免,部分刑事责任不可被赦免一样,也不是所有的民事责任均可进行赦免。一般意义上,民事责任主要是针对私人利益的,违法民事行为也主要侵害私人之权利,公权力机构无权对私人权益做出处分的决定。但是,随着民事责任理论的发展和不断产生的案例之补充,民事侵权行为也会产生对公共利益的挑战。针对民事行为侵害公共利益的现象,公权机关有权做出处分,也可以进行赦免。也就是说,大多数的民事责任原则上都不在赦免之列,只有那些因侵害一定层次的公共利益而承担的具有惩罚性质的民事责任才可以赦免。以赔偿为例,作为对受害人进行抚慰的补偿性赔偿金不可以被赦免,而惩罚性赔偿金则可以在赦免之列。并且,一般认为仅仅可以赦免那些经过法律程序和法庭审判宣告的应该受到惩罚的行为所需承担的民事责任,而不能对那些潜在的或可能承担的责任进行赦免,这一点和赦免可以针对刑事责任中那些潜在的、未被发现的或未经审判的罪责不同。

总而言之,关于赦免之正当性、法律责任以及惩罚之正当性的争议依然不断,很难在它们之间找到一个恰当的平衡。宽恕、报复与秩序等理念虽然可以在一定程度上说明这一问题,但是仍然在哲学层面存有疑问,仍然有不能解释的地方。进一步分析赦免与法律责任的关系给赦免法的发展提供了理论基础,理解这一点不仅对于健全赦免制度和依法实施赦免行为具有意义,而且对于维护法治权威、维持社会秩序和保障公民权利也是十分重要的。

第三节　赦免于宪法体系的地位

作为一项在宪法中明确规定的法律制度,赦免是国家宪法的有机组成部分。对赦免的理解不能孤立进行,它必须放入立宪与行宪的具体实践中、放入整个宪法体系中,必须在宪法语境下和立宪主义背景下被解读。以中国现行宪法为例,赦免制度被规定在国家机构部分,但是它与整部宪法都有内在的联系。下面就赦免与宪法序言、宪法总纲、公民基本权利以及国家机构的关系分别展开分析。

一、赦免与宪法序言

宪法序言是中国宪法的重要组成部分。中国现行宪法序言字数约占宪法总字数的10.9%,具有丰富的历史和现实内涵,是正确理解宪法,准确适用宪法的重要依据。宪法序言与赦免制度的关系主要体现在以下方面:

首先,宪法序言第五段宣告:"一九四九年……推翻了帝国主义、封建主义和官僚资本主义的统治,取得了新民主主义革命的伟大胜利,建立了中华人民共和国。从此,中国人民掌握了国家的权力,成为国家的主人。"这一规定明确了国家权力的归属,是人民主权原则的宣告。在中华人民共和国成立以前,国家主权要么属于封建帝王,要么被各个地方军阀分割把持而成为一种不完整形态。人民为刀板上之鱼肉,根本不具有国家主人翁地位,个人权利尚且受到极大限制,遑论享有国家主权。赦免权作为主权权能之一种,其归根到底是属于人民的。在此之前,历史上的多次赦免均不是以人民的名义进行的,也没有依据现代赦免程序而实施。只有在宪法宣告人民成为国家主人之后,赦免权才被赋予了现代宪法属性。

其次,宪法序言第七段指明,中国各族人民将继续在中国共产党领导下……不断完善社会主义的各项制度,发展社会主义市场经济,发展社会主义民主,健全社会主义法治,贯彻新发展理念,自力更生,艰苦奋斗……推动物质文明、政治文明和精神文明协调发展,把我国建设成为富强、民主、文明的社会主义国家。从这里不难看出,社会主义市场经济是当代赦免的物质条件,社会主义民主是当代赦免的政治基础,社会主义法制是当代赦免的制度保障。同时,当代赦免制度应该立足于政治文明,体现精神文明,并反作用于物质文明。在立宪主义时代,赦免所遵循的权力制约和人民主权原则是政治文明的重要象征,所蕴含的宽容和妥协精神是精神文明的典型标志,而赦免所追求的和平、秩序和公义则为发展物质文明创造了必要的条件。

再次,宪法序言第八段指出,在我国,剥削阶级作为阶级已经消灭,但是阶级斗争还将在一定范围内长期存在。中国人民对敌视和破坏我国社会主义制度的国内外的敌对势力和敌对分子,必须进行斗争。这一段明确分析了社会主义中国的阶级形式,阶级斗争将在一定范围内长期存在,人民必须同一切反动阶级势力作斗争,斗争的手段可以多种多样,法律是最有力的武器之一。必须通过法律的程序将一切敌对分子的行为宣告为违法或者犯罪,并对其进行惩罚或改造。赦免制度作为宪法规定的重要制度,符合我国当前的阶级形式,是作为统治阶级的中国人民与敌对者作斗争的手段之一。当一部分反动的犯罪分子在接受惩罚的过程中,积极接受教育,努力改造自身并转变阶级立场的时候,中国人民以宽容的态度赦免其过错,宽恕其罪行,让其重新投身到社会主义建设的伟大事业中来。

最后,宪法序言第十三段规定,本宪法以法律的形式确认了中国各族人民奋斗的成果,规定了国家的根本制度和根本任务,是国家的根本法,具有最高的法律效力。全国各族人民、一切国家机关和武装力量、各政党和各社会团体、各企业事业组织,都必须以宪法为根本的活动准则,并且负有维护宪法尊严、保证宪法实施的职责。不仅作为整体的宪法规范应该受到遵守,宪法规定的各项具体权利和具体制度也应当被尊重。此段规定明确了宪法的权威和尊严,确立了宪法上赦免制度的最高地位。特别是宪法序言,最集中地体现了党的基本主张和人民的根本意志,是宪法的灵魂,同宪法条文一样,具有最高法律效力。赦免制度理所当然应当具有最高的法律效力,一切组织和个人都负有在宪法框架下正确实施和维护赦免的责任,既不得滥用赦免权力,也必须遵守赦免行为的效力。

二、赦免与宪法总纲

宪法总纲是宪法中关于根本制度和基本国策的规定,它与宪法序言部分一样,是关于宪法总的指导思想和原则的规定,是解释宪法的基础。宪法总纲一般包括国家权力的归属和行使,中央与地方的关系以及政治、经济、文化、国防、外交、民族、宗教等方面的内容。宪法总纲与宪法正文各章节条款的关系是统领与被统领的关系,总纲是概括性规定,章节条款内容是宪法总纲的具体化。中国现行宪法总纲规定了人民民主专政制度、人民代表大会制度、民族区域自治制度、社会主义经济制度、精神文明建设以及其他重要的基本国策,共32条,约占宪法条文总数的22.3%;共3528字,约占宪法总字数的21.4%。在宪法文本上,赦免与宪法总纲的关系主要体现在以下方面:

首先,总纲第2条规定,中华人民共和国的一切权力属于人民。人民行使国家权力的机关是全国人民代表大会和地方各级人民代表大会。人民依照法律规定,通过各种途径和形式,管理国家事务,管理经济和文化事业,管理社会事务。本条进一步确认了序言中宣告的人民主权原则,并具体规定了人民行使国家权力的组织和机构。赦免事务作为一种国家事务,人民当然有权力通过一定的途径和形式参与管理。这一规定为赦免的制度安排提供了合宪性基础。在实践中,作为民意机关的人民代表大会及其常务委员会享有赦免决定权这一主权权力,而作为主权象征的国家主席拥有赦免宣布权,依据人民代表大会而成立的各级司法机关享有赦免的具体执行权,对人民代表大会负责的行政机关则参与到赦免程序中并协助赦免行为的完成,直接由人民组成的各种社会力量则负责监督整个赦免过程。

其次,总纲第3条第1款规定,中华人民共和国的国家机构实行民主集中制的原则。民主集中制原则是我国一切机构的组织原则,是一切国家制度的议事原则,是社会主义民主在实施过程中的具体要求。在实施赦免的过程中,赦免决定源自人民代表大会及其常务委员会通过民主表决方式而形成的决议,赦免执行比较多地采用集中手段以提高效率,而赦免监督还权于民,人民可以通过各种方式对赦免活动进行民主监督。

再次,总纲第5条规定,中华人民共和国实行依法治国,建设社会主义法治国家。国家维护社会主义法制的统一和尊严。一切法律、行政法规和地方性法规都不得同宪法相抵触。一切国家机关和武装力量、各政党和各社会团体、各企业事业组织都必须遵守宪法和法律。一切违反宪法和法律的行为，必须予以追究。任何组织或者个人都不得有超越宪法和法律的特权。依据该条规定，赦免是中国社会主义法治的统一组成部分，一切关于赦免权、赦免行为和赦免制度的安排都必须符合法律的要求，在法治的轨道下进行。其一，赦免法的立法不能违背宪法精神和宪法原则；其二，任何组织和个人都不得基于一己之私利而非法实施赦免；其三，一切违反宪法和法律而实施的赦免都将依法受到追究并承担责任。

最后，总纲第28条规定，国家维护社会秩序，镇压叛国和其他危害国家安全的犯罪活动，制裁危害社会治安、破坏社会主义经济和其他犯罪的活动，惩办和改造犯罪分子。该条是国家刑罚制度及法律责任制度的合宪性基础，是对违反国家法律秩序的人进行制裁的根本法依据，从而也是赦免制度得以存在的宪法前提。只有对违法犯罪进行制裁，并且秉承惩办与改造相结合的理念，才有对部分改过自新的行为人实施赦免的可能。因此，赦免的立法和执法过程中应当对“惩罚与改造相结合”这一重要原则一以贯之。

三、赦免与公民基本权利

公民基本权利是各国宪法的最重要组成部分，一般都处于宪法的核心位置。中国现行宪法基本权利被列为第二章，约占宪法总条文数的17.4%，约占宪法总字数的11.9%。赦免权作为主权的一种权能，既具有权力的属性，又具有权利的属性。其权力属性主要体现在赦免决定权与赦免执行权等方面，赦免申请权具有权利属性，而赦免监督权和赦免救济权等权能则同时兼具权利和权力属性。如果赦免监督和救济的主体为普通公民，则此两种权能主要表现为权利形态，具有公民权利属性；如果赦免监督和救济的主体为国家公权机关，则此两种权能主要表现为权力形态，具有公共权力属性。从宪法文本来看，赦免制度与基本权利的关系主要体现在以下方面：

《宪法》第33条规定，凡具有中华人民共和国国籍的人都是中华人民共和国公民。中华人民共和国公民在法律面前一律平等。国家尊重和保障人权。任何公民享有宪法和法律规定的权利，同时必须履行宪法和法律规定的义务。这一条规定了中国宪法对公民基本权利的平等保护原则，对赦免的立法与实践有着指导意义。赦免申请权作为一项重要的基本权利，在立法上应当平等地分配给所有公民，只要符合赦免条件的，或者自认为符合赦免条件的所有罪犯、罪犯的近亲属以及密切的利害关系人，均得享有赦免申请权。在赦免的审查、决定、执行和监督过程中，相关机构行使作为公权力的赦免权也必须做到排除偏私、平等对待、一视同仁。

《宪法》第41条规定，中华人民共和国公民对于任何国家机关和国家工作人员，有提出批评和建议的权利；对于任何国家机关和国家工作人员的违法失职行为，有向有关国家机关提出申诉、控告或者检举的权利，但是不得捏造或者歪曲事实进行诬告陷害。对于公民的申诉、控告或者检举，有关国家机关必须查清事实，负责处理。任何人不得压制和打击报复。由于国家机关和国家工作人员侵犯公民权利而受到损失的人，有依照法律规定取得赔偿的权利。本条规定是赦免监督权和赦免救济权的来源，是此两种权利之宪法依据。因为人民享有主权，代表人民行使主权的政府组织从逻辑上理所当然应当受到人民的监督。赦免权作为主权的一种权能，其公权力属性使其具有天然的侵害性，必须通过一定方式对其进行控制，以防止对社会成员造成损害。宪法规定了具有预防性质的、在损害发生前的监督措施，那就是公民可以依法通过批评、建议、申诉、控告或检举等方式保护自己或社会的利益。据此，在实施赦免的过程中，公民个人或团体可以通过上述五种方式监督赦免的主体、权限、内容和程序等各方面事项。但是，仅靠事前监督不足以防止权力的损害性，很多时候权力行使造成了客观上无法弥补或恢复的损失，此等情况下需要对这种损失进行救济，所以宪法同时规定了具有救济性质的、在损害发生后的监督措施。遭受损害后，公民享有依照法律规定获得救济的权利。赦免权的行使对社会影响重大，即使在正确实施赦免的情况下，在给一部分人带来利益的同时，也必然给另一部分人带来损失。倘若实施过程中出现偏差或者错误，造成的社会危害更是不言而喻。

因此,对赦免进行监督和救济不可或缺。

《宪法》第51条规定,中华人民共和国公民在行使自由和权利的时候,不得损害国家的、社会的、集体的利益和其他公民的合法的自由和权利。本条规定要求对赦免申请权、赦免监督权和赦免救济权的行使进行限制。除来自经济、法律、政治等各方面客观原因的限制外,具有权利属性的赦免受到来自基本权利和自由本身的限制。基本权利和自由的内在规定性要求其行使不得损害他者的合法利益,"自由就是指有权从事一切无害于他人的行为。因此,各人的自然权利的行使,只以保证社会上其他成员能享有同样权利为限制。此等限制仅得由法律规定之"①。故而,行使赦免权不得损害国家的、社会的、集体的利益和其他公民的合法的自由和权利。

四、赦免与国家机构

国家机构是国家机关的总和,是统治阶级为了实现其统治职能而建立的具有国家强制力的国家组织,又称为"统治机构"。② 国家机构承担着实现国家权力、执行国家职能、管理国家事务的繁重任务,一般是由立法机关、行政机关、司法机关、监察机关、检察机关、军事机关等组成的统一体系。中国现行宪法国家机构被列为第三章,共83条,约占宪法总条文数的58%,约占宪法总字数的53.2%。在宪法文本规定上,赦免制度与国家机构的关系主要体现在以下方面:

《宪法》第60条规定全国人民代表大会常务委员会行使特赦决定权,第80条规定国家主席有特赦令发布权。这从总体上在宪法层面概括地明确了赦免权在我国的行使主体是全国人民代表大会常务委员会及国家主席。但是,依据《宪法》第57条规定,中华人民共和国全国人民代表大会是最高国家权力机关。它的常设机关是全国人民代表大会常务委员会。既然全国人

① 《人权宣言》第4条。

② 参见胡锦光、韩大元:《中国宪法》,法律出版社2004年版,第318页。

大常委会是常设机关,其权力自然源于并不得超越全国人大的权力。因此,全国人大理所当然拥有赦免决定权。

另外,对于赦免立法而言,因其牵涉国家政治、经济、文化和社会生活的根本方面,兼具公法和私法部分内容,任何一个部门法都不能对其单独做出规定。赦免法应当是具有宪法性质的法律,必须由国家立法机关制定。《宪法》第58条规定,全国人民代表大会和全国人民代表大会常务委员会行使国家立法权。因此,唯有全国人大及其常委会可以制定赦免法,其他一切国家机关均不享有赦免立法权。

总体而言,从宪法文本规范的角度分析赦免制度能够明确赦免制度的法律依据,这是立宪主义时代实施赦免行为的基础。同时,文本所具有的载体价值,可以使赦免制度与相关范畴联系起来。尤其是对法律责任的分析,具有重要意义。赦免制度的整个理性建立在罪行、法律责任、惩罚和宽宥四者的动态联系之中。在建设法治国家语境下,法律责任是罪行与惩罚的连接点,是赦免的前提。没有法律责任就没有惩罚,进而赦免就无从谈起。罪行则是对主权者所制定的实在法的不遵守,罪行是一种罪恶,在于以言行犯法律之所禁,或者不为法律之所令。所以每一种罪行都是一种罪恶,但却不能说每一种罪恶都是一种罪行。诚如霍布斯所言:“罪恶非但是指违犯法律的事情,而且也包括对立法者的任何藐视。因为这种藐视是将它所有的法律破坏无余。这样说来,罪恶便不仅在于为法律之所禁为,言法律之所禁言,或者不为法律之所令为。而且也在于犯法的意图或企图。因此,罪恶是出于对永恒法或者自然法的破坏,或者是上帝之旨意的破坏。”①社会成员犯下罪行之后,应当承担社会共同体所制定的法律规定之责任,责任的结果是受到刑罚或者其他制裁。但是,这些惩罚措施本身包含着不合理,“刑罚本身是一种恶,每一种刑罚都具有强制之恶,痛苦之恶,恐惧之恶,错误控告之恶和衍化之恶。因此,立法者在规定刑罚的时候,应当时刻注意这种恶的代

① 参见[英]霍布斯:《利维坦》,黎思复、黎廷弼译,商务印书馆1997年版,第226页。

价,不应当规定和适用滥用之刑,无效之刑和过分之刑,昂贵之刑"。[①] 为了救济刑罚自身的恶,有必要通过赦免的方式,保护社会成员的正当法律权利。换句话说,刑罚遏制罪行之恶,赦免遏制刑罚之恶。

① 张智辉:《论刑法理性》,载《中国法学》2005 年第 1 期。

第四章　赦免的权力解读

赦免权作为主权之具体权能而具备主权的一般性质，其在效力层级上具有最高性，在整体上具有不可分割性，在行使上具有不可转让性。但是，赦免权在运行过程中存在分工，从权力归属来看，在各国实践中它可以归属于立法机关、行政机关、司法机关和国家元首等组织；从权力形态来看，在不同立法中它包括赦免申请权、赦免决定权、赦免执行权、赦免监督权和赦免救济权等种类。同一切权力一样，赦免权有侵害权利的本性，有必要对其进行限制，具体手段包括国家权力内部相互制约、通过法律规范控制、通过公民权利加以监督以及通过社会舆论进行限制等。

第一节　赦免权的性质

赦免权，是指主权者依据成文法律的规定，按照法定程序对可能犯有罪行或者被司法判决有罪的社会成员，免除其罪行或者刑罚的国家权力，属于国家主权的一种权能。在性质上，赦免申请权具有基本权利的性质，属于公民自由裁量的范围，不具有强制力；赦免决定权和赦免执行权是国家公权力，以强制力作为后盾，必须依法行使；赦免监督权和赦免救济权则兼具基本权利和公共权力的性质，由政府机关和公民共同享有。

在传统理论上，赦免权常常与君主等统治阶级代表的特权联系起来，“赦免权免除刑罚，但并不影响法的存在。法毋宁是照旧存在的，被赦免的仅仅是一个具体罪犯的处罚，赦免并不宣称他没有犯过罪。取消刑罚也可通过宗教做到，因为神可以在精神上化有罪为无罪。这既然是在尘世中实行的，所以赦免权专为陛下享有，而且也只能属于他的没有根据的决断”。① 研究者并不将其作为一种法律意义上的国家权力看待，“赦免权与荣典权颇似，总统之赦免权亦系往昔君主之特权。由于彼时司法并未完全独立，实体法多有未备，诉讼程序亦未完全公开，故授予国王此一权利，一方面可济司法之穷；另一方面亦可凸显皇帝之权威地位，而有其存在之必要与价值”。同时，研究者也并未将其与具体的国家权力，如立法权、行政权、司法权诸权做区别分析，往往笼而统之地将其作为一种经世治国手段阐释，且认为这种手段并不含有理论的逻辑，仅仅是经验的总结。“赦免权是对精神的尊严的一种最崇高的承认。此外，这种权力是属于较高领域的规定对较低领域的一种适用或反射。可是诸如此类的适用乃是属于特殊科学的范围，而特殊科学所处理的对象是属于经验方面的。属于这样一种适用的还有：把妨害国家或国君主权、国王陛下和国君人身等行为归属于犯罪的概念下……最严重的罪行，对之定有特种程序等。”②

在民主立宪时代，一切国家权力均源于宪法和法律的规定，任何个人和组织均不得拥有超越宪法和法律的特权。赦免权也不例外，它从理论上被恢复到国家权力状态，并受到来自法律、政治、经济及社会等多方面的制约。同时，赦免权不再被当作一种整体的模糊权力，它被细分为各个有

① ［德］黑格尔：《法哲学原理》，范扬、张企泰译，商务印书馆2007年版，第306页。
② ［德］黑格尔：《法哲学原理》，范扬、张企泰译，商务印书馆2007年版，第305页。

机组成部分,并与国家立法、行政、司法、监察和军事诸权相区分。从研究的情况来看,作为一种具体的国家权力形态,赦免权有独特的内涵与意蕴,其在权力性质、归属及内容等方面与立法权、司法权、监察权及军事权等相去甚远,自是不会引起理论与实践的困惑。但亦有论者认为其属于行政权之范畴,在很多情况下则殊难分辨。如有论者分析日本宪法指出:“刑罚的赦免乃行政权变更司法权的作用,为权力分立原则之例外。刑罚之赦免例如大赦、特赦、减刑、复权等由内阁决定,经天皇认证,至于刑罚之赦免具体内容则规定于日本的恩赦法。”①这不仅混淆了赦免权与行政权的概念,也忽视了赦免权在权力制约过程中的重要作用。赦免权与行政权虽然在形式上颇有相似之处,但其本质上与一般意义上的行政权大有区别。行政权在本质上是由国家宪法、法律赋予或认可的,国家行政机关执行法律规范,对国家事务和公共事务进行管理的强制力量,属于具体的国家权力。在权力结构上,行政权的主体是国家行政机关,内容是社会公共事务和国家事务,客体是一定的公共利益管理关系。赦免权则本质上是依据主权者意志而实施社会调节的具体行为,是主权的一种权能。在行使过程中,如前文所述,赦免权的主体非由行政机关单独而为之,其整个申请、决定、公布、执行及监督过程中,往往由国家元首、国家权力机关与司法机关多方主体介入。以中华人民共和国成立之后特赦权实施的实践为证,其常态为权力机关决定特赦,国家元首宣告之,司法机关负责具体执行。如1959年对溥仪的赦免,由中国共产党中央委员会提出建议,全国人民代表大会常务委员会做出决议,国家主席发布特赦令并由最高人民法院负责具体实施。②

现代立法为何要规定特赦权的独特运行模式呢?其根本原因在于:立法权、行政权、监察权、司法权等权力乃国家常态权力,而赦免权的行使对国

① 林金茎、陈水亮:《日本国宪法论》,中日关系研究发展基金会2002年版,第51页。

② 参见郭金霞、苗鸣宇:《大赦、特赦——中外赦免制度概观》,群众出版社2003年版,第194~201页。

家正常的法治生活秩序震动较大，为非常态的权力，必须慎重考虑并分别交由不同机构执行。另外，从原则上讲，在刑事诉讼法制度与刑法制度不断进步的时代，法治之名、法治之实皆已得到相当程度的弘扬，赦免制度的现实需求与专制时代相比随之减少。不到非常时刻或迫不得已，一般不轻易运用这一重大权力。但是，研究者认为赦免制度在任何时代都必不可少，其理由大体有三："一、以为该制度可以救济法律之穷；二、以为该制度可以正法院之误；三、以为该制度可以鼓励犯人的迁善。"[①]基于此三大重要原因，民主立宪国家皆有保留赦免制度之必要。虽保留实属必要，但研究者同时也认为赦免本身有侵害法治权威之危险，"在法治根基薄弱之国，赦免权如属诸行政元首，尤其有损害司法与法律权威的危险"，[②]是以必然规定其特殊的运行方式。并且，基于上述之原因，将赦免划分为大赦、特赦、赦免性减刑、赦免性复权以及刑罚的免除五种类别也自然成为应有之义。其中，大赦的关系比较复杂，"宜以其同意权付诸议会，藉以保持法律的权威。特赦容或因案件过于频繁，不能尽由议会议决"。[③] 赦免性减刑、赦免性复权以及刑罚的免除诸种亦得以相关权力进行牵制，以实现对权力滥用的控制，防范赦免权运行可能带来的危险。

赦免权既为主权之权能，自然具有主权之特性。如前文所述，主权的一般性质决定赦免权的一般性质，其最高性、整体性和不可转让性决定了赦免权亦具有此三种对等的性质。这些特点，无论是在君主主权、议会主权，还是在人民主权的时代，均系真理。进入人民主宪法时代，随着主权观念的变化和内容的拓展，赦免权之性质也有了新的发展和变化。此时的主权概念反映了人民的公意，具有明确的范围，比以前时代更加精确，一扫模糊不清的样态。人民主权概念比以前任何一个时代都要深刻，它创造的对人类文明的价值比以前所有时代的主权理论所创造的总和还要多。其

① 参见王世杰、钱端升：《比较宪法》，商务印书馆 1999 年版，第 325 页。
② 参见王世杰、钱端升：《比较宪法》，商务印书馆 1999 年版，第 325 页。
③ 参见王世杰、钱端升：《比较宪法》，商务印书馆 1999 年版，第 326 页。

独特性质主要有两方面：第一，反映国民的普遍意志，因而包含广泛的民主因素。诚如贡斯当所言："我们的现行宪法正式承认人民主权的原则，即是超越任何个别意志的至高无上的普遍意志。确实，这个原则是无可争议的。在我们的时代，有许多人都在试图把它弄得模糊不清。在强化普遍意志的借口下所产生的罪恶和犯下的罪行，使那些想为政府的权力指定一个不同来源的人更加理直气壮。然而那些论证却经不起对它们使用的语汇进行简单定义的考验。法律所表达的，要么是所有人的意志，要么是部分人的意志。如果你把排他性的特权授予少数人，那么这些特权的来源是什么呢？假如它是权力，那么权力属于掌握它的人。它没有构成一种权力，而如果你承认它是合法的，那么，无论是谁把手放在上面都将是合法的，每一个人都想在轮到自己时征服它。如果你假定少数人的权力是经过全体同意而被认可的，那么这种权力就变成了普遍意志。这个原则适用于所有制度，神权政治，君主政治，贵族政治，只要它们还支配着人们的头脑，它们就都是普遍意志。另外，一旦它们对人们头脑的支配宣告失败，它们便只剩下了暴力。"①第二，与个人自由的联系更加紧密，因而包含重要的人权因素。"简单说，世界上只有两种权力：一种是非法的，那就是暴力；另一种是合法的，那就是普遍意志。但是，一旦我们承认了那种意志的权力，即人民主权，我们就必须认清它的确切性质并规定它的确切范围，这一点至关重要。没有精确的定义，理论的胜利在它的运用中就可能会成为灾难。对人民主权的抽象承认丝毫不会提高给予个人的自由的价值。如果我们认为那种主权具有它未必具有的广泛涵义，尽管有那个原则，或者正是因为那个原则，那么，自由可能就会丧失。"②同理，与君主主权、议会主权相比，人民主权时代的赦免权也具有更多的民主和人权因素。首先，赦免不再是

---

① [法]邦雅曼·贡斯当：《古代人的自由与现代人的自由》，阎克文、刘满贵译，商务印书馆 1999 年版，第 29 页。

② [法]邦雅曼·贡斯当：《古代人的自由与现代人的自由》，阎克文、刘满贵译，商务印书馆 1999 年版，第 29 页。

由君王做出，不再是君王或者某个团体的特权，它根据人民的要求，依照民主理论下的多数决定原则运行；其次，赦免权运行之主要动机不再是君王之喜怒哀乐，抑或某个团体之私己利益，它更多地关注个人自由，维护人们的幸福生活和保障人权。

因此，作为主权权能的赦免权除具有最高性、整体性、不可转让性等一般特性外，在现代宪法精神深入人心的时代还被赋予了民主与人权的新特性。当代赦免权体现了宪法精神，遵循了民主原则，保障了人民权利，具有深刻的法治意义。

第二节　赦免权的归属

赦免权之归属是对历史上世界各国运用赦免权的实践之抽象与概括，是从静态的角度研究赦免权的存在样态。从总体上讲，论者多将赦免权作为一个整体，希望为其找到一个归属。如从权力属性的角度将其概括地界定为立法权、行政权、司法权或者除此之外的第四种权力等，并因此认定赦免权在整体上归属于立法机关、行政机关、司法机关或其他相关机构。[①] 关于赦免权之归属，从权力属性角度进行理论分析，并从权力归属角度进行实证解读具有重要意义。但是，若将其笼而统之地加以论证，则不免带来理论和实践的困惑。要解决这一问题，有必要从权限分工的角度研究赦免权之静止形态并进行类型化分析。如前文所述，虽然作为主权权能的赦免权在整体归属上不可分割，理当属于人民主权原则之下的全体国民，但是在行使过程中却有权限分工，可以分类研究。这种分工在不同国家和不同时代均有自己的特征，不同的分工方式对权责承担影响巨大。具体而言，可以从分工的角度将其分为立法机关的赦免、行政机关的赦免、司法机关的赦免以及

① 参见陈春勇：《赦免及其程序问题研究》，中国人民公安大学出版社 2009 年版，第 8～14 页。

国家元首的赦免四种主要形态。

一、立法机关享有的赦免权

从世界各地的宪法立法例来看,多将赦免立法的权力、赦免决定的权力以及赦免监督的权力赋予立法机关。如 1993 年 12 月 12 日以全民公决的方式通过的《俄罗斯联邦宪法》第 89 条规定:“俄罗斯联邦总统实行赦免”,第 103 条规定:“国家杜马宣布大赦”;1958 年 10 月 4 日公布的《法国宪法》第 17 条规定:“共和国总统享有赦免权”,第 34 条规定:“法律应由议会投票通过,法律规定有关下列事项的准则:……关于重罪和轻罪的确定及对它们可以适用的刑罚、刑事诉讼程序、赦免、新的审判制度的创设和司法官的地位。”

在理论上,一般认为立法机关享有赦免权部分权能的合理性主要在于以下几个方面:

第一,在现代宪法理念中,立法机关是主权代表机关,其理应行使作为主权权能的部分赦免权。

第二,在法治的背景下,一切国家事务均应有法可依、有法必依,有关赦免事务的立法权理所当然应该由立法机关享有。

第三,在民主语境下,赦免权的行使必须遵守民主的基本规则,立法机关的工作方式最能体现民主精神,所有事项均须通过平等自由表决并运用多数决策的原则最终确定,将赦免权赋予立法机关能够使民主原则得到充分的体现。

第四,赦免具有的重要作用之一是弥补法律漏洞,纠正法律错误和完善法律不足。立法机关的重要任务之一即修正法律,如果采用正常的法律修改程序不能及时对社会变迁做出反应,那么将赦免权赋予立法机关就显得十分必要,以赦免的方式可以有效增强法律的社会适应性。

第五,立法机关一般同时是国家权力机关和决策机关,不仅享有立法权,也享有决策权。作为主权权能的赦免权具有最高性,必须由最高位阶的国家机关行使，方能体现其权威性，这一重担理所当然应该交给立法机关。

第六，赦免权的行使对国家政治秩序和公民日常生活均会造成严重影响，必须对其进行监督。在宪法上，立法机关一般享有监督宪法和法律实施的权力，将部分赦免权赋予立法机关使其能够受到更全面、更直接的监督。

二、行政机关享有的赦免权

作为法律执行机关和国家公共事务管理机关，行政机关拥有广泛的行政权。随着社会的不断发展，行政机关的行政权有不断扩大的趋势。在民主立宪国家，行政机关行使部分的赦免权，例如，“个别赦免的受理申请及调查、裁决等事项，在德国由检察官负责指挥执行，在美国由赦免局负责，在日本则由中央更生保护审查委员会负责。在日本，甚至大赦也由其行政机关——内阁所操控”。[①] 从宪法的规定来看，将部分赦免权授予行政机关的立法例并不鲜见。例如，1919 年 8 月 11 日通过的《魏玛宪法》第 49 条规定：“联邦大总统代联邦行使恩赦权。联邦大赦，应依联邦法律行之。”第 50 条进一步规定：“联邦大总统之一切命令、处分，须得联邦行政院长或者该主管部长之副署才发生效力，副署发生责任。”

在理论上，依据行政机关的本质特性，行政机关只能在具体的赦免执行、赦免监督与赦免救济过程中行使部分赦免权力，若将赦免决定权赋予行政机关则违背了主权原则的内在要求。将这些部分的赦免权分配给行政机关行使的主要原因包括以下几个方面：

第一，行政机关行使部分赦免权更便于权责统一，从而使握有赦免权的相关机构在实施赦免的过程中更加谨慎，避免造成不必要的损害。正如斯托里所言：“赦免的权力作为一种可授予所有政府的恰当权力，人道和可靠

① 阴建峰：《现代赦免制度论衡》，中国人民公安大学出版社 2006 年版，第 133 页。

的政策要求这种仁慈的特权应尽可能少地遭受束缚或阻碍。每个国家的刑法典都带有必要的严厉特征,如果没有一条容易的途径对不幸的罪恶提供一些例外,司法将带有太多的残暴和残酷的色彩。唯一的问题是,政府的哪个部门可以最可靠地拥有该权力;那个部门当然主要是指行政或立法部门。支持将该权力授予行政部门的推理可以是这样的,责任意识之强烈总是与责任之统一相符合。因而,一个单独的人最能及时地回应那些呼吁减轻法律之苛刻的动因;并且最不会轻易接受那些适合于为应得法律严酷之罪犯提供庇护的考虑因素。意识到违法者的生活或幸福专门地由他的裁量权所掌控,将激发格外的小心和谨慎;担心被指责为软弱或者纵容恶行,亦将使其行为更加细致和周到。"①

第二,在赦免权行使过程中造成了不当损害之后,行政机关行使部分赦免权更有利于对相关损害进行救济,从而实现赦免所追求的正义。"一般来说人们会从其人数中获得信心,一个大型的委员会自然可以在执拗的行为中相互鼓励,没有人对公众的责难感到太多的忧虑。平常参与其他职责的一个公共理事会也不会轻易对此类案件进行彻底审查,将会轻易地向请求做出让步或者被少数人的偏见所引导;这样隐藏在共同的无知或自信借口之下,他们自己将做出太多或者太少的让步。而一个单独的行政长官将被迫根据他自己的责任进行调查和行事;因此就可以同时是更开明的仁慈施与者、以及公共正义的更坚定实施者。"②

第三,行政机关行使部分赦免权更有利于提高赦免程序的效率,从而降低实施赦免的经济成本,符合节约社会资源的经济估算。任何一个国家在实施赦免过程中都必须对整个赦免行为所影响的各方面利益进行衡量,对赦免所需要付出的成本和所能够带来的收益进行衡量。只有当收益大于或者等于成本的时候实施的赦免才是理性的,而只有当收益远远大于成本的

① [美]约瑟夫·斯托里:《美国宪法评注》,毛国权译,上海三联书店2006年版,第456页。

② [美]约瑟夫·斯托里:《美国宪法评注》,毛国权译,上海三联书店2006年版,第456页。

赦免才是明智的。与立法机关行使赦免决定权所需要的谨慎而周密的民主方式相比,与司法机关在行使赦免决定权时所需要的细致而复杂的裁决程序相比,行政机关行使赦免执行、监督与救济权力的效率显然更高。由于行政机关参与赦免权实施的分工过程,整个赦免行为所需要的时间被大大缩短了,其效率被大大提高了。

三、司法机关享有的赦免权

司法机关享有赦免执行权。在理论和实践中,曾有研究者认为赦免权具有司法权属性:德国学者耶塞克认为赦免必须归属于司法权,因为国家刑罚权应当同时包括刑罚与赦免。18 世纪的欧洲即将赦免权与司法权在一定程度上同等视之,并且在当今的实践中,德国、法国、希腊等国家亦将赦免权之全部或一部分交给司法机关行使。① 虽然认为赦免权具有司法属性的理论有一定意义,在实践中也曾发挥过作用,但毕竟是少数的意见。在现代立宪主义国家,若将刑罚权与赦免权同时赋予司法机关,则不仅有违权力制约与限制的基本宪法原理,也与人民主权原则及民主人权价值相冲突。民意机关遴选的、任命的处于中立地位的、由少数人组成的司法机关无权处理主权范围内的事项,因为任何一个被委托的权力都无法反过来改变委托者的地位。因此,赦免权归属于司法权理论缺乏可靠的理论支撑。但是,正如前文指出的那样,刑罚与刑事责任是赦免的前提,作为行使国家刑罚权的裁判组织,司法机关与赦免制度紧密相连。有必要将部分赦免权分工给司法机关具体负责,司法机关享有具体执行赦免令的权力。中华人民共和国实施的历次赦免均由人民法院具体负责执行,以第一次赦免为例:最高人民法院于 1959 年 9 月 19 日发出了《关于执行中华人

---

① 参见阴建峰:《现代赦免制度论衡》,中国人民公安大学出版社 2006 年版,第 132 页。

民共和国主席特赦令的通知》。[①] 要求各高级人民法院及大区军事法院具体负责执行赦免令的内容，并在通知中对赦免的程序、内容及相关条件等做出了要求。

从宪法理论与实践来看，司法机关享有赦免执行权的主要理由及优势主要包括以下两个方面：

---

① 该通知的内容为："各高级人民法院和大军区军事法院：现就有关法院工作方面执行特赦令的若干问题，通知如下：

一、为了正确地进行这项工作，望即组织干部，认真学习特赦令、有关的文件和人民日报的社论。在工作过程中遇到的问题，都应当提到处理特赦罪犯工作的专门机构研究解决。

二、根据特赦令的规定，我们意见：对特赦的蒋介石集团和伪满洲国的战争罪犯，经中央批准后，由最高人民法院发给特赦通知书。对特赦的反革命罪犯和普通刑事罪犯，凡原由最高人民法院（包括最高人民法院前各分院）作为第一审或第二审判决的，经省、地委批准后，由高级人民法院代为填发最高人民法院的特赦通知书（特赦通知书，由本院发给你们）；凡由地方各级人民法院判决的，经省、地委批准后，一律由高级人民法院发给特赦通知书；凡原军事法院判决而现在在部队执行劳改的，经大军区党委批准后，由大军区军事法院发给特赦通知书；凡原由军事法院判决而现在在地方执行劳改的，由高级人民法院发给特赦通知书。特赦通知书除发给特赦罪犯本人外，应发给特赦罪犯安置地的省一级公安、检察机关各一份；原判死缓和无期徒刑减为有期徒刑的特赦通知书，发给罪犯劳改的执行机关一份；同时都应当发给原终审法院一份（订入原卷）。高级人民法院特赦通知书，照本院9月17日所发的格式（空白稿）照式翻印使用。大军区军事法院特赦通知书，可以仿照高级人民法院特赦通知书的格式。

三、特赦罪犯的服刑时间，按实际关押的时期计算，即判决以前被关押的时间，也作为罪犯的服刑时间。但是，判处死刑、缓期二年执行的罪犯，其缓刑时间从判决的日期起算，在判决以前被关押的时间，不得计算在内。

四、在这次特赦的罪犯中，包括有判处死刑、缓刑二年执行和无期徒刑的罪犯的减刑问题。凡经特赦减为有期徒刑的罪犯，其新的刑期一律从特赦通知书发出的日期起算，并应在特赦通知书上注明。在这次减刑以前的服刑的时间，不得折抵。

五、在特赦的罪犯中，凡原判决剥夺了政治权利的，应在特赦以后，照原判决剥夺政治权利的期限开始执行，并应在特赦通知书上注明。如有个别经党委批准恢复政治权利的，也应在特赦通知书上注明。

六、对这次特赦罪犯的原有卷宗，仍应由原保管法院妥为保管。特赦通知书的底稿和有关的文书，由各高级人民法院和大军区军事法院统一保管。

七、在特赦令公布以后和第一批特赦罪犯处理以后，可能有一部分在押罪犯或他们的家属，向人民法院申请特赦，也可能有一部分群众（包括苦主），对某些罪犯被特赦释放，在思想感情上一时接受不了，而向人民法院提出意见。地方各级人民法院和军事法院在接到这种申诉和意见时，应当送请处理特赦罪犯的专门机构研究后，再作处理；没有设立这种机构的地方，应当同公安检察等有关部门共同研究后，再请示党委决定处理。

八、高级人民法院和大军区军事法院在填发特赦通知书时，必须逐个严格核对，填写清楚，避免发生任何差错。"

一方面，在法律层面，司法机关行使国家审判权，专门负责案件的判决，对有关赦免的法律最为熟悉和理解，由其具体负责执行赦免，能够确保赦免公正。执行赦免需要对相关法律有综合、全面的解释，法律的适用过程中会遇到很多专业问题，司法机关能够很好地解决这些问题。

另一方面，在事实层面，犯罪人必须满足一定条件，符合法律的要求才能被赦免。司法机关在整个案件的追诉、审判及羁押过程中都是直接参与者，对犯罪的内容、服刑的状态、改造的情况等有最直接和全面的掌握，由其执行赦免能够避免错误的发生，也能减少资源的浪费。

四、国家元首享有的赦免权

在一些国家，作为国家元首的总统、君主、国王等享有赦免决定权，并且负责对外发布和公告赦免令。那么，根据现代宪法理论赦免决定权应当属于国家之主权代表机关，而不能被赋予国家元首，国家元首享有赦免决定权的理论与实践依据在哪里呢？这主要是因为在各国宪法所规定的国家元首制度中，国家元首往往作为主权者的代表而存在，甚至在有的地方国家元首同时是主权机关的组成部分，其能够名正言顺地行使部分主权权力。实践中，有的国家元首是直接由民主选举产生的，能够在一定程度上代表主权，如美国等；有的国家元首因历史继承的原因，在名义上仍是国家的代表与象征，如英国、日本等；有的国家元首是国家权力机关的组成部分，与国家权力机关共同代表国家主权，如中国等。因此，国家元首在一定程度上行使赦免决定权并不违背赦免权的主权属性。

法国思想家让·博丹认为，主权是独立的、至上的，即使依据法律也不能进行限制的绝对的权力，他进一步列举立法权、宣战媾和权、官吏任免权、最高裁判权、恩赦权和课税权等均属于主权之不可缺少部分。因为主权是唯一的且不可分割的，因此君主不可不独自掌握一国之主权。在这一理论下，赦免权力理所当然只能由作为国家最高统治者的君主、国王所掌握。[①]

在传统的英美法系之下，如果在低层级的法院发生不公正的犯罪指控或者存疑的刑罚，当事人可以向国王上诉，这样一种救济权利要早于当事人向更高层级的法院上诉的历史。因为认为犯罪是对君主的侵犯，所以君主对那些实际犯罪或者可能犯罪的人享有宽恕其罪行和赦免其罪的权力。当代美国的刑事程序依然保留了向国家元首或行政首长申请上诉这一传统做法，行政赦免制度构成了对司法审查制度的有力补充。《美国宪法》第 2 条第 2 款规定："总统可以要求行政部门的主管官员提出与其职务有关的任何事件的书面意见，除了弹劾案之外，并有权对于违犯合众国法律者颁赐缓刑和赦免。"这一个宪法性的权力总体包括宽恕罪行，减免罚金、惩罚，以及实施一定条件的普遍赦免，甚至可以及于尚未被发现，但是可能构成犯罪的行为，这一点在前福特总统赦免尼克松因"水门事件"而犯下的罪行之过程中可以得到体现。1992 年，布什总统宣布给予前国防部长温伯格的"充分、全面和无条件"的赦免也证明了这一点。[②] 针对赦免权，联邦最高法院曾经写道："宪法所规定赦免权的最主要目的是……允许总统从总体上或者部分地宽恕那些犯罪人，减免对他们的惩罚数额及年限，抑或依据宪法改变对其依法应该承担的无异议的其他处罚措施。"因此，一个完整的总统赦免可以使被赦免者恢复所有因实施犯罪行为而被剥夺的一切公民权利，并使得犯罪人成为一个完全无辜者，就像犯罪行为根本没有发生过一样。除了总统享有联邦宪法规定的赦免权之外，美国各州政府也根据具体情况可以在一定程度上实施赦免和宽恕犯罪人的行为。依据宪法或者其他法律规范的条款，所有 50 个州的行政权威机关都有权行使赦免的权力，各州既可以进行

① 参见[日]美浓部达吉：《宪法学原理》，欧宗祐、何作霖译，中国政法大学出版社 2003 年版，第 204 页。

② 1980 年 12 月至 1987 年 11 月，温伯格在里根政府担任国防部长。在此期间，他负责监管两万亿美元的军事扩张开销。当时正值美国实施和平时期最大规模的军力提升计划，但是，随着里根政府陷入了"伊朗门事件"丑闻，温伯格也被卷入其中。他因涉嫌向国会撒谎、隐瞒数千页手写记录的罪名接受审讯。

大赦，也可以进行特赦，赦免的对象主要是违反各州刑法的人。在绝大多数州，赦免权是州政府专享的权力；在少数州，州政府行使赦免权则受到一定的限制，它必须经由州议会同意；甚至有的州，其赦免权并不直接由州政府行使，而直接归属于州议会。近年来，相当数量的被指控为犯有谋杀或者强奸罪的犯罪嫌疑人得到了赦免，因为通过 DNA 的科学手段验证其是无辜的，这样的 DNA 手段目前也被逐渐应用于司法审判中，因为立法者和司法者都逐渐认识到了运用这一科学手段来测试犯罪人是否有罪的重要性。美国历史上最引人注目的一次运用州政府行政权力赦免犯罪人的案例发生在2003 年，当时的伊利诺伊州州长乔治·瑞安(George Ryan)在离任前取消了全州范围内的所有的死刑判决。① 乔治·瑞安卸任前在伊利诺伊州西北大学法学院做了最后一次州长演讲，主题是关于死刑存废，他将美国的死刑制度描述为“出了故障的体系”，并表示将免除该州的所有死刑。这一决定改变了 156 名在押死刑犯和 11 名再审犯人的命运。1 月 10 日，乔治·瑞安运用州长的权力特赦了 4 名死囚犯，他们都宣称自己遭受到了芝加哥警方的刑讯逼供。其中 52 岁的奥兰兹被指控杀死了自己的女友、10 岁的儿子和另外两人，但奥兰兹从未认罪，他一直坚称自己曾遭警察虐待并留下了证据。紧接着，乔治·瑞安于 1 月 11 日宣布该州的死刑系统存在严重缺陷，为了不让更多无辜者成为牺牲品，将所有的死刑判决转为无期徒刑或有期徒刑。在谈到做出该决定的原因时，他坦陈自己在就任之初也是一位坚定的死刑支持者，但是任职期间一起死刑案件对他产生了很大的冲击并促使自己改变了对死刑的看法，该案件中死刑犯在行刑前 48 小时左右被证明是无辜

① 美国是仍保留死刑制度的西方国家之一，目前共有 38 个州执行死刑。但越来越多的冤假错案让许多人对美国的死刑制度产生了怀疑。哥伦比亚大学调查了 1973 年至 1995 年的 4578 宗死刑上诉案件，发现大部分都出现严重的错误，而且是一再重复。调查负责人利布曼教授指出：不是单一个案，而是数以千计的案件；不只一个州，几乎是全国所有的州都有相同的情况。无独有偶，在 2000 年，美国运用 DNA 技术重新审核了 400 名等待处死的囚犯，发现其中 86 人是无辜的。美国在押的死刑犯，绝大部分是黑人和穷人，他们没有钱为自己请好律师辩护，此次被乔治·瑞安特赦的就全部是黑人。研究者认为美国超过 1/3 的死刑判决都是有漏洞的，因而在上诉时被法院推翻。

的。并且,对死刑案件的进一步调查使他了解了更多的冤假错案,所有案件都关系犯罪人宪法上最根本的生命权利。这促使他做出赦免所有死刑犯的决定。从此次赦免的对象来看,这是自1972年美国联邦最高法院废除死刑后,该国最大规模的"废死"举措,但是这个决定受到了来自公诉人和受害人家属的猛烈抨击,并且引发了社会各界激烈的争论,反对者提出了各种不同意意见。①

在日本,天皇是名义上的国家元首,享有对赦免进行认证的形式上的赦免决定权。日本宪法规定下的天皇,无实际统治者的地位,仅具有国家象征的作用,故天皇是虚位的。原则上他没有什么权限,但是基于历史的原因,宪法依然承认他具有实施特定国家行为的权能。依据《日本宪法》第4条的规定:"天皇仅得为本宪法所定有关之国事行为,并无干预国政之权限。"此所谓"有关国事之行为"与"国政之权限",就"国事"与"国政"二字而言,文字上并无明显区别,但实际含义却相差甚远。简言之,"国事"行为是形式的、礼仪性的行为,并非实质上决定或参加国家意思决定之行为。日本天皇不能直接决定国政,或者支持特定政府行为,更不能支持任何政党,否则即构成违宪。因而,天皇的国事行为乃是非权力的,非政治性的。"国政的权限"或"国政的行为"乃实质上决定国家意思的行为,或者实质上影响国家意思决定之行为,是权力性的、政治性的。依据《日本宪法》第73条之规定:"内阁除执行一般行政事务外,执行下列各项事务……七、决定大赦、特赦、减刑、免除刑罚执行及恢复权利。"又根据其第7条规定:"天皇根据内阁的

① 例如,候任州长罗德·布拉戈耶维奇认为乔治·瑞安犯了一个大错误:"虽然该州的司法制度及其执行可能存在一些漏洞,但每个案件应该独立审查,而不能以偏概全。"皮奥里亚县检察官凯文·莱恩斯则坚决反对此次赦免,认为乔治·瑞安的决定就好像"将他沾满泥污的鞋子扔到那些受害者的脸上,仿佛这些生命是他办公室的擦鞋垫"。库克县的联邦检察官理查德·戴维恩也持同样看法,他称赦免是一个"不经大脑的决定",并指责乔治·瑞安背叛了那些遇害者、他们的家属以及曾为其投票的选民,乔治·瑞安的行为是将自己的观点强加于人,凌驾于法庭和陪审团之上。受害人家属沃恩·福林的儿子于1985年被射杀身亡,得知乔治·瑞安的决定后,他对司法的公正性怀疑到:"我的儿子已经在地下长眠了17年,但他的冤屈却无法得到昭雪。"参见席雪莲:《美一州长赦免全部死囚 引发对死刑制度的争论》,载《北京娱乐信报》2003年1月13日。

建议与承认,为国民行使下列有关国事的行为……六、认证大赦、特赦、减刑、免除执行刑罚及恢复权利。”据此可以看出,本为虚位元首的日本天皇并不享有赦免的决定权利,但是却享有依据内阁的建议与承认对其进行认证的权利。①

第三节　赦免权的行使

赦免权之行使系从整个赦免行为的运行过程,动态地分析作为赦免权具体权能的赦免申请权、赦免决定权、赦免执行权、赦免救济权和赦免监督权之具体样态。从动态权力的角度看,赦免权的各个具体权能在赦免流程中发挥着不同的作用,共同组成一个有机整体,保障赦免行为的顺利进行。结合上文分析,可以得知不同的国家机关对赦免权的此五种具体权能存在分工配合,共同参与到赦免过程中去。如图 1 所示。

◆赦免申请权或建议权(由公民或相关机构享有)……→◆赦免决定权(由权力机关享有)……→◆赦免执行权(由司法、行政机关享有)……→◆赦免救济权(由司法机关、行政机关、公民或社会组织享有,存在于不当赦免行为的事后补救过程中)……→◆赦免监督权(由权力机关、司法机关、行政机关、公民或社会组织享有,并贯穿整个赦免流程)

图 1　赦免权行使之动态分析

一、赦免申请权

狭义的赦免申请权是指犯罪人及其近亲属,与赦免行为有直接利害关系的公民个人或者社会组织认为相关人员符合被赦免的法定条件,而依照

① “所谓认证行为是指根据内阁等其他机关决定并有效成立的国家意旨、国家行为,对其事实的存在进行确认、证明的行为。天皇的认证行为只是一种确认或者说是赋予其尊严性的行为,最终只能归结为形式的、礼仪的行为。”参见宋长军:《日本国宪法研究》,时事出版社 1997 年版,第 122 页。

法定程序向有权决定赦免的国家机关申请实施赦免的权利。从性质上讲，它具有公民的基本权利属性而非国家权力。广义的赦免申请权还包括相关机构根据社会治理的具体情况向有权决定赦免的机关依法提起的赦免建议权，此建议权亦非国家权力，并不具有强制性。

如果把赦免分为依申请而实施的赦免和依职权而实施的赦免，在非赦免主体依职权直接做出赦免决定的情况下，赦免申请权是启动赦免程序的重要权利。并且，赦免申请权由公民或其他组织提出的赦免申请和相关国家机关提起的赦免建议组成，二者均是启动赦免的重要原因，但是存在不同的法律效果。理论上，从提起赦免申请权的效果来看，赦免申请并不必然启动赦免程序，赦免决定机关也不必须要对来自个人或社会组织的赦免申请进行受理和审查；赦免建议则由相关公权力机构提起，虽然必然引起赦免决定机关进行审查的效果，但也不是必然引发赦免的后果，须由决定机关审查之后再行决定是否启动国家赦免程序。

在赦免实践中，赦免申请一般引发特别赦免。诚如有学者指出的那样："一般赦免的启动采取的是自上而下的模式，由赦免权人主动发起；而个别赦免的启动则往往采取自下而上的模式，由犯罪人本人或者其亲属提出申请，或者由司法机关提出申请。例如，在法国、德国等国家，特赦原则上是由犯罪人自己申请的，由司法机关逐级上报，最终由国家元首决定是否可以实施特赦。"①值得注意的是，赦免申请的主体应当仅限于罪犯本身、其近亲属以及与赦免行为有直接利害关系的当事者，否则将引发赦免申请的混乱，造成实践中的困难。与之相对应，赦免建议既可以针对特别赦免提出，也可引发普遍赦免。在我国台湾地区，普遍赦免（大赦）应由"行政院"行政会议议定，向"立法院"提出建议性的大赦案，并经"立法院"通过，由"总统"颁布施行。②

① 阴建峰：《现代赦免制度论衡》，中国人民公安大学出版社2006年版，第361页。

② 参见王娜：《中外赦免程序比较》，载《法治论丛》2004年第3期。

二、赦免决定权

赦免决定权是有权机关依照宪法和法律规定，或者根据公民和其他组织的申请、相关机构的建议，决定是否实施赦免，并对赦免的内容、范围、条件等做出具体要求的国家主权权力。

普遍赦免的决定权，一般都交由国家权力机关行使，如意大利、俄罗斯等。《意大利宪法》第 79 条规定："关于大赦和特赦的法律，须经每一议院以其成员的三分之二的多数逐条地，且以最终的投票才得以通过。关于大赦和特赦的法律规定其执行的范围。对于在关于大赦和特赦的法律草案提交以后所犯罪行，不得适用该法。"

特别赦免的决定权一般交由国家元首行使，如美国、俄罗斯、意大利等。《意大利宪法》第 87 条规定："共和国总统是国家元首，代表国家的统一……共和国总统有权准予赦免和减刑。"其第 89 条同时规定："共和国总统的一切行为，非经提议的部长连署签名并承担其责任，概不生效。"

赦免决定权，如前文所述，或为国家元首集体议决之，或由最高权力机关决定之，或交司法机关及相关主管部门副署同意之，都在一定程度上确保了赦免权的最高性、整体性与不可转让性。此亦可佐证赦免权在性质上属于主权之权能，而区别于传统的立法、行政、司法及监察诸具体国家权力形态。

三、赦免执行权

赦免执行权是指司法机关、行政机关和其他相关机构在赦免程序启动后，根据有权机关的赦免决定，依照法定权限和程序，对符合条件的犯罪或涉嫌犯罪之社会成员具体实施的，免除其所控之罪或刑罚的权力。赦免执行权一般交由司法机关和行政机关具体实施。

在普遍赦免的情况下，需要制定相关的法律规范或者实施细则，司法机关和行政机关在行使赦免执行权的时候，须严格依照法律的规定，不得进行广泛的自由裁量。

在特别赦免的情况下，一般不需要专门制定规范性文件来保障赦免进行，司法机关和行政机关在此时享有较为广泛的自由裁量权。在具体的执行实践中，以我国的特赦为例，中华人民共和国成立后的历次特赦一般都是在国家主席依据全国人民代表大会的决定发布特赦令后，交由司法机关执行，最高人民法院和高级人民法院在监狱、看守所等羁押机构的协作下共同完成赦免任务。在此过程中，相关的行政机关如公安局等亦参与到程序中来，对赦免名单的确定、赦免安全与秩序的保障等起到配合作用。

从理论上讲，基于谨慎运用赦免权的考虑，有必要在启动赦免之前进行民意调查，也有必要在赦免执行之后进行社会效果评估。这两个过程也需要司法机关和行政机关的配合才能完成。

四、赦免监督权

赦免监督权是指国家权力机关、专门法律监督机关及其他相关机关对赦免过程依法进行监督的权力，也包括公民个人和社会组织通过各种渠道对赦免权的运行依法进行监督的权利。赦免监督权兼具权力和权利的双重性质，是赦免制度正确、合法运行的保障。它通过对赦免权运行的事前控制和整个赦免程序的全程监控，预防危害后果的发生，从而实现赦免价值的最大化。具体实践中，赦免监督权包括来自国家权力机关的监督、来自专门法律监督机关的监督、来自行政机关的监督、来自公民和社会组织的监督四种类别。

首先，国家权力机关是主权者的代表，一般同时也是立法机关和法律监督机关，有权监督一切赦免行为，并对其合法性与合理性提出意见。例如，德国学界通常认为赦免权同其他的至高权力一样，均需受到来自国会的质询，作为权力机关的国会有权在一定范围内监督赦免行为。并且，依据《德国基本法》的规定，赦免由总统颁布，各部门长官副署具体负责，一般由实际执行赦免权的部长向国会接受质询并承担责任。

其次，一些国家有专门的法律监督机关监督法律的施行，维护法治的尊严。如德国、俄罗斯、奥地利、韩国等国的宪法法院，法国的宪法委员会等专门承担违宪审查之职，其理所当然可以监控作为宪法制度的赦免制度之状况，并监督作为主权权能的赦免权力运行之情况。另外，在我国的检察制度下，检察机关作为专门的法律监督机关，根据检察机关法律监督权的性质，其享有对司法机关、行政机关之赦免执行行为进行监督的权力也是不言而喻的。

再次，行政机关也享有部分赦免监督权。如前文所述，行政机关可以参与到赦免执行程序中去，配合司法机关实施赦免。基于现代行政分权理论而设立的行政内部监督部门享有对一切行政行为进行监督的权力，在赦免的执行过程中，行政内部监督部门显然也可以监督行政机关的赦免执行权。

最后，立宪主义时代，各国的民主宪法都尊崇主权在民理论，都赋予公民和相关社会组织对国家权力进行批评、建议和监督的权利。赦免权作为主权之权能，对每个社会成员和整体社会秩序都会造成影响，相关的具有直接利害关系的公民和组织有权监督赦免权乃属应有之义。

五、赦免救济权

赦免救济权既可表现为一种公民权利，也可在某些情况下表现为国家权力，但主要属于公民权利的范畴，是指公民的基本权利因遭受赦免行为而带来的损害后，向有关机关依法请求对其直接损失进行救济、赔偿或补偿的权利。它是赦免制度正确、合法运行的保障，是对赦免权行使所带来的负面影响的补救措施，包括赦免权力滥用后的救济以及赦免权利被侵害后的救济。

在赦免权力被滥用的情况下，可能使应当接受刑罚惩罚之人逃脱刑罚的制裁，从而造成对被害人的不公。而在赦免权利被侵害的时候，符合赦免条件的人员得不到国家的宽恕，依然需要承担刑罚的制裁。正如美国联邦最高法院前大法官斯托里所言："赦免权并非不符合共和主义的基本原则，它支持法治视角下的大胆主张，在所有立宪主义国家中都是适当和可靠的；因为行使它的公正责任能够保障该权力。这没有给偏好、个人的反复无常或者个人的仇恨留下什么空间。如果该权力被滥用了，那么发生这种情形是因为违背了人民意志的可能性，要远远小于服从人民意志的可能性。在共和国中，危险不是法律的牺牲者屡屡通过赦免而逃避了惩罚；而是在这样的案件中，伴随着指控的公众情绪已经给被告制定了最后的命运，根据微弱的证词或大众的怀疑已经为被告做出了定罪，却不能充分行使该赦免权力。"①

在这两种情况下，赦免权的救济机制就发挥作用了。一方面，国家机关可以主动采取措施，防止损害的扩大，这主要是赦免救济权作为国家权力形态而发挥作用；另一方面，相关当事人可以依法请求国家采取补救措施，并请求国家对直接损失进行补偿或者赔偿，这主要是赦免救济权作为公民权利形态而发挥作用。国家在赔偿当事人所受损害之后，亦有权对违法行使赦免权、并造成损害的相关人员行使追偿权，要求其填补国家财政因此而付出的代价。

第四节　赦免权的限制

在立宪主义时代，赦免权具有重要的理论与实践意义，对增进民主自由、保障公民权利、彰显人文精神等都必不可少。但是，作为国家主权的一种权能，赦免权总是与公权力相伴而行。有权力的地方就应当有权力的行使界限，就应当有权力监督与制约。因此，赦免权理应受到限制。本节从限制赦免权的原因和措施两方面进行分析。

① ［美］约瑟夫·斯托里：《美国宪法评注》，毛国权译，上海三联书店2006年版，第455页。

一、限制赦免权的原因

从哲学的角度看,任何事物都是两面的,没有至善的存在,也没有至恶的存在。赦免权符合这一规律,它本身是善恶的综合体,既包含善的因子,也包含恶的因子。诚如边沁所言:“如果法律太严厉,赦免权就是一个必要的矫正,但是,这一矫正,本身又属于一种恶。”①因此,必须辩证地对赦免权进行分析,以扬其长、避其短。

在理论界对赦免的反对意见与支持意见并存,各分天下。典型的反对意见者更关注赦免制度及赦免权的自然恶性,认为:“赦免足以损害国家法律之威信,而启奸宄侥幸之心;赦免乃使奸宄出狱,足以妨害社会秩序;犯罪人未受当受之罚,遽尔赦免,无以慰被害人或其家属之心;赦免乃君主专制时代,为消灾祈福,感召祥和,或于立后、生子等,庆祝皇室盛典之措施,于民主时代,殊不相宜。”亦有人认为赦免“削弱刑罚的特殊预防效果,影响犯罪人的正常改造心理;削弱刑罚的一般预防功效;削弱法的稳定性;有违权力分立学说”。② 而典型的赦免支持论者则更重视赦免内在优点,认为赦免可以:“化解国家祸乱,缓解内外矛盾,促进社会和解;弥补法律不足,救济法律之穷,缓和刑法严苛;纠正司法误判,维护公民权益;鼓励犯人自新,促成刑罚目的;彰显国家恩德,表示与民更始;疏减监狱囚犯,节约司法资源。”③

从具体的实践来看,赦免权在行使的过程中,亦必然受到来自文化传统、主权性质及社会制度等多方面的限制,这是不争的客观事实。

首先,宗教文化对可以赦免的犯罪范围有所限制。在宗教的理念中,存在一些不能得到宽恕、救赎和赦免的罪恶。在西塞罗所引述的高僧之著作中,有一段可以看出罗马时代有一些罪恶是无法赦免的,“犯了渎圣罪是不

① [英]吉米·边沁:《立法理论》,李贵方等译,中国人民公安大学出版社 2004 年版,第 409 页。
② 参见于志刚:《刑罚消灭制度研究》,法律出版社 2002 年版,第 453 ~ 454 页。
③ 参见阴建峰:《现代赦免制度论衡》,中国人民公安大学出版社 2006 年版,第 168 页。

能赦免的,能够赦免的罪,司祭要公开赎罪”。孟德斯鸠也分析了在宗教中不能得到救赎的罪行:“崇拜偶像的宗教只禁止几种大罪,只止住人们的手,而不管人们的心,所以就有一些罪恶是无法救赎的。但是如果有一种宗教,它抑制一切情欲;它不但对行为,而且对欲望和思想,都一样是小心谨慎的;它不是用几条链子,而是用千丝万线系住了我们;它把人类的正义标准放在一边而另立一种正义标准;它的使命是不断引领人们由忏悔达到了仁爱,又由仁爱达到了忏悔;它在裁判者和罪人之间设立一个伟大的中间保障人;在信仰者和中间保障人之间设立一个伟大的裁判者;这样的一种宗教应该是没有不可救赎的罪恶的。但是,这种宗教把恐惧和希望给予一切人,同时它又让人充分地了解到,虽然没有罪恶在性质上是不可救赎的,但是整个都是罪恶的生命却是不可救赎的;了解到,如果用重新犯罪、重新救赎去不断渎扰上帝的怜悯宽恕,那是非常危险的事;了解到,我们因欠天主的旧债从来没有还清,正感焦虑,所以应该害怕再负新债,害怕罪恶贯盈,到了慈父不能宽恕的程度。”①

其次,赦免权因作为主权的一种权能而受到来自主权自身的限制。从理论的角度来看,主权虽然是一国对内的最高权和对外的独立权,但其本身受到限制。“主权权力虽然是完全绝对的、完全神圣的、完全不可侵犯的,却不会超出,也不能超出公共约定的界限;并且人人都可以任意处置这种约定所留给自己的财富和自由。因而主权者便永远不能有权对某一个臣民要求得比对另一个臣民更多;因为那样的话,事情就变成了个别的,他的权力也就不再有效了。”②因而,赦免权的行使不能超过公共约定的界限,不能超越法律规定,不能侵犯公民权利。此外,在君主主权的时代,思想家一般认为,君主的生命权利受到最高保护,弑君的人是不能得到赦免的,康德指出:“公开地正式处死一个君主,使那些心中充满人权理想的人感到震惊,

① [法]孟德斯鸠:《论法的精神》,张雁深译,商务印书馆2005年版,第160页。
② [法]卢梭:《社会契约论》,何兆武译,商务印书馆2002年版,第44页。

每当想起查理一世和路易十六结束他们生命的情景时，这种感觉就一次又一次地出现在人们心中。对这种感觉应作如何解释呢？这不是一种单纯审美的感觉，来自想象力的作用；这也不是同情，把我们自己想象为那个受害者。相反，这是一种道德感情，产生于我们关于权利的一切理念全部被否定了。简言之，弑君被认为是一种不容易改变的，并且永远不能赎罪的罪行，它犹如神学家宣称的那种既不能在人间，也不能在另一个世界得到宽恕的罪恶。”①

最后，社会制度的安排使赦免权的行使受到客观限制。赦免权的行使以赦免制度为载体，而赦免制度是社会制度的组成部分，必然受到整个社会制度的限制。以美国为例，具体来看，“赦免权力有一种例外，即不能扩展适用到弹劾案件，这就打消了总统的各种诱惑，这些诱惑使得他在那些从事公务的人士所犯下的政治性和职务性犯罪中滥用权力。弹劾的权力一般来说是适用于拥有政府高位的人士；它具有严重的后果，总统没有权力阻止对这些人士行为的彻底调查，或者保护他们免受弹劾将带来的公开定罪耻辱——如果这是他们应得的。因而，宪法明智地对赦免权力施加了制约，因而总统不能通过与高官中的宠信者、依附者进行腐败大勾结，来庇护他们免受惩罚”。② 同时，“立法机关的参众两院都有权力对藐视国会的行为进行惩罚，似乎从该权利所基于的原则可以得出，行政当局不能干涉国会对藐视行为人的处置。……如果行政部门拥有赦免任何这样罪犯的权力，国会行使它们自己的权力将彻底依赖于总统的善意和意愿。这样在结果上，被赋予国会的人民权利将被置于永久的危险境地。正如在有关藐视国会的管辖权方面一样，宪法对于有关此类案件中进行赦免的权力，也没有什么规定。可以通过默示而得出惩罚藐视国会的管辖权；这样，对该管辖权的贯彻就通过

① ［德］康德：《法的形而上学原理——权利的科学》，沈叔平译，商务印书馆2005年版，第149页。

② ［美］约瑟夫·斯托里：《美国宪法评注》，毛国权译，上海三联书店2006年版，第456页。

默示而排除了对藐视国会行为进行赦免的权力”。[①] 基于对美国宪法规定的赦免权的上述分析，斯托里大法官进一步指出：“除了这些例外（可能还有其他基于特别理由的类似性质的例外），赦免的权力是普遍和没有限制的，包含了从最严重的犯罪到最轻微的犯罪。免除罚金、罚款和没收财产的权力也包括在内；行政长官可以作为最终权力行使者而行使该权力，在许多情况下我们的法律将其赋予了财政部。没有任何法律能够消减行政部门的宪法权力，或者干涉该部门通过行使赦免而介入这些案件的权利。”[②]

综合分析上述之理论观点与实践经验，可以得出的结论是：虽然历史上曾有不少人反对赦免，但是总体上应当肯定赦免的时代价值与功能，不过又不能不防范赦免本身存在的弊端。因此，有必要对赦免权的行使进行必要的限制，以保障其正面价值得到最大限度的实现。诚如徐朝阳先生所言：“十八世纪学者犹诋赦免为君主专制之弊法，法国一千七百九十一年刑法尝废赦制，及于一千八百零一年又复采用，在现代各国法制多有规定，是则赦免在法理上故自有存在之价值，吾人又勿庸其疑义者也。”[③]

二、限制赦免权的措施

在现代民主立宪制度中，就具体的限制赦免权的措施而言，包括以法律限制赦免权、以权力限制赦免权、以权利限制赦免权和以社会舆论限制赦免权四种。

（一）以法律限制赦免权

以法律限制赦免权是指通过制定、认可法律的方式对赦免权进行限制。法律是文明社会的基本规则，它不仅负有保障权利的职责，也负有限制权力的责任，是重要的限制赦免权的手段。现代权力理论认为不仅个体状态的权力要受到限制，而且代表公民整体的国家权力也要受到限制，而且是更主

---

① [美]约瑟夫·斯托里：《美国宪法评注》，毛国权译，上海三联书店2006年版，第457页。
② [美]约瑟夫·斯托里：《美国宪法评注》，毛国权译，上海三联书店2006年版，第457页。
③ 徐朝阳：《中国刑法溯源》，商务印书馆1933年版，第269页。

要的限制，法律尤其是公法则是承担这一任务的主要规则。任何政党、组织和个人都不得有超越法律的权限，一切违反法律的行为都将受到追究并得到纠正。赦免权作为主权的权能，理应受到来自法律的限制。法律具有规范性，而赦免权的行使必须在法律的规范之下，不得违反法律规则的要求，这使得赦免权的运行有章可循。在当今各国的实践中，很多国家和地区制定了专门的赦免法，如日本制定了恩赦法、韩国制定了赦免法等；没有制定专门的赦免法的国家，也在宪法和相关刑事法律中对赦免权的行使做出了规定，如美国、俄罗斯、意大利等。通过专门制定赦免法，或者在宪法及相关法律中规范赦免权，有效地防止了赦免权内在的恶，使其在法治的轨道正常运行，为人类和平、稳定的生活秩序带来了福音。

（二）以权力限制赦免权

以权力限制赦免权是宪法上权力制约的基本原则在赦免领域的实现，它是指通过适当的机构设置，让其他的国家权力有效地对赦免权形成监督和制约，从而防止赦免权行使可能带来的负面影响。宪法学和政治学分权理论认为，当国家权力作为一个整体的时候，或者集权非常严重的时候，一旦其运行失范，所造成的损失和付出的代价是不可估量的。这种现象，在极权主义国家表现得十分明显，第二次世界大战时期的德国和日本所体现出来的事实就是明证。① 因此，不仅要通过外部的力量来监督国家权力的运行，也要通过其内部机构的适当架设来从根源上预防权力被滥用。于是，国家权力被分割为不同的部分，在横向上交由不同的部门分别行使，在纵向上则由不同层级的政府组织运用。这在西方国家明显地体现为分权制衡，而在社会主义国家则体现为权力监督与制约。在我国，赦免决定权属于全国

---

① “帝国主义为完善社会控制形式提供了实验场，这些控制形式最终会渗透到帝国主义国家的政治领域中去，并导致该领域的衰落，从而使任何新的共同体都成为不可能。作为政治上的统治阶级，资产阶级的出现宣告了一个独特的政治形式的到来。这种政治所依赖的基本政治原则是：权力为了自身的利益而无限积累。”参见［加］菲利普·汉森：《汉娜·阿伦特——历史、政治与公民身份》，刘佳林译，江苏人民出版社2007年版，第150页。

人民代表大会常务委员会，作为全国人民代表大会的常设机关，其行使权力自然应当受到全国人民代表大会的限制；赦免执行权属于司法机关和行政机关，根据《宪法》第3条第2、3款的规定，全国人民代表大会和地方各级人民代表大会都由民主选举产生，对人民负责，受人民监督。国家行政机关、监察机关、审判机关、检察机关都由人民代表大会产生，对它负责，受它监督。此二者亦应受到来自全国人民代表大会及其常务委员会的限制和监督。另外，将赦免决定权、赦免执行权和赦免监督权等分别交由不同机关行使，本身也是以权力制约权力的一种体现。

（三）以权利限制赦免权

以权利限制赦免权是指来自公民基本权利的对赦免权的限制。公民正确而积极地行使自己的权利，是对国家权力进行制约的有效手段。现代法治国家概以主权在民原则为立国之基础，一切的国家公权力均来自人民的授予。赦免权作为主权之权能，亦受人民主权原则规制。人民通过自己行使力量，可以实现监督国家权力运作的目的。既然一切权力在于人民，国家是基于人民共同意志而建立的服务于人民的组织载体，其一切权力都直接源于人民通过契约形式将自己基本权利的让渡，那么人民当然享有监督权力的资格。在政治实践中，人民可以通过选举代表间接行使或监督国家权力，也可以通过参政、议政等方式直接行使或监督国家权力。在赦免领域，一方面，赦免权的合法有效行使能够促进公民自由的实现，保障基本权利的完整，从而实现人权进步的目的；另一方面，基本权利的基本属性要求赦免权的行使必须在一定范围之内，必须在比例原则之下进行综合权衡，不能进行滥赦，从而形成对赦免权的限制。换句话说，基本权利既是限制赦免权的手段，也是限制赦免权的目的。

（四）以社会舆论限制赦免权

以社会舆论限制赦免权是指在赦免权运行的过程中，通过个体成员或社会组织对相关现象进行评价，从而对赦免权行使主体造成一种外部压力，进而达到限制赦免权运行之目的的措施。社会组织通过新闻、舆论等手段通常可以给国家权力的运行造成重大影响。事实上,当权力失范的时候,来自社会力量的监督往往显得十分有力,黑格尔认为社会力量是对权力监督的重要手段:“要使国家和被管辖者免受主管机关及其官吏滥用职权的危险,一方面有赖于主管机关及其官吏的等级制和责任心,另一方面又有赖于自治团体、同业公会的权能,因为这种权能自然而然地防止官吏在其担负的职权中夹杂主观的任性,并以自下的监督补足自上的监督无法顾及官吏每一细小行为的缺陷。”①在我国,1982 年《宪法》第 35 条规定,中华人民共和国公民有言论、出版、集会、结社、游行、示威的自由。从这六大政治自由的内涵可以看出,社会舆论监督是宪法规定的基本自由,是对国家权力进行监督的重要社会力量。中华人民共和国成立后,我国历来重视舆论监督权力的重要作用。党的十三大报告指出,要通过各种现代化的新闻和宣传工具,增强对政务和党务活动的报道,发挥舆论监督的作用,支持群众批评工作中的缺点错误,反对官僚主义,同各种不正之风作斗争。党的十六大报告也指出,认真推行政务公开制度。加强组织监督和民主监督,发挥舆论监督的作用。在民主宪法国家,社会舆论是限制赦免权的必不可少的措施,它从赦免决定、赦免执行、赦免救济等整个赦免程序的各个方面对赦免权的运行进行监督。

① [德]黑格尔:《法哲学原理》,范扬、张企泰译,商务印书馆 2007 年版,第 313 页。

第五章　赦免的行为剖析

赦免的行为剖析从动态角度分析赦免行为的类别和效力，并对其进行规范分析和价值解读。本章叙述了大赦、特赦、赦免性减刑、赦免性复权及赦免性免刑等具体的赦免行为类别，指出赦免行为对赦免实施机关具有公定力、确定力和拘束力等效力，并分析赦免行为对被赦免者的效力及其他相关范畴。

第一节　赦免行为的类别

类别的意思是“以类相从，加以区分。宋曾巩《请改官制前预选官习行逐司事务札子》：‘今百工庶务，类别以明’”。[①]从理论和实践的角度对赦免行为按照不同性质分别归类具有重要的意义，它把总体上无规律的赦免行为按照一定的标准进行划分，从而体现出其规律性，既便于学理研究，又便于实际操作。

---

① 罗竹风主编：《汉语大词典》（简编），汉语大词典出版社1998年版，第3309页。

正如前文所述，古代赦免制度分为不同类别。“据吾国史乘所载，有赦，大赦，常赦，曲赦，肆赦，特赦之异称。案：赦即常赦，又即肆赦；曲赦即特赦；概括言之，不外大赦，常赦，特赦三种。特赦为对于一定犯罪人之宥典（吾国史例于特别地域之全部赦免，称为曲赦，如晋西海公太和元年曲赦梁益二州，安帝元典元年曲赦彭城广陵大逆以下是），大赦则普遍于法权所及之范围，此其大较也。至于大赦与常赦之异点：大赦除有但书之限制外，无论何种犯罪均行赦免，常赦于特种犯罪则以不赦为常。故大赦诏书恒有‘常赦所不原者原之’之规定。明制凡有大庆及灾荒皆赦，然有常赦，有不赦，有特赦。十恶及故犯者不赦。律文曰：‘赦出临时定罪名，特免或降减从轻者不在此限。十恶中不睦又在会赦原赦之例，此则不赦者亦赦。若传旨肆赦不别定罪名者，则仍依常赦不原之律。’以常赦特赦大赦并举，此为大赦之狭义解释。通常则对举大赦特赦，以常赦纳于大赦之中，是为广义解释。”①

从分类学的角度，根据不同的分类标准，在理论上较为常见的赦免行为分类有以下几种：

第一，根据赦免程序的启动及发生效力是否附有客观条件，将赦免行为分为有条件的赦免与无条件的赦免。有条件的赦免是指赦免程序启动和发生效力附有某些条件，需要客观条件成就时才能实现的赦免行为。有学者认为：“在有条件赦免的情况下，虽然已经被赦免，但犯罪者应负的刑事责任并不被完全免除；或者犯罪者必须完成某种条件，才能使该项赦免发生实际免除犯罪与刑罚的效力。”如特赦、赦免性减刑、赦免性复权以及免除刑罚的执行等，大多都属于此类。大多数情况下，这三类赦免都需要犯罪人满足一定的条件，或者是刑罚执行一半以上且改造良好，或者是主刑执行完毕附加刑尚在继续中，或者是缴纳一定的保证金等，只有在法律所要求的条件得到满足的时候，才能够实施赦免。无条件的赦免又称“绝对赦免”，是指赦免令一经公布无须任何条件即发生效力，被赦免人之犯罪与刑罚即宣告解除的

---

① 徐式圭：《中国大赦考》，商务印书馆1934年版，第1页。

赦免行为。大赦在多数情况下均属于无条件赦免。

第二,根据赦免的罪犯所犯之罪的性质和内容,将赦免分为政治犯罪赦免与一般犯罪赦免。政治犯罪赦免系指赦免对象所犯之罪为政治犯罪的情况。一般犯罪赦免系指赦免对象所犯之罪均为普通的刑事犯罪的情况,我国历史上除在1959年曾赦免部分普通刑事犯罪分子外,又于2015年和2019年两次特赦中赦免普通刑事罪犯。

第三,根据赦免行使主体及其所依据的法律之不同,将赦免分为普通赦免和军事赦免。其中军事刑法所规定的赦免制度为军事赦免,军事赦免虽然也受到普通法律中有关赦免规范的约束,但是军事法律对其做出了特别的规定,因而区别于普通法律所规定的赦免。如美国军事刑法规定有关军种的部长及其指定的相关人员有权赦免尚未执行的判决的一部分或者全部,包括所有尚未缴纳的罚金,但是总统核准的判决除外。① 普通赦免则是依据普通法律所做出的赦免。

第四,根据赦免决定是依据相关人员、组织提出的申请或建议而做出,还是有权机关依据自身职权而做出,可以分为依申请的赦免和依职权的赦免。此二者在赦免程序的启动上存在差异,对此前文已有论及,不再赘述。

此外,在日本还有政令恩赦和个别恩赦的分类。政令恩赦是针对不特定的多数犯罪人而实施的,以政令方式载明罪种、刑种或基准日,并一概执行的恩赦制度。个别恩赦是针对特定的犯罪人实施的赦免,包括特赦、减刑、刑罚执行的免除、复权等。个别恩赦又可分为常时恩赦和特别基准恩赦,常时恩赦没有时间限制,随时进行;特别基准恩赦则以政令恩赦时被遗漏的人为对象,按照内阁所制定的基准,在规定的时间内实施。②

除了上述四种常见的类别外,我国学者还将赦免划分为赦免法上的赦免与刑法上的赦免等。③ 这些分类都有一定的意义,为深入分析赦免制度创

---

① 参见夏勇、徐高:《中外军事刑法比较》,法律出版社1998年版,第114页。

② 参见[日]大谷实:《刑事政策学》,黎宏译,法律出版社2000年版,第289页。

③ 参见阴建峰:《现代赦免制度论衡》,中国人民公安大学出版社2006年版,第213页。

造了思考的角度。

从一般共识和通说出发,在各国宪法和法律规范的实践中,一般将赦免行为分为大赦、特赦、赦免性减刑、赦免性复权和赦免性免刑五种类别。不同国家或地区的法律规定有所差异,有的仅规定其中之一种或数种,有的则全数做出规定。

一、大赦

大赦是赦免的一种,它是指最高国家权力机关或者国家元首,对某一范围内的罪犯一律予以赦免的制度。关于大赦的定义,仁者见仁,智者见智,学者曾从不同的角度对此做出分析,比较有代表性的包括以下几种:第一,大赦是国家对一定时期内某些种类或者一般的犯罪分子普遍赦免,赦免的内容涉及罪与刑两个方面,既赦其罪,又赦其刑。[①] 第二,大赦是对于某一时期内犯有罪行的不特定的犯罪人免于追诉刑事责任或免除刑罚或保安处罚之执行的制度。[②] 第三,大赦是国家元首或者最高国家权力机关,以命令的方式免除某些种类的犯罪分子的罪或刑的执行,包括不提起刑事追诉或撤销已经提起的刑事追诉。[③] 第四,大赦是对某一时期内犯有一定罪行的不特定的犯罪人免予追诉或免除其刑罚执行的制度。[④] 第五,大赦是由立法机关通过法案或者总统发布命令对不特定多数犯人所实行的赦免。[⑤] 第六,大赦是国家元首或者最高国家权力机关对于特定时期犯特定之罪的不特定的犯罪人,以专门法律的形式免于追诉或免除其刑罚执行的制度。[⑥]

不难看出,大赦具有以下特点:首先,享有大赦决定权的主体一般是最高国家权力机关或国家元首;其次,大赦的对象是一定时期内不特定的多数

---

① 参见何秉松主编:《刑法教科书》,中国法制出版社 2000 年版,第 628 页。
② 参见赵国强:《澳门刑法总论》,澳门基金会 1998 年版,第 222 页。
③ 参见马克昌主编:《中国刑事政策学》,武汉大学出版社 1992 年版,第 518 页。
④ 参见陈兴良:《本体刑法学》,商务印书馆 2001 年版,第 891 页。
⑤ 参见储槐植:《美国刑法》(第 3 版),北京大学出版社 2005 年版,第 268 页。
⑥ 参见阴建峰:《现代赦免制度论衡》,中国人民公安大学出版社 2006 年版,第 224 页。

犯罪人;再次,大赦既能免除犯罪人的罪,也能免除犯罪人的刑罚;最后,大赦既可以通过制定抽象赦免法规的方式实施,也可以通过具体赦免令的方式实施。

大赦又可以分为不同的类别。在古代,根据大赦的原因不同,可以分为例赦、哀赦、庆赦等。依徐式圭先生所言:“大赦之种类,依吾国史列,可分为例赦,庆赦,哀赦,灾祥之赦,维新之赦,各种。例赦如举行大典之类,庆赦如皇太子生之类,哀赦如皇帝崩御之类,灾祥之赦旱饥星变等属之,维新之赦易代改元等属之。”①现代学理上一般将大赦分为免罪性大赦与免刑性大赦、国际法上的大赦与国内法上的大赦两类。②

在效力上,大赦的效力很广,它不仅免除刑罚的执行,而且使犯罪也归于消灭。经过大赦之人,其刑事责任完全归于消灭。尚未追诉的,不再追诉;已经追诉的,撤销追诉;已受罪、刑宣告的,宣告归于无效。如李惠宗曾指出:“称大赦者,指对于特定犯罪,不为刑之执行及追诉,使犯罪视同未发生一般。其效力,对于已受罪刑之宣告者,其宣告为无效;对于未受罪刑之宣告者,其追诉权消灭。换言之,大赦系消灭罪与刑之刑事赦免权。”

从赦免制度的发展状况来看,当代的大赦在范围上逐渐呈扩大趋势,不仅可以适用于对犯罪和刑罚的赦免,在有的国家甚至可以对行政制裁、劳动纪律制裁以及民事责任等进行赦免。如法国刑法规定,履行职责过程中若发现刑事判决、纪律或职业性制裁、权利或资格之禁止等处罚已经被大赦行为所消灭,则禁止以任何形式揭示此种事由或将记载于任何文件,但判决、裁决主文件除外。另外,值得注意的是,传统意义的大赦实行普遍赦免,不附加任何条件,而当代大赦则往往附加一定条件。如法国大赦法律要求被判刑人支付一定罚金,或所判刑期不超过几个月的监禁时,方可得到大赦。③

---

① 徐式圭:《中国大赦考》,商务印书馆1934年版,第11页。

② 参见陈春勇:《赦免及其程序问题研究》,中国人民公安大学出版社2010年版,第19页。

③ 参见[法]卡斯东·斯特法尼等:《法国刑法总论精义》,罗结珍译,中国政法大学出版社1998年版,第667~671页。

二、特赦

特赦，意指国家元首、最高国家权力机关或其他有权机关对已被判处刑罚的特定罪犯免除其处罚的全部或一部分。也有学者从制度的角度认为特赦是对受罪刑宣告的特定犯罪人免予追诉或免除其刑罚执行的制度。①

特赦思想源远流长，早在春秋战国时期就有相关的记载。如《尚书·吕刑》曾有"五刑之疑有赦，五罚之疑有赦，其审克之"的记载，《易经·解卦》也说："象曰：雷雨作；解，君子以赦过宥罪。"但是，古代的"赦"和当今特赦的意义相去甚远。正如沈家本先生在《历代刑法考》中所言："帝舜之世，所谓赦者，盖因其所犯之罪，或出于过误，或出于不幸，非其本心固欲为是事也，而适有如此之罪焉，非特不可以入常刑，则虽流宥、金赎亦不可也，故宜赦之。盖就一人一事而言耳，非若后世概为一札，并凡天下之罪人，而不问其过误故犯，一切除之也。"②

现代意义上，一般认为特赦是赦免的一种类型，与大赦共同构成赦免的内涵。也有学者认为："法院所谓特赦，并以减刑、免刑、复权、三目表示之。"③在效力上，"特赦为对于已受刑之宣告之某特定刑事罪犯，免除其刑之执行；其情节特殊者，得以其罪刑之宣告为无效。亦即，特赦原则上是对已经受罪之宣告者，消灭其刑之措施"。

从大赦与特赦的区别来看，宪法学者曾指出其三点主要区别：其一，大赦系将一类的罪犯全赦，其赦免时，往往仅声明某某事件或某某时期的全体罪犯，而不声明被赦免者的个别姓名；特赦则系对于特定个人所行的赦免。其二，大赦不仅可行于法院判决确定之后，亦且可以行于法院判决以前；所以大赦不独可以免除刑罚的执行，亦且可以免除刑事的追诉；特赦则仅行于法院判决确定以后。其三，大赦的效力可以使犯罪者的犯罪行为在法律上

---

① 参见陈兴良：《本体刑法学》，商务印书馆 2001 年版，第 891 页。

② （清）沈家本撰：《历代刑法考》，中华书局 1985 年版，第 522 页。

③ 参见吴宗慈：《中华民国宪法史》，大东书局 1924 年版，第 118～119 页。

完全销毁;所以被赦免者不独可以完全免刑,即再犯时亦不以累犯论;而恢复公权,亦为当然的结果;特赦虽得随特赦的明令而免除其刑罚的一部分或全部,甚或恢复公权,然其犯罪行为,法律上并未销毁,再犯时则仍视为累犯。①

当代刑法学界具有代表性的观点对大赦与特赦进行了详细区分,并列出了六点区别:第一,大赦对于一般的犯罪或特定的犯罪,均可普遍实行;特赦只能对特定犯罪人的特定犯罪实施。第二,大赦有消灭罪刑宣告的效力;特赦在多数国家的大多数情况下都只能免除刑罚的执行,而不能使宣告之罪归于消灭。第三,大赦对于其所赦免的犯罪,无论在判决前或判决确定后均发生效力;而特赦之效力,仅及于判决确定后的犯罪,对判决确定前的犯罪,不能实行特赦。第四,大赦是以全国或某一地区、某一事件的全体犯罪人为对象,因而通常包括很多人,并且不需要注明被赦者的姓名;而特赦是以特定犯罪人为对象,既可能是多人,也可能是一人,一般需要说明被赦者的姓名。第五,大赦通常要经过立法程序,制定成法律;而特赦一般不需经过此程序,往往是一定机关、团体或个人提出申请,由有特赦权的国家元首、最高国家权力机关或者政府首脑决定即可实行。第六,大赦之罪不可能成为累犯的基础;而特赦之罪通常有可能成为累犯的基础。②

从上述观点可以看出,大赦与特赦核心的区别在于:大赦是国家对一定时期内某些种类的犯罪或者一般的犯罪普遍地赦免,而特赦则是国家对特定的犯罪分子免除其刑罚的全部或者部分的执行。大赦可以免除刑罚的执行,也可以免除刑事追诉;特赦只可免除刑罚的执行,不可免除刑事追诉。大赦可使犯罪人的罪行在法律上归于消灭,特赦只能消灭其刑,不能消灭其罪。大赦针对不特定多数人,需要指明所赦免之罪的种类和范围,不用指明被赦免的具体人,特赦针对特定对象,需要指明被赦免人名单。

---

① 参见王世杰、钱端升:《比较宪法》,商务印书馆1999年版,第323页。
② 参见马克昌主编:《刑罚通论》,武汉大学出版社1999年版,第698~699页。

三、赦免性减刑

减刑，是指对原判刑期适当减轻的一种刑罚执行活动。中国《刑法》第78条规定，被判处管制、拘役、有期徒刑、无期徒刑的犯罪分子，在执行期间，如果认真遵守监规，接受教育改造，确有悔改表现的，或者有立功表现的，可以减刑；有重大立功表现之一的，应当减刑。在学理上，狭义的减刑是指依法被判处管制、拘役、有期徒刑、无期徒刑的罪犯在具有法定情节时，由负责行刑的机关报送材料，人民法院依法予以减轻原判刑罚的刑事司法活动；广义的减刑是指凡受刑事处罚的人，在具备法定情节时，由负责行刑的机关报送材料，人民法院依法予以减轻原判刑罚的刑事司法活动，不仅包括被判处管制、拘役、有期徒刑、无期徒刑的罪犯，还涵盖了死刑缓期2年执行、罚金、缓刑及因主刑减刑后附加的剥夺政治权利的减刑。

减刑制度历史悠久，在我国唐代就已经形成较为完整的减刑制度，曾宪义先生曾指出："唐代为加强狱政监督，进一步完善了录囚（又称虑囚）制度。自唐高祖武德元年（公元618年）亲录囚徒始，历代相袭，变为常制。贞观年间，太宗李世民每视朝，亲录囚徒，以致数额多达二三百人。凡经录囚之后，犯人有罪多得减轻处罚。"①

相对于普通减刑而言，赦免性减刑是减刑制度的组成部分；相对于大赦、特赦赦免行为等而言，赦免性减刑同时是赦免制度的组成部分。王世杰、钱端升先生指出："减刑权原可受大赦或特赦权的包孕，初无特别规定的必要；复权之权，各国却有划诸特赦权之外，唯得行使此种权者。"②

目前学界对赦免性减刑的主要定义包括以下几种：第一，赦免性减刑本质上属于赦免制度的一种具体形式，是对于已经受罪刑宣告，但是刑罚尚未开始执行或者正在刑罚执行过程中的犯罪人，减轻其宣告刑或者执行刑的

---

① 曾宪义主编：《中国法制史》，北京大学出版社、高等教育出版社2000年版，第178页。

② 王世杰、钱端升：《比较宪法》，商务印书馆1999年版，第324页。

一种制度。[①] 第二,“赦免性减刑一般是指以政令形式颁布的,对受刑罚宣告犯罪人通过变更其刑罚的种类、范围或期限,而减轻其部分刑罚的赦免方式”。[②] 第三,赦免性减刑是国家元首或者最高国家权力机关以减刑令形式颁布的,对已受罪刑宣告的犯罪人通过变更其刑罚的种类或期限,而减轻其刑罚的制度。[③] 第四,赦免性减刑是一种对犯罪人的赦免方式,它属于行政制度范畴而不属于刑罚范畴,是指对于已经受罪刑宣告尚未开始执行或者正在刑罚执行过程中的犯罪人,减轻其刑罚的一种制度。[④] 第五,赦免性减刑是对受罪刑宣告之人,减轻其刑罚的制度。[⑤]

从实践的角度来看,赦免性减刑具有如下特点:首先,其与普通减刑相对应,也与大赦、特赦等行为对应,既是减刑制度的组成部分,又是赦免制度的组成部分。其次,赦免性减刑适用于已经受罪刑宣告,但是刑罚尚未开始执行或者正在刑罚执行过程中的犯罪人。再次,赦免性减刑往往附有一定条件。此点,对个案犯罪人实施大赦或特赦令时亦相同。最后,赦免性减刑仅能减轻刑罚的执行,而不能免除犯罪人所犯之罪。

赦免性减刑为对于已受刑之宣告的特定罪犯,减轻其所宣告之刑,在性质上是消灭部分刑罚之措施,在实践中起到了重要的作用,对于维护社会秩序、整合力量促进经济发展和保障公民基本权利都产生了一定影响。

四、赦免性复权

复权是恢复被剥夺公权人员之权利的行为。在法治理念下,褫夺公权既包括刑事犯罪的原因,也包括弹劾、罢免等宪法上的原因,还包括行政处

---

① 参见于志刚:《刑罚消灭制度研究》,法律出版社 2002 年版,第 508 页。
② 陈东升:《赦免制度研究》,中国人民公安大学出版社 2004 年版,第 126 页。
③ 参见阴建峰:《现代赦免制度论衡》,中国人民公安大学出版社 2006 年版,第 243 页。
④ 参见力康泰、韩玉胜:《刑事执行法学原理》,中国人民大学出版社 1998 年版,第 246 页。
⑤ 参见马克昌主编:《刑罚通论》,武汉大学出版社 1999 年版,第 700 页。

罚、行政处分等行政法上的原因,甚至还包括政治责任等纯粹的政治上的原因。因此,传统宪法理论中的复权概念最为广泛,包括对一切丧失公权之人的权利与资格的恢复,但是不包括对私权的恢复。

刑法中的复权为宪法理论中复权概念之拓展和延伸,有其特定内涵。在刑法领域,复权有广义和狭义的区分。有学者指出:“狭义上的复权是一种专属资格刑的刑罚消灭制度。资格刑足以妨碍犯人之再社会化,因此,若执行一定期间后,犯罪人已无社会公安上的顾虑,自可回复其被剥夺之资格及权利。此种司法处分,即为复权。广义上的复权是狭义上的复权、赦免性复权、前科消灭三种刑罚消灭事由的统称。”①

赦免性复权区别于宪法中之复权,也不同于刑法中之复权。关于赦免性复权的主要观点有以下几种:第一,赦免性复权是指国家元首以命令形式,对于曾经犯罪的人恢复其因宣告有罪和被判处刑罚而丧失的某些权利或被限制的某些资格,一般由赦免法和刑事法共同规定,如日本。② 第二,赦免性复权是以政令形式颁布的,对于附加剥夺政治权利的受刑人恢复其权利的赦免方式。③ 第三,复权是指被剥夺权利的人恢复其由于判刑而丧失的权利的资格,以减轻其精神上的负担,促使其重返社会。④ 第四,赦免性复权是国家元首或最高国家权力机关以复权令的形式,恢复特定或不特定犯罪人因受罪行宣告而被限制或剥夺之权利或资格的制度。⑤ 第五,赦免性复权是对因犯罪而丧失或被停止某种权利(资格)的人,被有赦免权的机关以赦免的政令形式予以恢复其享有该种权利或资格的一种制度。⑥

---

① 刘德法、王冠:《论刑法中的复权制度》,载京师刑事法治网,http://www.criminallawbnu.cn/criminal/Info/showpage.asp?pkID=11118,最后访问日期:2023年10月8日。

② 参见陈东升:《赦免制度研究》,中国人民公安大学出版社2004年版,第133页。

③ 参见赵秉志、吴振兴主编:《刑法学通论》,高等教育出版社1993年版,第479页。

④ 参见[日]大谷实:《刑事政策学》,黎宏译,法律出版社2000年版,第289页。

⑤ 参见阴建峰:《现代赦免制度论衡》,中国人民公安大学出版社2006年版,第258页。

⑥ 参见高铭暄主编:《刑法学原理》(第3卷),中国人民大学出版社1994年版,第685页。

从上述观点可以看出,赦免性复权具有如下特点:首先,赦免性复权一般由最高国家权力机关或国家元首以政令形式做出;其次,赦免性复权恢复相对人的某种权利和资格,使之回到权利被剥夺之前的状态;最后,赦免性复权仅仅恢复公权,而不恢复私权。因此,赦免性复权作为恢复公权的手段,既是复权制度的组成部分,也是赦免制度的组成部分。

在效力上,宪法意义之复权多能使当事人权利恢复未被剥夺前之状态。如根据1979年公安部《关于管制、拘役、缓刑、假释、监外执行、监视居住的具体执行办法的通知》的规定,对于被判处管制的犯罪分子,管制期满,执行机关应即向本人和有关群众宣布解除管制,附加剥夺权利的,还应同时宣布恢复政治权利。根据1988年《中国人民解放军军官军衔条例》第27条的规定:"军官犯罪,被依法判处剥夺政治权利或者三年以上有期徒刑的,由法院判决剥夺其军衔。退役军官犯罪的,依照前款规定剥夺其军衔。军官犯罪被剥夺军衔,在服刑期满后,需要在军队中服役并授予军官军衔的,依照本条例第十六条的规定办理。"

从恢复权利的程度来看,刑法上赦免性复权亦与宪法复权存在相同之处,不仅能够免除相对人刑法上资格刑的处罚,使其重新回归社会,一般也能够使其重新担任原来之公职。但是也有例外,如依据1948年《韩国赦免法》的规定:"赦免性复权……仅仅能恢复资格,而不能使刑罚宣告归于无效,因此复权的效果不及于刑事前科,不能恢复因前科存在所带来的诸多不利法律地位,如已被剥夺的官职不能官复原职。对刑罚尚未执行完毕或免除者,不得实施赦免性复权。"①

值得注意的是,随着公法可以剥夺公民权利范围的扩大,是否有必要将私权之恢复纳入赦免性复权之范畴是一个值得进一步研究的课题。如有学者指出,"各国关于剥夺或限制权力范围十分宽泛,甚至深入涉及了侵权、遗

---

① 刘仁文:《韩国的赦免法及其改革》,载《法制日报》2008年8月24日。

嘱权等领域,对犯罪人来说甚为严厉,由此也凸显出实施赦免性复权的必要性"①。一般认为,从宪法角度看,不宜将私权恢复纳入赦免性复权之范围。在立宪主义国家,一般建立了比较完善的法律体系,这一体系以宪法为核心和基础,所有法律依据宪法之精神、原则和规则而制定,具有法制的统一性。宪法之下的各具体部门法均有自身之分工,若是私权被侵害、限制或剥夺,自可通过私法规定之手段得以恢复。若将赦免性复权之范畴贸然扩展及私权领域,将损害私法之权威,造成不必要的冲突与矛盾,进而损害国家法制统一性。

从实践来看,中国鲜有复权之实践,但在有的国家,复权则经常被使用。如1948年至2003年,韩国共实行赦免和赦免性减刑与复权87次,平均每年至少1.5次。总体而言,在立宪主义背景下,随着公共权力的膨胀和司法制度的进步,复权理论将进一步得到发展和完善,赦免性复权也更多地被各国运用于实践,并起到越来越重要的作用。

五、赦免性免刑

赦免性免刑又称刑罚执行的免除,"一般是指对受刑罚宣告的特定犯罪人,基于赦免令而免除其刑罚之执行的制度。此处的免除,指被宣判了的刑罚的执行被免除,而不是刑罚本身得到免除,故又称免除刑罚的执行、赦免性免刑等"。② 此外,其他学者从不同角度界定了赦免性免刑的内涵,比如:第一,刑罚执行的免除是指对受刑罚宣告的特定的犯罪人,免除其刑罚之执行的制度。③ 第二,赦免性免刑是对刑罚已经确定的犯罪人,基于赦免令而免除其刑罚执行的一种制度。④ 第三,刑罚执行的免除是国家元首或者最高

① 陈东升:《赦免制度研究》,中国人民公安大学出版社2004年版,第136页。
② 陈东升:《赦免制度研究》,中国人民公安大学出版社2004年版,第131页。
③ 参见马克昌主编:《刑罚通论》,武汉大学出版社1999年版,第699页。
④ 参见于志刚:《刑罚消灭制度研究》,法律出版社2002年版,第517页。

国家权力机关以赦免令的形式,对已受罪刑宣告的特定犯罪人,免除其刑罚之执行的制度。①

从这些定义可以看出,赦免性免刑具有以下特点:首先,赦免性免刑的对象是已受罪刑宣告的特定犯罪人;其次,赦免性免刑的主体一般是国家元首或者最高国家权力机关;再次,赦免性免刑的内容是免除其刑罚执行;最后,赦免性免刑一般通过赦免令的形式实施。

从免除刑罚执行的效力来看,有学者指出:"免除刑罚的执行是对受刑罚宣告的特定的犯罪人,免除其刑之执行的一种制度。当宣告免除刑之执行时,就意味着刑罚的执行权归于消灭,犯罪人对所判处的刑罚可以不再服刑,其刑事责任因获得免刑的执行而终结。"②

从实践来看,赦免性免刑只在部分国家和地区存在,其在内容上与特赦存在重合之处。一般来说,"刑罚执行的免除只有在规定特赦的效力及于罪和刑的国家才有,而在规定特赦的效力只及于刑的国家则没有。理由是:特赦的效力如果仅及于刑而不及于罪,那就意味着特赦只能免除被告人的刑罚,而不能免除其罪。这同刑罚执行的免除在效果上是一样的。所以,毋庸在特赦以外再另行规定刑罚执行的免除。但是在规定特赦的效力及于罪和刑的国家,特赦不仅造成对犯罪人所宣告的刑罚的消灭,而且使其所犯的罪消灭,这与刑罚执行的免除有很大差别:前者影响累犯的成立,而后者则不影响累犯的成立;在有前科规定的国家,前者意味着前科消灭,后者则不能导致消灭前科。正是为了体现这一差别,这些国家才在特赦制度之外,另设了刑罚执行的免除"。③

---

① 参见阴建峰:《现代赦免制度论衡》,中国人民公安大学出版社 2006 年版,第 258 页。

② 高铭暄主编:《刑法学原理》(第 3 卷),中国人民大学出版社 1994 年版,第 680 页。

③ 马克昌主编:《刑罚通论》,武汉大学出版社 1999 年版,第 700 页。

第二节 赦免行为的规范分析

规范分析是法学分析的最重要方法之一，它以规范法学为基础，通过一定价值判断手段，并用专门的技术对法律条文进行完善和解释，是实证分析主义法学派的主要做法。在方法论的立场上，正如有学者所言，法学领域中存在三种实证方法：价值实证、社会实证和规范实证。这三种实证在规范分析方法这一命题项下，各自发挥着充实法律的分析功能。择其要者而论，价值实证在规范分析方法中肩负着对法律之合法与非法的探究，因此，是规范分析方法的价值之维；社会实证在规范分析方法中肩负着法律的调整及其效果关系的探究，故而是规范分析方法的事实之维；而规范实证则在规范分析方法中肩负着法律之权利和义务关系之分析，所以，属于规范分析方法的技术之维。[①] 宪法上的赦免制度之所以区别于传统的赦免，其重要的原因之一即其为一种受法律尤其是宪法规制的事务，一种受制度约束的行为，一种可供理论分析和实际操作的规范。因此，解读宪法及相关法对赦免制度的条文规定，对赦免行为进行规范分析具有重要的意义。

一、规范的解读

传统观点认为，“法律规范由假定、处理、制裁三个部分构成”[②]，也有学者认为其由四个部分构成：“法律规范从其完整意义上说应包括四个组成部分：一、假定前提，是指预计中的情况和条件，包括行为所借以实行的时间、空间、人的身份和能力条件等；二、行为通例，是指法律规范中正面指示在上述假定条件下如何行为那一部分，包括可以如何行为、应当如何行为及禁止

---

① 参见谢晖：《论规范分析方法》，载《中国法学》2009 年第 2 期。

② 李龙主编：《法理学》，武汉大学出版社 1996 年版，第 71 页。

如何行为等;三、行为反例,是指发生与上述行为通例相反的行为的假定;四、不利后果,是指法律规范中规定的国家将要对反例行为的行为者采取处理行动,这种处理总是使上述行为者的利益受到损害。"①现代比较合理的观点一般认为,法律规范由假定、行为模式与法律后果三个部分构成:假定是适用法律规范必须存在的客观条件;行为模式包括应为、可为、非为;法律后果既包括肯定的后果,也包括否定的后果。② 下面以我国宪法及相关法中的规范为基础,对我国法律上的赦免行为进行规范分析。

我国1954年《宪法》同时规定了大赦和特赦制度,1982年《宪法》对1954年《宪法》的相关规定做了修改,规范中仅明确规定了特赦制度,并未提及大赦、赦免性减刑、赦免性复权及赦免性免刑等。作为主权行为的特赦在宪法文本中的体现并不是一个完整的规范,它既没有明确规定实施的条件,即一般法律规范所需要的假定部分;也没有明确的法律后果部分。同时,它也并不是由一个条款来规定的,而是反映在多个条款之中,要理解其规范性内涵,必须对其进行体系化解读。

从文本来看,我国《宪法》第67条中规定,全国人民代表大会常务委员会决定特赦;第80条进一步规定,中华人民共和国主席根据全国人民代表大会的决定和全国人民代表大会常务委员会的决定……发布特赦令。这两条是对特赦进行直接规定的条款,但并不是特赦规范在宪法文本中的全部体现。作为宪法规范的特赦还隐含在《宪法》第57、62、69条的规定中。《宪法》第57条规定,中华人民共和国全国人民代表大会是最高国家权力机关。它的常设机关是全国人民代表大会常务委员会。第62条中规定,全国人民代表大会行使改变或者撤销全国人民代表大会常务委员会不适当的决定的职权。第69条规定,全国人民代表大会常务委员会对全国人民代表大会负责并报告工作。对上述五个条文进行规范分析可以得出以下几个

① 张恒山:《试论法律规范的构成》,载《当代法学》1988年第3期。
② 参见李龙主编:《法理学》,武汉大学出版社1996年版,第72页。

结论：

首先，特赦行为规范的假定部分以默示的方式规定在人民主权原则中，宪法文本以隐含的方式赋予了决定特赦的主体对实施特赦的客观前提条件进行自由裁量的权力，即全国人民代表大会及其常务委员会有权自主判断在何时、何地、针对何人实施特赦。当然，这一裁量并非无羁束的自由判断，它必须基于一定的法律事实和社会状况。

其次，宪法文本虽未载明全国人民代表大会享有特赦决定权，但是根据全国人民代表大会常务委员会的常设机关性质，它本质上是全国人民代表大会的组成部分，基于宪法的规定和全国人民代表大会的授予而行使部分国家最高权力，理当认为全国人民代表大会享有这一权力。因此，享有特赦决定权的主体包括全国人民代表大会及全国人民代表大会常务委员会两者，而其行为模式则是全国人民代表大会及其常务委员会依据职权做出特赦决定，并由国家主席根据其决定以特赦令的形式发布。

最后，根据宪法规范，特赦的法律后果是，全国人民代表大会可以改变或者撤销常务委员会的特赦决定，或者全国人民代表大会及其常务委员会可以废除国家主席公布的特赦令。

我国刑法规范严格遵守宪法规范的限定，在具体适用上进一步规定了特赦的相关问题。《刑法》第 65 条第 1 款规定，被判处有期徒刑以上刑罚的犯罪分子，刑罚执行完毕或者赦免以后，在 5 年以内再犯应当判处有期徒刑以上刑罚之罪的，是累犯，应当从重处罚，但是过失犯罪和不满 18 周岁的人犯罪的除外。第 66 条规定，危害国家安全犯罪、恐怖活动犯罪、黑社会性质的组织犯罪的犯罪分子，在刑罚执行完毕或者赦免以后，在任何时候再犯上述任一类罪的，都以累犯论处。对这些规定亦可在刑法的范围内进行规范分析，但是，根据宪法的要求，对其分析必须符合宪法规范，如果其超越了宪法所规范的界限，则可能引起违宪的不利法律后果。

总体而言，在宪法意义上，特赦制度是宪法体系内的一个具有相对独立的规范价值的宪法制度，它是刑法、诉讼法及其他相关法律对赦免制度做出规定的基础和依据，为这些法律的具体规定提供了合宪性来源。

二、价值的分析

规范分析要求追问隐藏在法律规范之后的客观价值，因此，有必要对法律上有关赦免行为的规范进行价值分析。以我国现行宪法中的赦免制度为例，可以对特赦规范做如下价值探讨。

第一，从价值层面看，特赦规范的规定是我国宪法上法治原则的应有之义。

依法治国首先应当是依宪治国，依宪治国的前提是对宪法本身的正确理解，手段是宪法规范得到正确有效的实施，关键是确保宪法的权威及对侵害宪法的行为追究责任。特赦制度作为宪法体系的有机组成部分，是依法治国的应有之义，是对社会主义法治原则的呼应。这主要体现在以下方面：

一方面，特赦行为作为一个宪法规范，同其他法律规范一样，规定主体的权利义务，规定违反规范的法律后果，并具有多次重复指导社会实践的功能。正如凯尔森所言："规则并不指一个单独的，不重复发生的事件，而是指一整批同样的事件。规则的意义是，当某种条件具备时，某类现象就发生，或应当发生，总会或几乎总会发生。"①因此，在社会发展的不同阶段，根据实际情况，如果具备了实施特赦的条件，产生了实施特赦的需要，特赦得以重复实施。

另一方面，特赦制度不会对法治原则造成伤害，其本身也远不只是法治原则的补充，它是法治的应有之义，也是对法治的彰显。有观点认为，赦免行为通过一定形式免除依据法律判决应受处罚之罪行，本身存在侵害法治权威的风险。这其实是不全面的。社会具有自由发展的本性，它本质上反抗一切施加于其上的外力。但是，任何社会的健康发展都离不开外力的合

① ［奥］凯尔森：《法与国家的一般理论》，沈宗灵译，中国大百科全书出版社 1996 年版，第 40 页。

理调控。因此,任何文明社会都有独特的调节社会矛盾的手段和解决社会纠纷的机制,这些手段和机制构成一个社会的整体控制体系。正是在这个控制体系的作用下,社会才得以发展并逐渐走向文明。各个社会因历史、宗教、文化和政治制度等方面的不同而具有不同的社会调控方式。但总体而言,社会的调控方式可以分为宗教、道德、风俗、法律和纪律等。在不同的历史时期,因社会发展的水平不一致,各种调控方式所具有的作用和地位也不一样。在生产力低下的时代,日常生活所形成的风俗习惯和纪律是社会调控的最主要方式;在宗教占支配地位的时代,其触角深入社会生活的各个层面,宗教的教义和神学家的权威论述成为社会调控的最主要方式;在中国漫长的封建时代,道德说教和礼仪约束则成为社会调控的最主要方式;而在文明社会,随着生产力的发展,人们认识自然界和人类社会本身的能力大幅度提高,渴望自由发展和有序生活的需求也相对增加,为求得长远的稳定有序和自由发展,不再把社会的外部控制交给容易变化的宗教教义、纪律规范和道德规范等,而是共同制定法律,让一个权威的、有效的和更加确定的法律规范来引导生活,引领每个成员追求幸福,法治成为社会控制的最主要方式。但是,并不能因此认为法治本身是一个完美的事物,恰好相反,法治存在方方面面的缺陷,并且处在不断的演变进化之中,法律史的演进过程印证了这一点。赦免制度是法治本身适应上述社会控制方式演变的必然产物,西方立宪主义时代保留赦免制度的原因之一正是为了弥补法治本身的缺陷,离开了赦免制度法治将不完整。

第二,特赦规范的规定是我国宪法上人民主权原则的内在要求。

根据现代宪法理论,所有有关国家权力运行的重大事项原则上都应该交由作为主权者的人民,但事实上人民因无法直接行使权力,故而选举代表组成全国人民代表大会和地方各级人民代表大会等代议组织机构,人民代表大会代表人民行使至高无上的权力,其是全国人民行使权利的机构和手段,是国家权力的组织载体。全国人民代表大会管理全国性的事务,地方各级人民代表大会在国家的权力体系内行使地方权力,管理各地方事务。马克思主义哲学认为犯罪在本质上是孤立的个人反对作为统治阶级的人民之共同意志的行为，诚如马克思所指出的："犯罪——孤立的个人反对统治关系的斗争，和法一样，也不是随心所欲地产生的。相反地，犯罪和现行的统治都产生于相同的条件。"①对犯罪与刑罚的规定从来都是全国的事务而非地方事务，因此，针对犯罪的赦免决定也必须由最高国家权力机关做出，而不能由地方权力机关做出。宪法将"决定特赦"的权力交给全国人民代表大会常务委员会，其应当解释为全国人民代表大会也当然具有"决定特赦"的权力。这样的制度设计体现了人民主权原则之内涵，其本身是该原则在具体制度上的表达。

第三，特赦规范的规定是我国宪法上人权保障原则的制度体现。

保障人权是我国宪法的基本原则之一，现行宪法明确规定国家尊重和保障人权。这一规定赋予了国家在人民当家作主的时代背景中必须承担人权保障义务，有学者认为该义务包括四个方面：其一，尊重的义务，是指国家避免和自我控制对个人自由侵害的义务；其二，保护的义务，是指国家防止和阻止他人对个人权利侵害的义务；其三，满足或确保的义务，是指国家满足个人通过努力也不能实现的个人所需、希求和愿望的义务；其四，促进的义务，是指国家为整体上促进上述人权而应采取一定措施的义务。② 在传统宪法观念上，一直认为司法机关承担主要的人权保障责任，司法机关因此在人权保障上甚至被认为具有"保护神"的地位。但是，在现代人权理论下，逐渐改变了主要通过司法机关来实现人权保障的传统观念，立法机关、行政机关亦成为人权保障的主体。在一定条件下，政党、社会团体与企业等也要承担保障人权的义务。③ 如前所述，特赦规范在宪法上并不仅仅是一个抽象规范，它也是一种具体的权力、行为和制度。它的实际运用对于保障违法犯罪

---

① 《马克思恩格斯全集》(第3卷)，人民出版社1960年版，第379页。

② 参见[日]大沼保昭：《人权、国家与文明》，王志安译，生活·读书·新知三联书店2003年版，第220页。

③ 参见胡锦光、韩大元：《中国宪法》，法律出版社2004年版，第188页。

者这一特殊群体的人权具有重要作用,它的一系列独特运行机制使其与司法保障、立法保障、行政保障等制度一起,共同构成国家人权保障体系,它是人权保障原则在我国宪法上的具体制度体现之一。

第三节　赦免行为的效力

赦免行为的效力,是指赦免权在行使过程中,对其行使机关、被赦免者及社会公众所产生的具有约束性的强制力量。赦免权作为具有国家主权性质的权力,其一经启动和执行,就产生了在时间上和空间上受国家强制力保障的效果。

一、对赦免机关的效力

赦免决定机关、执行机关以及监督机关在整个赦免活动中以国家公权力的代表者身份出现,共同掌握了作为主权权能的赦免权。在现代公法理论中,赦免权的行使会对其行使主体产生一定的拘束力,这种拘束力主要表现为公定力、确定力和执行力三种形式。

(一)公定力

赦免行为的公定力,是指赦免行为一经做出,无论其违法与否,都得推定其合理合法并要求其他一切的国家机关、组织和个人予以尊重和配合的法律效力。公定力是一种被推定或者假定的效力。也就是说,赦免在被宣布之后,即被认定为具有强制力,无论其本身实际上是否存在错误,都不影响进一步的执行和实施。在宪法理论上,之所以应当承认赦免行为具有公定力,是出于对主权者的尊重。赦免行为代表的主权者的决断,在被具体的事实经特定程序有力推翻之前,主权者的行为都得被推定为是正确的、毋庸置疑的。因此,在公定力的作用之下,一切国家机关、组织和个人都得配合这一主权者的决断,积极采取措施确保赦免的顺利实施,任何机构都不能推脱、逃避在此过程中应当承担的义务或者阻止赦免目的的实现。如果相关机构未尽到尊重与配合的义务，则将承担相应的责任。这种责任的形式可能是法律责任，也可能是政治责任。

（二）确定力

赦免行为的确定力，是指赦免行为一经做出，即对主权者和相关国家机关具有不受任意改变的法律效力。它包括对主权者自身的约束和对参与执行赦免的国家机关的约束两个方面，实际上是对决断机关和执行机关自身不得随意改变已经确定有效的赦免行为，否则将承担相应的法律责任或者政治责任的约束力。换言之，确定力是主权者对自身和参与执行赦免的国家机关的一种自我约束的力。确定力的自我约束性可以防止主权者的专断和赦免行为的随意性，从而使民主宪法时代的赦免明显区别于古代帝王的赦免，并维护主权权威及被赦免者的利益。

如果说公定力是一种要求尊重和配合的法律效力，针对并不参与赦免过程的其他机关、组织和个人，那么确定力就是一种要求遵守和执行的法律效力，针对参与到整个赦免过程中的相关机关、组织和个人。

（三）执行力

赦免行为的执行力，是指已经颁行的赦免行为对赦免机关产生的要求其目的和内容得以实现的法律效力。作为一项主权者命令和一种主权权能的延伸，赦免权的执行力使赦免机关可以把与赦免有关的权利义务单方面强加给相对人。作为主权者的代表，赦免机关在实施赦免过程中享有公权力的自然的优越性，而且这种优越性贯穿整个赦免的实施环节。如果相关组织或个人妨碍了赦免权的行使，侵犯了赦免权的内容或者阻碍了赦免目的的实现，赦免机关可以强制实现自己所创制的意图，并使用自身的力量来保证这些意图的达成。传统上，赦免的执行力不受限制，直接源于主权者的命令。但是在民主立宪时代，法治原则的基本规定要求一切行为都不得违反宪法和法律的规定，因此，赦免权的执行力并不具有超越法律规范的效果。

二、对被赦免者的效力

从被赦免者的范围来看,历史上能够被赦免之人和被赦免之罪的范围往往受到限制,康德曾指出:“赦免的权利,从它对犯人的关系来看,是一种减刑或完全免除对他的惩罚的权利。从统治者一方来看,它是所有权利中最微妙的权利。因为,由于行使这种权利,可以为他的尊严添加光彩,但也会因为这样做而犯大错。这种权利的行使,不能用在臣民彼此间侵犯的罪行上,因为这样一来,被免除惩罚的罪行,可能是对臣民做了一件非常不公正的事情。只有对偶然发生的某种有损于统治者本人的叛逆罪,他才应该行使这种权利。如果免除一种惩罚,人民的安全将会受到危害,那么,在这样的情况下,就不应该行使赦免权。这种权利是唯一值得称之为‘君主的权利’的。”[①]与历史上的君主专制时代相比,民主立宪时代的赦免对象和赦罪范围则要广泛得多。在效力上,赦免行为对被赦免者的效力主要包括时间效力和空间效力。

(一)赦免行为的时间效力

赦免行为的时间效力,是指赦免行为何时生效、何时失效,以及有无溯及力等问题。

从赦免行为生效的时间来看,不同类别的赦免行为存在差异。大体上,“大赦的效力通常开始于大赦令公布施行之日;赦免性减刑则开始于判决确定以后,刑罚执行完毕以前;复权的效力始于主刑执行完毕之后而剥夺政治权利的期限尚未终结之前;附条件赦免的效力则始于条件符合之时;并且,个别赦免的效力原则上应始于赦免通知送达犯罪人之时”。[②] 但是从实际情况来看,也有例外。如美国的库利法官认为,在个别赦免中,赦免令均明确指明了赦免对象的姓名,赦免应自赦免令送达赦免对象的监禁机关时生效;

---

① [德]康德:《法的形而上学原理——权利的科学》,沈叔平译,商务印书馆2005年版,第170页。

② 参见阴建峰:《现代赦免制度论衡》,中国人民公安大学出版社2006年版,第327~328页。

在赦免对象为多人时，如果赦免令亦标明该多数人之姓名，则赦免应自赦免令被分别送达这些对象的监禁机关时生效。

从赦免行为的失效时间来看，赦免行为的失效方式主要有两种：一种是相关机关依法明确宣布赦免行为失去效力；另一种是赦免行为自然失去效力。在第一种情况下，有权机关根据赦免权依法宣告赦免行为失效。一般而言，宣告赦免失效的原因主要包括赦免行为出现重大错误或瑕疵、国内治安形势严重变化或发生战争等不可抗力之事、新政权代替了旧政权以及发生实施赦免行为之初所不能预见的情事变更等。在宣告赦免行为无效的情况下，将导致赦免自始无效、全部无效和绝对无效。也就是说，赦免行为自一开始就不发生效力、完全不发生效力和对所有人都不发生效力，原先被赦免的相对人将重新受到犯罪指控或者遭受刑罚处罚。在第二种情况下，赦免行为随着时间的推移而自动失去效力。自然失效的原因主要包括赦免对象不能（如赦免对象死亡、脱离管辖等）、赦免目的完成、新的赦免代替旧的赦免以及附条件的赦免条件不能成就等。

赦免行为的溯及力是指对赦免令颁行之前已经宣判的或未经宣判却已进入追诉程序的罪行所产生的效力。在理论上，基于法的安定性、司法判决的权威性及社会秩序的稳定性等多方面的考虑，赦免行为不应具有溯及力，否定法律及相关行为的溯及力被认为是现代法治进步的标志之一。从实践的角度来看，赦免行为则常常具有溯及力，针对已经发生的被宣判罪行或者未被宣判却已进入追诉程序的罪行，均能产生免除其罪或刑的效果，不过一般认为对已经执行完毕的刑罚则不发生效力。

（二）赦免行为的空间效力

赦免行为的空间效力是指赦免行为所能发生效力的地域范围。各国根据社会政治情况和历史传统习惯的差异，对赦免行为的空间效力之规定存有差异。根据宪法及刑事法律方面的规定及法律解释，赦免行为的效力空间大致与行使管辖权的空间一致，大致包括以下几种情况。

第一，以地域为标准，赦免行为的效力及于本国之所有领土，无论是外国人、本国人还是无国籍人，其所犯之罪一旦得到赦免，在本国领土范围之内将不再受到追诉。但是，赦免行为在本国领土之外则不发生效力。

第二，以人的国籍为标准，赦免行为的效力主要及于本国人，本国人所犯之罪一旦得到赦免，无论身处国内还是国外，其犯罪行为都将不再受到追诉。

第三，以保护本国利益为标准，只要是与本国利益有关的违法犯罪，赦免行为均能对其发生效力，而不论违法犯罪者是本国人还是外国人，也不论违法犯罪行为发生在本国领域内还是本国领域外。

第四，以保护国际社会共同利益为标准，主要依据有关赦免的国际公约之规定实施赦免，赦免行为的效力及于相关公约所规定的一切范围和人员，而不论违法犯罪者是本国人还是外国人，也不论违法犯罪行为发生在本国领域内还是本国领域外。

对赦免行为效力的上述分类不是绝对的，在实践中也很少有国家完全按照以上标准进行严格规定，一般都采用多种标准共同规范。对于赦免行为的空间效力问题，有学者具体又提出了三个方面的追问：一是本国的赦免是否可以及于其他国家；二是在联邦制国家中，本地赦免的效力能否及于全国其他地区；三是与赦免有关的引渡问题。[①]

这三个方面实际上主要包括两个问题。首先，本国赦免效力是否可及于他国以及与赦免有关的引渡问题一脉相承，具有紧密的关联性。通常情况下，赦免行为的效力仅及于一国主权范围之内，属于主权范围内的事项。但是在实践中为了保护国际社会共同利益，或者基于特殊的政治条件，也可能在他国发生效力。如 1953 年联邦德国所颁布的《刑事救济法》曾规定，其可以对于原民主德国判定之罪行重新审判并赦免之，以减轻刑罚的严苛。另外，“在国际司法协助情况下的已决犯的移交行刑，两国都可能存在赦免权，如果约定赦免权属于刑罚宣告国的，则该国若实施赦免，虽然犯罪人在

① 参见陈东升：《赦免制度研究》，中国人民公安大学出版社 2004 年版，第 177 页。

他国监狱内行刑,也可以得到赦免。"[①]如果本国之赦免行为能够在他国发生效力,则必须考虑被赦免罪犯的引渡问题。有的立法规定被赦免者不能被引渡,但也有学者认为应当区别对待,如意大利刑法学者帕多瓦尼认为:"赦免引渡问题应当区别对待,对于免罪性赦免或免刑性赦免,一般应不排除引渡,因为这些都是偶然性政治评价的结果。但依被请求国法律要求超过追诉或行刑时效的犯罪,则不应引渡,因为这涉及一国关于时间问题如何影响犯罪可罚性的总的态度。"[②]

其次,联邦制国家中赦免行为的效力问题。在联邦制国家,除了联邦制定一部宪法,享有一个主权外,各州均有自己的宪法和较为独立的主权。赦免作为主权的一种权能,其效力源于主权,由于多个主权的存在,所以引发联邦的赦免行为效力是否及于各州、各州的赦免行为效力是否及于其他州或整个联邦的问题。在宪法理论中,联邦制国家作为一个统一国家,虽然有多部宪法和多个主权,但是各州宪法均不得违背联邦宪法,各州主权均不得超越联邦主权,否则构成违宪,将会受到违宪审查机制的追究。换言之,联邦宪法效力高于各州宪法效力,联邦主权高于各州主权。以美国为例,在不违反宪法的前提下各州议会可制定与其他州不同的法律,州法院的判决在一定程度上属于终审判决,州长甚至可以颁布戒严令、特赦令及州税率相关规定等,这必然导致有些行为在一个州合法却在另一个州非法的现象,但是这些法律、判决和命令都不得违反联邦法律的规定。因此,联邦之赦免行为的效力能够及于全国各州当无疑义。但若各州实施赦免行为,其效力则不一定及于联邦整体或者其他州。原则上,州赦免行为的效力仅能及于本州范围之内,除非与其他州有相关法律协议,或者依据联邦的特别法令,不能在其他州产生效力。因此,州赦免一般应当载明赦免行为的效力空间,以避免被赦免者在其他州再度受到追诉。

---

① 参见陈东升:《赦免制度研究》,中国人民公安大学出版社 2004 年版,第 177 页。

② 参见[意]杜里奥·帕多瓦尼:《意大利刑法学原理》,陈忠林译,法律出版社 1998 年版,第 61 页。

另外值得注意的是，在单一制国家，由于赦免权属于主权的一种权能，而主权对国内具有最高效力，赦免行为原则上在整个领土范围内有效，但也可能因法律制度与司法传统的不同而引发赦免行为的实际效力争议与冲突问题。以中国为例，基于单一制的性质，地方各省、自治区、直辖市的权力源于中央的授予，并不存在相对独立的地方宪法和地方主权，故而地方不享有主权性质的赦免权，不能以自己的名义实施赦免行为，特别行政区也不例外；而且，基于赦免行为的主权属性，国家实施的赦免行为之效力当然能够及于整个领土之内。但是，在特别行政区，香港、澳门享有高度自治的权力，①高度自治权的存在使国家赦免行为在特别行政区发挥实际效力遭遇了来自法律和政治实践的多方面障碍，产生了很多法律适用上的难题。在理论上，国家赦免行为应当在香港、澳门特别行政区具有效力，主要有两个原因：首先，从性质上讲，特别行政区是国家中的一个行政单位，而不是一个独立的政治实体，也不是联邦制国家中的成员，其一切权力源于中央人民政府的授予，它与中央人民政府之间存在从属关系，特别行政区建立的政府属于地方政府，不能做出国家主权性质的行为。其次，根据《香港特别行政区基本法》和《澳门特别行政区基本法》的规定，在行政管理权上，中央人民政府领导特别行政区，特别行政区服从和接受中央人民政府的管理；在立法权上，特别行政区制定的法律要报全国人民代表大会常务委员会备案，但备案不影响该法律的生效，对于不符合宪法和基本法的法律，全国人民代表大会常务委员会可将法律发回，既不修改，也不撤销，由特别行政区的立法机关决定；在司法终审权上，特别行政区对国防、外交等国家行为无管辖权。由于主权是国内最高权力，因此，具有主权性质的赦免行为能够在特别行政区

① 根据《香港特别行政区基本法》和《澳门特别行政区基本法》的规定，这些权力具体包括：(1)独立的行政管理权，凡属于特别行政区自治范围内的行政事务，均由特别行政区政府负责管理或处理；(2)独立的立法权，除了有关外交、国防和其他按基本法规定不属于特别行政区自治范围的法律，特别行政区不能自行制定外，其余所有民事的、刑事的、商事的和诉讼程序方面的法律都可以制定；(3)独立的司法终审权，特别行政区各级法院依法行使审判权，不受任何干涉，终审权属于特别行政区终审法院。特别行政区各级法院在行使审判权时，应继续保持港、澳原有法律制度和原则对法院审判权所作的限制。

发生效力,其发生效力的具体机制有待进一步研究论证。

三、赦免行为效力的其他范畴

赦免行为效力的其他范畴主要是指赦免行为对特殊的违法犯罪人(如被赦免者为累犯、老年人及被赦免的政治犯为外国人等)所产生的效力以及对纯粹的私人之间的行为产生的效力等问题。在赦免行为针对特殊违法犯罪人的效力问题上,存在诸多亟待解决的理论难题。

首先,在赦免对象为外国政治犯罪人时。政治犯罪作为一种特殊的范畴,它在广义上被界定为并非为了个人之利益,而是出于政治的原因而实施的犯罪。这一点,明显区别于仅具有追求个人利益和不当目的的普通刑事犯罪。某些政治犯罪不仅是对一个国家的法律规定的侵犯,也在一定程度上侵犯了国际社会共同的法律;不仅违反一国之国内法的规定,也可能违反国际法的规定。因此,对于政治犯的赦免问题需要特别考虑。政治犯罪的主体既可能是本国公民和外国人,也可能是群体,甚至是国家。那么,是否能赦免不具有自然生命的群体组织或者国家呢?是否能够赦免外国人在本国所犯的政治犯罪呢?此外,在赦免的政治犯为外国人的情况下,如果一国之法律规定被赦免的罪犯可以被引渡,还会产生赦免行为的效力与国际法上“政治犯不引渡原则”[①]的冲突。

其次,在犯罪人为老年人的时候,“借鉴我国古代赦免制度中关于老年人刑事责任的规定,考虑到一般老年犯罪人刑事责任能力,刑罚的目的,刑

---

① “政治犯不引渡原则”,是指一国对于在其境内的某一外国人因民族、种族、宗教、参加某一政治团体或具有某种政治观点而遭受其本国或居住地国通缉、追诉或判刑时给予庇护,拒绝将其交给相关国家的原则。1793 年法国宪法规定法国给予为争取自由而从本国逃亡到法国的外国人以庇护,这创造了关于庇护政治犯的立法的开端,也为“政治犯不引渡原则”的形成奠定了基础。1833 年,比利时制定了第一个禁止引渡政治犯的法令。后来,在欧洲国家间订立的引渡条约中,大多有政治犯不引渡的规定,现在其已成为各国公认的国际法原则,并已被许多引渡条约所采纳。我国《宪法》第 32 条也规定:“中华人民共和国保护在中国境内的外国人的合法权利和利益,在中国境内的外国人必须遵守中华人民共和国的法律。中华人民共和国对于因为政治原因要求避难的外国人,可以给予受庇护的权利。”

罚的经济性等方面的原因,我国刑法规定对老年犯罪人可以从轻、减轻或免除刑事责任”。[①] 从刑法文本规定来看,对老年人犯罪所应承担刑事责任之规定实际上已经体现了赦免所追求的宽容精神。在实践中,老年罪犯往往更容易得到赦免,最主要是基于人道主义、社会危害性和刑罚的经济效益等多重因素之考虑。

再次,在累犯问题上,不仅包括赦免行为的效力是否及于累犯,还包括被赦免后的犯罪人再犯新罪能否构成累犯。一般认为,赦免行为的效力能够及于累犯,凡是符合赦免条件的都可以被赦免,但应具体考虑其社会危害性。并且,我国通说认为:大赦时,凡罪与刑俱赦的,赦免后若再犯罪,不发生累犯问题;特赦后若再犯罪,如果符合累犯构成条件的,即应构成累犯。[②] 但是,赦免性减刑、赦免性复权及刑法执行的免除等在累犯问题上仍然定位不明确,这种情况在政治与司法实践中不断引发争议,需要从理论上进一步研究论证。

最后,在赦免行为对纯粹的私人之间的行为产生的效力问题上,传统上一般认为其不产生效力,赦免行为不能直接影响纯粹的私权利行为。“大赦之效力云者,即大赦是否及于附带之犯罪所得品是也。此有消极积极二说,前说谓大赦之效力仅及于公诉,后说则谓并其附带私诉一律赦免。”[③]但是,随着民主宪法制度的发展,国家权力和基本权利理论研究的深入,这一传统观点遇到了现实的挑战。赦免权具有的国家权力和基本权利的双重属性使这一问题变得更加复杂。第一,国家公共权力调整私人行为的空间不断扩大,具有公共权力属性的赦免决定权、赦免执行权和赦免监督权均能对私人权利造成影响。如前文所述,有的国家和地区甚至还规定赦免行为可以使民事责任归于无效,被赦免者免除了承担民事赔偿等的私法责任。第二,在

① 参见赵静:《从我国古代赦免制度谈老年人刑事责任》,载《江苏警官学院学报》2004 年第 3 期。

② 参见赵秉志、吴振兴主编:《刑法学通论》,高等教育出版社 1993 年版,第 480 页。

③ 徐式圭:《中国大赦考》,商务印书馆 1934 年版,第 4 页。

宪法上，传统理论认为基本权利仅适用于国家与公民之间的关系，新的“基本权利的第三者效力理论”①则将基本权利的效力扩展到私人与私人之间的领域，德国、美国等国甚至进行了该理论的实践并产生了相关的案例。因而，基本权利的作用不仅体现为其作为一种主观方面的权利而对特定的个体有所保护，其在客观上也是一种价值秩序，如此将强化基本权利的效力。由于基本权利作为客观价值秩序而成为整个法律秩序所应该追求之目标，其效力因此得以超越公法的范围，而扩展到私法的领域。也就是说，基本权利将对私法主体之间的行为产生约束。基本权利对私人行为的影响越来越重要，具有基本权利属性的赦免申请权和赦免救济权可能导致私法关系的变更。例如，行为人在实施违法犯罪行为的过程中，造成了他人的人身或财产之损失，受害人对此提起了诉讼，在被司法追诉的过程中行为人向有权机关提出了赦免申请，在这种情况下，受害人的赔偿请求权与行为人的赦免申请权之间的关系应当如何界定呢？换言之，赦免申请权的提起是否能够产生阻断赔偿请求权实现的效果呢？这些都需要从理论上予以阐明。

总体而言，赦免行为的效力在不同国家和地区有所差别。在民主宪法时代，随着主权理论的演变，绝对的主权一般都受到限制，在有些地区，如欧盟等，甚至出现了超越国家主权的更高权力。欧盟宪法的出现不仅使传统主权理论受到挑战，也使作为主权权能的赦免权面临困境，具有主权性质的赦免行为之效力亦受到新的影响。一国之赦免行为是否能够对犯罪和刑罚产生最终的效力，相关当事人是否能够向国际政治组织或者司法组织提起上诉和控告，国际条约是否能够规范缔约成员的赦免行为等问题均需要进一步研究。

① “基本权利的第三者效力理论”，由德国著名学者尼伯代在1950年发表的《妇女同工同酬》一文中提出，主张基本权利在私人的法律关系中应该有绝对的效力，并且可以直接援用。之所以被称为“基本权利的第三者效力理论”，是因为传统宪法理论认为基本权利是一种消极的权利，是仅仅用来对抗国家的侵犯的防卫权，其完全是针对国家而言的，只涉及国家权力的行使，对私人之间则无任何效力。私人之间的权利，仅受到私法和契约的规制。

第六章　赦免的制度构建

赦免制度是宪法体系的有机组成部分,是依法治国的应有之义,是对社会主义民主法治的呼应。依法治国首先应当是依宪治国,依宪治国的前提是对宪法本身的正确理解,手段是宪法规范得到正确有效的实施,关键是确保宪法的权威及对侵害宪法的行为追究责任。因此,要合理运用赦免,必须站在依宪治国的高度,以宪法思维为指导,从理念、规范和组织机构等多方面入手,建设完善的、适合中国国情的赦免制度。

第一节　赦免制度的构成

在法治层面,现代赦免制度一般既有宪法的规定,也有具体的部门法规定,有的国家甚至还有专门的赦免法规定。这些法律的规定是赦免制度之基石,是赦免权力之源泉,赦免行为之依据。总体来看,民主立宪国家的赦免制度由赦免实体制度和赦免程序制度构成。

一、赦免实体制度

赦免实体制度包括赦免的原因和条件、赦免的类别和赦免权分配、赦免的范围和效力、赦免的监督与救济等部分。

在有权机关实施的依职权赦免行为中，赦免的原因正如前文所述，多种多样，看起来并无必然规律可循，但其均是因为国家之大事。正如陈俊强所指出的："自古以来，恩赦、恩降都被视为非常之惠，人君屈法申恩，自必有其缘故，或因国家之祭典，如郊祀、籍田；或因皇室之喜庆，如践祚、立储；或因严重的灾荒，如水旱、民乱，赦宥的背景不一而足，但为国之大事，必属无疑。"①从阶级立场的角度看，古代君王实施赦免多是基于自己所代表的统治集团甚至家族利益的考虑。具体原因主要包括与皇家关系紧密的礼仪，如改元、即位、立后、御疾、加元服、封禅、皇子纳妃、上太后尊号、疾愈、崩御、立皇太弟、建太庙、享太庙等；也有基于统治秩序的维护而实施的赦免，如平乱、罪己、兵乱、定都、克敌、刑政失宜等；还有少数被宣称是为了维护底层人民生计的赦免，如旱饥、星变、地震、祥光见、与民更始等。民主宪法时代的赦免已经排除了帝王时代的私人因素，不再是随意性的制度，其主要目的有实现政治和解、维护社会生活秩序和保障基本人权等。并且，在某种意义上，实现政治和解与维护社会生活秩序的重要目的之一也是保障基本人权。因此，宪法赦免制度的核心应当是保障基本人权。具体而言，现代赦免的原因多种多样，一般有以下几种：其一，对过去的当权者实施特赦，过去的政府及其政治在一种新的体系下被看作非法，但为了保持国家的稳定和团结，对过去政府及其雇员的罪行实行特赦。② 其二，为了使一个地区或国家获得和平而对所有非法武装组织成员或"恐怖组织"成

---

① 陈俊强：《皇权的另一面——北朝隋唐恩赦制度研究》，北京大学出版社 2007 年版，第 10 页。

② 柬埔寨曾赦免英萨利等，南非、智利等国家在近代对其过去的当权者进行过特赦。

员施加的特赦。[①] 其三，由于一定的庆祝活动而对部分（通常是罪行比较轻的）罪犯实行特赦。[②] 其四，由于法律的更改，过去被按法律判刑的人按新的法律可能成为无罪的人，在有些国家，这些人可以通过被特赦而不再继续服刑。其五，根据社会经济发展和秩序维护的实际情况所需要，由有权机关依据职权而实施特赦。

从赦免的条件来看，在依相对人申请或相关机构建议的赦免行为中，各国实施赦免行为所需要的条件差异较大。如我国古代赦免的条件主要考虑被告人的个人情况、社会危害状况、案件疑难程度等。当代赦免的条件则更为具体和具有可操作性，如中华人民共和国成立后 1959 年赦免详细列出了赦免罪犯的条件。根据美国学者的概括，美国在 1967 年之前对死刑罪犯的赦免主要有六个方面的条件：（1）对于死囚之罪存在疑问；（2）科刑不一致，这种不一致可能是死囚与其同案犯科刑的不一致，也可能是死囚与同一州犯有相似罪行的其他人科刑的不一致；（3）在关押过程中其主观和行为有变化；（4）陪审团对于是否有罪或者适当科刑不能形成一致意见，或者上诉法院复审中作出有罪宣告时意见不一致；（5）在警察调查或者审判中缺乏公正；（6）存在减轻情节，这通常与死囚的心理或者生理特征相关。在 1972 年的福尔曼诉佐治亚州案后，死刑适用赦免的根本条件从上述六个降到三个：（1）确实存在无罪证据；（2）对于正义普遍标准的违反；（3）检察官要求赦免。有学者认为，借鉴国外的经验，结合我国的实际情况，受理赦免申请的条件应包括：（1）被告人的公正审判权受到侵害的；（2）是否有罪存在疑问的；（3）案件实体问题处理存在错误而司法机关又拒绝纠正的；（4）合议庭或者审判委员会意见不一致的；（5）被告人年满 80 周岁或者被告人的智力

---

① 在阿富汗、伊拉克等国家施行过这样的特赦令。《阿富汗特赦政策见到成效 80 名塔利班接受招安》，载《大连日报》2009 年 11 月 23 日；《伊拉克总理宣布将特赦部分反美武装囚犯》，载《光明日报》2007 年 11 月 13 日。

② 这样的庆祝活动如国王的生日、皇家婚礼、周年的国庆日等。中华人民共和国成立十周年时就曾对清朝末代皇帝溥仪及部分国民革命军被俘将领施行特赦等。

明显低于常人的;(6)被告人在刑罚执行之前的期间有一定悔改表现的。[①]

在赦免的类别上,各国不尽相同。从宪法层面看,虽然赦免行为在立法上总体可以分为五类[②],但是各国的具体实践并不相同。如中国宪法仅规定了特赦制度一种;法国、俄罗斯仅规定了大赦和特赦两种;韩国规定了大赦、特赦、减刑和复权等四种;而日本则规定了大赦、特赦、赦免性减刑、赦免性复权及赦免性免刑五种。赦免权的分配模式主要有一元化模式和二元化模式:[③]一元化的赦免权归属模式将不同种类的赦免决定权都归属于一个主体,如美国、中国、日本等,在美国归属于总统的赦免决定权不受约束,在中国归属于全国人民代表大会及其常务委员会的赦免决定权须经国家主席发布,在日本归属于内阁的赦免权须经天皇认证;二元化的模式将不同种类的赦免权分别分配给不同主体,如德国总统拥有特赦决定权、大赦则需立法机关决定;俄罗斯总统拥有特赦决定权、大赦决定权则在于国家杜马。

在赦免的范围方面,有的国家明确规定了可以赦免的罪刑的范围,而有的国家则仅隐含地规定了有权机关可以对此进行自由裁量。如法国刑事法律规定大赦可以适用于刑事处罚、纪律制裁、行政制裁(如撤销驾照等)、保安处分、对未成年人的再教育措施甚至民事赔偿等;[④]而中国宪法和刑事法律则仅概括地规定了赦免权,具体的适用范围需依据有权机关的自由裁量。

在赦免的效力方面,各国之规定均有独特之处。有的国家规定赦免既可消减刑罚的效果,也可消减犯罪的效果;有的国家则仅规定可以消减刑罚的效果。并且大赦、特赦、赦免性减刑、赦免性复权及赦免性免刑的效力各不相同:一般特赦主要是针对特定个人所为,原则上仅能免除其刑罚,除非有特殊情况,不能比照大赦之要求,对犯罪人的罪行宣告予以免除;减刑和复权,除了全国性的减刑之外,多数情况下也是针对特定的个人所作出的,

① 参见杨正万:《死刑非司法性救济程序的构建》,载《云南大学学报(法学版)》2004 年第 6 期。
② 参见本书第五章第一节。
③ 参见王娜:《刑事赦免制度》,法律出版社 2008 年版,第 98 页。
④ 参见陈春勇:《赦免及其程序问题研究》,中国人民公安大学出版社 2010 年版,第 132 页。

只能减轻相对人被宣告的刑罚或恢复相对人被褫夺的公权力。

在赦免的监督与救济方面，大多数国家的宪法与刑事方面的法律并未对此作出明确规定，其多体现在权力制约原则的规定中，通过对权力的制约而实现对赦免的监督与救济。但是，如前所述，对赦免权的监督与救济势在必行，当今很多国家在实践中发展了赦免的监督与救济理论。以美国为例，传统理论认为美国联邦宪法中的赦免条款并未对总统赦免权作出限制，美国联邦最高法院也通过判决否定了国会可以制约总统赦免权的观点。近年来，美国国会及各州都加强了对赦免权的限制，在路易斯安那州制定了较为详尽的赦免听证规则，如规定赦免委员会出于合理的理由可以拒绝召开听证会，听证会前不得与赦免委员会相关人员联系和接触，应当明确听证会日期和听证会参与人员等。正如有学者指出："美国国会对总统的赦免监督尝试和各州限制赦免行使的努力具有积极的借鉴价值：美国国会业已进行的赦免听证表明，对总统赦免施加某些实体或程序限制，对遏制总统滥用赦免权确实具有积极作用；而美国有些州通过州宪法和赦免程序规则来拓宽赦免权行使方式的努力，确实有助于避免限制赦免权于法无据的尴尬和赦免权行使过程中的冲突，在一定程度上有利于减少赦免权的滥用。"①

二、赦免程序制度

赦免程序制度包括赦免启动程序、赦免决定程序、赦免执行程序、赦免监督程序与赦免救济程序等部分。

赦免的启动程序包括自下而上和自上而下两种模式，各国具体的立法和实践规定不同，有的仅规定自下而上的模式，有的仅规定自上而下的模式，有的则同时规定了两种模式。例如，在美国，"赦免的启动主要源于当事人的申请，并且规定了法定的申请期限，赦免申请需要载明赦免的具体目的，并且可以附加实现该目的的书面证明、悔罪表现说明、品格保证人的书

① 陈春勇：《赦免及其程序问题研究》，中国人民公安大学出版社2010年版，第190页。

面陈词等，赦免申请人对总统否决的赦免请求决定不能申诉，但是可于两年后重新提出新的赦免申请”；[①]在中国，仅规定了自上而下的赦免启动程序，一般由全国人民代表大会常务委员会作出决定并由国家主席公布实施，并未规定相对人具有提出赦免申请的权利；在俄罗斯，则规定大赦由国家杜马决定，属于自上而下的启动，而特赦则一般由相对人提出申请（相对人具有宪法性的赦免申请权）并由总统决定，属于自下而上的模式。此外，在赦免启动程序的具体方面，大赦、特赦、赦免性减刑、赦免性复权及赦免性免刑五种赦免类型所适用的程序也有差异，并不存在完全一致的标准。

在赦免的决定程序上，总体而言，大陆法系国家或地区通常在有权主体作出赦免决定前，由赦免问题咨询辅助机构按照赦免审查事由和标准对赦免申请进行审查，然后再提交给赦免决定主体，但具体的审查标准则有差异。如韩国对特赦的审查以及日本对个别恩赦的审查要求综合考虑犯罪情节、性格特征、服刑表现、未来生计等因素，较之法国、俄罗斯的审查更为详细；而德国不少州则设有专门的赦免委员会并制定了具体的审查标准。[②] 英美法系国家也有相关规定，如美国在赦免审查主体、审查对象、审查范围等方面均具有较详细的规定，有的州的赦免审查还包括专门的听证规则，并且联邦和某些州的赦免事务审查机构在起草赦免报告前还被要求考虑一系列相关因素。[③] 此外，不同类型的赦免行为的决定程序也可能不一样。

在赦免的执行程序上，大陆法系有的地区在专门的赦免规定中规定了执行程序，但较为概括。有的国家规定了较详细的赦免令状送达程序，如韩国规定特赦令由监察部门送达相对人生效，日本规定个别恩赦令由检察部门送达被赦免者，而法国、德国等具体的赦免执行程序则主要参照普通司法程序与行政程序实施。英美法系有的国家规定了详尽的赦免执行程序，如在美国，“联邦赦免由总统决定后，赦免事务办公室将已由总统签名的特赦

① 参见陈春勇：《赦免及其程序问题研究》，中国人民公安大学出版社 2010 年版，第 186 页。
② 参见陈春勇：《赦免及其程序问题研究》，中国人民公安大学出版社 2010 年版，第 144 页。
③ 参见陈春勇：《赦免及其程序问题研究》，中国人民公安大学出版社 2010 年版，第 188 页。

许可状寄交申请人或其代理人后，通知联邦检察官或审判法官及参与调查或建议的人员和机构。此外，联邦赦免事务办公室对赦免调查信息、总统决定或否定赦免申请的理由、赦免申请书、背景调查结果、赦免建议报告等文件进行保密监管，一般不予公开”。①

在赦免监督程序与赦免救济程序上，由于实施赦免影响甚大，可能产生严重的社会副作用，所以学界一致认为应该对赦免行为进行监督和救济，对赦免法律的适用应该从严解释，谨慎执行。但是在具体的赦免实践中，法律很少专门对赦免监督程序与赦免救济程序作出规定。大多数情况下都是通过借鉴普通的司法和行政程序来实现这一目的，如赦免监督借鉴权力监督程序、听证程序，赦免救济借鉴国家赔偿与补偿程序等。随着宪法理论的发展和法治建设的进步，尤其是赦免立法的完善，有必要对赦免监督程序与赦免救济程序进一步深入研究。

除了上述几种主要程序之外，一个完整的赦免程序制度还应当包括赦免开始前的准备程序和赦免结束后的实效评估程序。这两个程序主要是通过社会调查的方式对赦免行为的社会效应进行评估：在赦免程序启动前为赦免行为的可行性提供实证的分析报告，以资正确、适时地实施赦免行为；在赦免行为结束之后进行实证调查，为赦免带来的实际社会影响提供分析报告，以弥补漏洞，并进行经验教训的总结。

第二节　赦免制度的基本原则

赦免制度的基本原则是在赦免的立法、执行和实施过程中需要遵循的基本准则，是赦免制度的重要组成部分。从性质的角度看，赦免制度的基本原则具有根本性、普遍性和最高性。所谓根本性，是基本原则规定和反映赦

---

① 参见陈春勇：《赦免及其程序问题研究》，中国人民公安大学出版社2010年版，第189页。

免制度中最重要的问题,体现赦免制度的根本精神;普遍性指基本原则贯穿赦免制度的制定、实施和完善全过程,约束赦免制度的全部规范;最高性则指基本原则是赦免制度中的最高准则,所有的规范、行为都必须遵守,不得违反。

关于赦免制度的原则问题,有学者曾从刑事法律的角度提出限制赦免权的原则,包括法律主义原则、禁止溯及既往原则、禁止私自赦免原则、禁止自我赦免原则和禁止不当差别原则等五种。[①] 这些原则反映了赦免制度需要遵循的具体规律,在一定程度上体现了赦免制度的特点,但其仅为赦免制度的个别原则,而不是基本原则。在民主立宪国家,构建现代赦免制度必须遵循一些基本的原则,这些基本原则是赦免制度之根本,指导赦免立法和赦免实施并贯穿整个赦免过程。根据宪法和相关部门法的规定,结合实践经验的总结,以宪法基础理论为基准,可以得知现代赦免制度应该包括平等赦免原则、依法赦免原则、比例赦免原则和穷尽其他救济原则四种基本原则。

一、平等赦免原则

宪法上的平等概念是一种以宪法规范的平等价值为基础,并在宪法效力中得以具体体现的制度系统,它的内涵要求确认和保护公民在享有权利和承担义务上的平等地位,不允许任何人有超越宪法与法律的特权。同时,平等既是宪法规定的公民基本权利,同时也是立宪主义国家必须遵守的基本法治原则。诚如皮埃尔·勒鲁所言:"平等是一项原则,一种信条;而平等这个词的革命象征就意味着:平等是一项神圣的法律,一项先于其他一切法律的法律,一项派生其他法律的法律。"[②]作为宪法上的原则和基本权利,平等在我国《宪法》中有明确的规定,《宪法》第 33 条写明:中华人民共和国公民在法律面前一律平等。任何公民享有宪法和法律规定的权利,同时必须

---

① 参见阴建峰:《现代赦免制度论衡》,中国人民公安大学出版社 2006 年版,第 208~211 页。

② [法]皮埃尔·勒鲁:《论平等》,王允道译,商务印书馆 2009 年版,第 247 页。

履行宪法和法律规定的义务。

现代赦免制度在精神上体现时代的宽容,遵循平等原则并能够促进民主立宪国家的政治宽容,就像孟德斯鸠所说的那样:“在政治宽和的国家里,情形是完全不同的。没收会使财产权不稳定,会掠夺无辜的子女;会在应该惩罚一个罪犯的时候摧毁整个家庭。在共和国里,剥夺一个公民必要的物质生活,便是做了一件坏事,就是破坏平等,平等是共和政体的灵魂。”①故而,赦免制度的精神和平等原则的追求总体上是一致的。立宪主义时代的民主政治之下,“真正的平等是国家的灵魂,但是要建立真正的平等却很困难……民主政治中的一切不平等都应当以这种政治的性质为依据,甚或以平等的原则为依据”。② 赦免制度作为一种宪法制度理应体现宪法所要求的平等精神,故而平等既是宪法的重要原则,也是赦免制度的基本原则,指导各国赦免制度的理论和实践。具体而言,平等原则在赦免制度中有两方面的体现:一是赦免申请权利与救济权利的平等实现;二是赦免决定、执行和监督权力的平等运用。

首先,在权利意义上,“公民的平等权是指所有公民根据法律的规定,享有同等的权利和承担同等的义务”,③“是指公民在政治、经济和社会一切领域内依法享有同其他公民同等的权利,不因任何外在差别而予以区别对待”。④ 如前所述,赦免申请权和赦免救济权具有宪法权利的性质,一个国家的公民应当平等地分享这一权利和承担相关义务。禁止在赦免立法和执行的过程中,基于种族、性别、出身、信仰等原因对公民的这一权利进行歧视。

其次,在权力意义上,平等原则要求公平地执行赦免方面的法律和命令。作为一项主权的权能,赦免权同主权本身一样,早已烙上了时代的印记。就像托克维尔所指出的那样:“在我们这个时代,没有一个主权拥有足

① [法]孟德斯鸠:《论法的精神》,张雁深译,商务印书馆2007年版,第77页。
② [法]孟德斯鸠:《论法的精神》,张雁深译,商务印书馆2007年版,第54~55页。
③ 徐显明主编:《公民权利义务通论》,群众出版社1991年版,第140页。
④ 肖秀梧主编:《中国宪法新论》,中国政法大学出版社1993年版,第253页。

够的本领和足够的力量能以重新建立臣民之间的永久性差别的办法建立专制；也没有一个议员高明和强大得能不以平等为第一原则来维护以自由为基础的制度。因此，当代的所有人，如欲使自己的同类得到和保持独立和尊严，就得表明自己是平等的友人，而能够证明自己是平等的友人的唯一办法，就是平等待人，他们的这项神圣事业的成败，完全取决于此。”①因此，赦免的有权主体必须做平等的友人，维护社会成员的独立与尊严；赦免权力的行使，必须遵循平等原则的要求，做到一视同仁，禁止不合理的差别对待。

总而言之，平等具有重要的时代意义，正如学者所言：“我要向固执己见的人阐明平等不是一个梦幻，一个乌托邦，一个空想，一个徒然荒诞的向往，或者简单地说，平等不是一个事实，或者更确切地说，不是我不知其外表的、偶尔从我们的一切演说、推理、法规中发现的事实；平等是一项原则，一种信仰，一个观念，这是关于社会和人类问题的并在今天人类思想上已经形成的唯一真实、正确、合理的原则。”②平等原则对于赦免制度具有同样重要的作用，宪法意义上的赦免制度应当遵循平等的原则，保障平等的权利，重视平等的价值，实践平等的精神。可以说，没有平等原则就没有现代赦免制度。

二、依法赦免原则

依法赦免原则是民主立宪国家构建现代赦免制度的必然要求，意思是指赦免权的存在和运行都必须按照宪法和法律的规定，而不能与宪法和法律相抵触或冲突。依法赦免原则是宪法上的法治原则在赦免制度领域的体现和反映，它要求赦免主体的一切活动都必须在宪法和法律的范围内，严格依据宪法和法律规范的规定实施赦免行为。如果赦免主体及相关参与人员违反、超越了宪法和法律规范，就应当承担法律责任。从宪法角度看，依法赦免原则具体包括以下几个方面。

---

① ［法］托克维尔：《论美国的民主》（下卷），董果良译，商务印书馆2009年版，第873页。

② ［法］皮埃尔·勒鲁：《论平等》，王允道译，商务印书馆2007年版，第247页。

第一，赦免主体合法，即不仅赦免决定权、执行权、监督权等公权力形态的赦免行为必须由法律规定的主体行使，赦免申请权、救济权等公民权利形态的赦免行为的主体也需要符合法律的规定。在没有法律规定的情况下，赦免权主体不能将其享有的权力、权利转移或委托给他人行使。

第二，赦免职权合法，即赦免权的主体在实施赦免的过程中，既不能超越职权，也不能滥用职权，必须根据宪法和法律的要求来行使手中的权力。如有的国家规定由议会行使大赦决定权，总统行使特赦权，那么，赦免的实践中，总统就不得发布大赦令，议会亦不得僭越行使总统的特赦权。换句话说，赦免职权合法要求不能发生权力运用的错位，不能在没有法律授权的情况下实施赦免。

第三，赦免内容合法，即赦免的过程中，赦免的原因、条件、对象和范围等事项必须依据法律等规范性文件的规定。

第四，赦免程序合法，即在实施赦免的过程中，赦免申请、赦免决定、赦免执行、赦免监督与救济的一切步骤、方式等都必须符合宪法和法律的规定。程序合法在构建赦免制度上意义重大，是现代赦免制度需要遵守的重要准则。一方面，程序的正义和实体的正义有着必然的内在联系，没有正当的程序很难实现真正的公平正义；另一方面，在立宪主义国家，程序正义是现代宪法的精神内涵之一，有的国家宪法（如美国宪法）明确规定了正当程序原则[①]，赦免程序合法是法治文明的体现。

依法赦免原则是现代赦免制度正确运行的保障，也是其区别于传统君主赦免恣意专断的重要方面，正因如此，有学者指出："君主降赦，无疑破坏

① 如《美国宪法》（第五修正案）规定："无论何人，除非根据大陪审团的报告或起诉，不得受判处死罪或者其他不名誉罪行之审判，唯发生在陆、海军中或发生在战时或出现公共危险时服现役的民兵中的案件，不在此限。任何人不得因同一罪行而两次遭受生命或身体的危害；不得在任何刑事案件中被迫自证其罪；不经正当法律程序，不得被剥夺生命、自由和财产。"这条规定适用于联邦政府机关。《美国宪法》（第十四修正案）规定："凡在合众国出生或归化合众国并受其管辖的人，均为合众国的和他们居住的州的公民。任何一州，都不得制定或实施限制合众国公民的特权或豁免权的任何法律；不经正当法律程序，不得剥夺任何人的生命、自由或财产；对于在其管辖下的任何人，亦不得拒绝给予平等法律保护。"这条规定适用于各州政府机关。

法制,属不合理措施,后来,将君主的恩赦纳入律令规范,使君权有所约束,不致漫无节制,应视为不合理措施的合理化过程,可说是一大进步。"[①]在我国当代宪法体系下,依法赦免原则具有重要意义。从国家发展的角度看,它是实现人民当家作主的基本保证,是建设社会主义法治秩序的客观需要,是宪法文明和社会进步的重要标志,是社会有序和人民安居乐业的重要保证。

三、比例赦免原则

比例赦免原则是比例原则在赦免制度层面的体现。比例原则要求国家权力的行使必须保持在必要的限度之内,特别是在法律不得不给执法者留有一定的自由空间之时,需要保障自由裁量的适当性,既不能采取总成本高于总利益的手段,也不能为了目的不择手段。它着眼于各种利益的均衡,以维护和发展公民权为最终归宿,是控制国家公权力运行的一项重要原则。在公法意义上,比例原则既是行政法的重要原则,也是宪法的重要原则,在当代公法领域地位显赫,是赦免行为必须遵循的基本原则之一。

从宪法发展的历史之维考察,权力的行使必须合乎比例的思想可以追溯到1215年英国的《自由大宪章》中关于犯罪与处罚应具有衡平性之规定,即人民不得因为轻罪而受到重罚。[②] 后来,在法治国家和人权保障的基本理念之下,逐渐演化为重要的公法上的比例原则,首先是在行政法层面,进而扩展到宪法领域,成为具有宪法位阶的公法准则。宪法赋予公民基本权利,其本身就已蕴含对抗国家权力对于自由领域的不当侵害与限制的意味。也就是预设了国家权力行使的例外和权力有限的内在思想,当国家行使公权力而与基本权利发生冲突时,就必须凭借某种标准来判断上述公权力的行使是否为宪法所允许,国家权力对公民权利的侵害是否适度、合比例。[③] 比

---

① 陈俊强:《皇权的另一面——北朝隋唐恩赦制度研究》,北京大学出版社2007年版,第233页。

② 参见蔡宗珍:《公法上之比例原则初论——以德国法的发展为中心》,载《政大法学评论》1999年第62期。

③ 参见应松年主编:《行政法与行政诉讼法学》,法律出版社2005年版,第38页。

例原则一般包含三个具体原则,即妥当性原则、必要性原则和法益相称性原则。[①] 妥当性原则要求公权力行为措施必须能够有助于或者增进设定公权力之目的,并且这些措施必须采取正确的手段,即公权力行为在目的和手段的关系上,必须是适当的,相适应的。必要性原则要求国家公权力行为对当事人之法律地位、基本权利的负面影响最小,又称为最少侵害原则、不可替代性原则等。具体内容是指公权力行为在满足了上述适当性原则之后,如果有多种方式能够达成该行为之目的,应选择对当事人权利侵害最小的方式。德国学者耶利内克曾对此做过一个形象的比喻,那就是"警察不能用大炮打燕子"。法益相称性原则要求公权力行为所能带来的利益和其对相对人所造成的损失必须具有均衡性,只有当相对人所遭受的损失或者做出的牺牲远远小于公权力行为所能带来的利益时,行为才是合理的,否则,公权力的行使即有违宪或违法之嫌。[②]

在实施赦免的过程中会发生多方的利益冲突,根据权力行使必须合比例的精神,解决这些利益冲突必须遵循比例原则的基本要求。首先,必须要求赦免行为具有正当的目的和正确的手段,在宪法理论上,只有为了公共利益的需要才能实施赦免,并且赦免的措施、方式必须符合法律和社会公序良俗的要求;其次,必须要求赦免行为具有必要性,对当事人的权利侵害最小,采用最温和的方式实施;最后,必须要求赦免行为符合法益相称性,赦免行为对社会带来的利益必须超过其所付出的成本,正面的价值必须超过负面的价值。

在构建赦免制度上,整个赦免制度的实施必须根据比例原则的要求,权衡犯罪人、受害人和社会公众三个方面的主要利益,并根据理性的判断,做出正确的规定。具体体现为:第一,赦免制度需要有利于犯罪人利益。现代赦免制度的核心目的之一即保障人权,其中保障犯罪人的人权是其重要内

---

① 参见晏韬:《论行政法中的比例原则》,载《法制与社会》2010年第19期。

② 参见于安:《德国行政法》,清华大学出版社1999年版,第29页。

容。因此,赦免制度的构建必须体现有利于犯罪人人权保护的立场。第二,不损害被害人利益。赦免行为的实施会使相关犯罪人免刑或者免罪,这直接影响了被犯罪侵害的被害人的利益。按照比例原则,赦免制度的构建在保护犯罪人利益的同时,需要不损害被害人的利益,或者使被害人的损失降低到最小。体现在具体实践中,则是被赦免的对象一般需要取得被害人或者其近亲属的谅解,才可以获得赦免。第三,不影响社会公众利益。相对于赦免制度直接影响的具体的犯罪人、被害人个人利益而言,公共利益是一种间接利益,也是一种不特定多数对象的利益,同时也是一种整体性利益。赦免的实施可能会造成社会治安状况的改变,从而影响正常社会秩序,对人们生活造成负面影响,社会公众有权对此提出抗辩。赦免制度的构建必须规定对社会公众利益的保护,将社会秩序纳入考虑的范畴。

总体而言,赦免的实施会带来正面的社会效应,同时也会带来负面的社会效应。其可以让一部分符合条件的、不再危害社会的犯罪人得到重新生活的机会,但同时也可能带来新的社会治安问题,可能伤害法治本身,可能破坏被害人对法治的期待,并产生社会不公的现象。要使赦免的功能得到最大的发挥,除了平等赦免与依法赦免之外,还应当按照比例原则的要求,考虑具体赦免行为的合理性,进行各方面的利益权衡,做出最优选择。

四、穷尽其他救济原则

穷尽其他救济原则,是指一个社会,赦免行为的发生应该以法律救济、道德调整或纪律约束等常规手段为前置条件,只有在常规调节手段失去效力之后,才应当启动赦免程序。换句话说,赦免行为的实施应当在穷尽其他社会救济手段之后。在专制时代实施的赦免即具有此特点,统治阶级一般都用刑罚、礼教等方法治理社会,只有当矛盾激化到发生暴力冲突甚至不可调和的时候,才会单独适用赦免制度,或者将其与其他制度结合适用。诚如有学者指出的那样:“在社会形式和阶级力量对比于统治阶级不利时,封建当权者往往变换治世手法,即将赦宥一般刑事犯罪与严刑镇压政治性犯罪和恶性刑事犯罪的两手结合使用，而反对单一地使用一种手段。因为，只有宽赦一般犯罪，才有利于孤立严重犯罪；严惩政治犯罪和恶性刑事犯罪，才有利于震慑一般犯罪。”①

在民主宪法时代的理论实践中，确立赦免制度的“穷尽其他救济原则”主要是基于如下几个原因：首先，作为一种利益调节手段、一种人权保障方法和一种社会整合机制，赦免制度的运行不是一种常态，一般只有在正常的社会调节机制出现问题的时候它才能够发挥作用；其次，现代赦免虽然是宪法治理框架内的制度，但是其实施仍然会对法律秩序造成较大的负面影响，需要谨慎而为之；最后，从社会治理的角度来看，“刑罚之所以防暴止乱，弼教化民，不得已而用之；然万一刑罚失当，不能不有救济之道，以符慎刑恤囚之至意；故历代有赦肆之实施，以济刑罚之失，而与之互为表里之运用”。刑罚尚属不得已而为之的措施，作为纠正刑罚严苛的手段，赦免制度更应当是最后的选择。

第三节　完善中国赦免制度的思考

一、中国赦免制度存在的问题

赦免制度在我国历史悠久，赦免思想更是源远流长。但是，赦免制度在我国的发展却甚是缓慢，当代赦免立法简单粗略，跟不上法治进步的速度。就目前的情况而论，赦免制度在我国并不健全，其蕴含的民主宽容精神并未得到充分发挥，赦免的理论和实践都存在问题。总体上看，中国赦免制度存在的主要问题可以概括为以下几个方面：

第一，对赦免的观念有误，缺乏对赦免价值的正确认识和评价。

从传统观念来看，人们普遍认为赦免是一种弊大于利的行为。有学者

---

① 郭金霞、苗鸣宇：《大赦、特赦——中外赦免制度概观》，群众出版社 2003 年版，第 148 页。

曾指出,从管子到刘基几千年来,不论是春秋战国的法家或汉代以后的儒徒,对大赦都认为是有百害而无一利的恶制,但事实上则相反,历朝君主仍滥行大赦。[①] 诚如其言,中国历史上对赦免持否定思想的学说一直占有主导地位,虽然历代帝王均有赦免实践,但是思想界视赦免为长奸之门的观念却流弊甚远。这在客观上使赦免制度的发展和完善受到限制,阻碍了现代赦免制度的进步,故而有必要从观念上重视赦免制度,找出赦免制度的历史演变逻辑和内在发展的动力。诚然,"喧嚣的利弊之争并没有从根源上挖掘出赦免存在的原动力和发展的促进力,只有解决这两个问题,才能回答赦免的存在和发展的原因"。[②]

第二,相关赦免立法不完善,缺乏可操作的制度安排。

在实体制度上:首先,赦免类型单一,赦免权分配不明确。现行法律虽然明确规定了特赦制度,也在一定程度上默示赦免性减刑的存在,但却完全未规定大赦、赦免性复权及赦免性免刑等制度,如此狭窄的规定势必妨碍赦免制度的发展,阻碍赦免功能的发挥,影响法治秩序的完善;虽然在特赦决定和特赦发布方面有分工,但是却没有进一步规定赦免执行权、监督权等的行使主体。其次,适用赦免的原因和条件缺乏规定,这不利于依法实施赦免,从长远来看也容易导致滥赦现象的发生。再次,赦免的范围和效力不明确。如前所述,很多国家都明确了赦免的适用范围,并规定了各种赦免行为的效力,但我国法律却并未对此进行规范。最后,未规定的赦免监督与救济制度是现代赦免制度的重要组成部分。

在程序制度方面,虽然在我国以往的多次特赦中,已形成了较为固定的适用程序:"首先由战犯关押地的省公安厅提出在押战犯的罪行、表现情况和处理意见,报公安部审查,经处理战犯领导小组同意后,再报国务院召开全体会议审议决定向全国人大常委会提出具体建议。然后由国务院(除第

① 参见杨鸿烈:《中国法律思想史》(下册),商务印书馆1998年版,第248页。
② 参见王娜:《刑事赦免制度》,法律出版社2008年版,第110页。

一次由党中央提出外）提交全国人大常委会讨论决定。最后，由中华人民共和国主席发布特赦令，并交由最高人民法院、高级人民法院执行。在具体执行时，由人民法院在监狱、劳改队等刑罚执行机关的配合、支持下，综合审查犯罪人的犯罪性质、原判刑罚、已经服刑的期限乃至是否确实改恶从善。而最高人民法院会根据具体的审查意见发布特赦通告，确定特赦的具体名单，并最终向被特赦者发放特赦通知书。"①但是这种程序显得过于简略，存在很多需要完善的地方，不利于保障公民的基本权利。首先，在赦免启动程序方面，不能仅规定自上而下的方式，民主立宪国家承认公民的赦免申请权为一种宪法性权利已是发展趋势，因此有必要规定自下而上的赦免启动方式，肯定公民这一权利；其次，现行法律未规定可操作的赦免审查决定程序，如果缺乏这一规定，可能导致赦免权滥用，出现自由裁量空间过大的情况；再次，缺乏专门的赦免执行程序，在实践中，我国一般由司法机关主要负责执行赦免，行政机关及其他相关机构辅助之，其适用的程序也主要是司法程序和行政程序，这忽视了赦免程序的独特之处，不利于赦免公正的实现；最后，没有赦免监督和救济程序，主要靠类比适用其他法律程序，导致很难实现对赦免行为进行依法有效的监督和救济。

第三，缺乏赦免行为的组织载体，赦免权实施机构不明确。

根据中国现行宪法和法律的规定，只可以得出全国人民代表大会及其常务委员会享有特赦决定权、国家主席负责发布特赦令的结论；根据历次的赦免实践，政党组织、行政组织和司法机关等都曾参与赦免过程并发挥相应的作用。然而，赦免的复杂性与如此简单的规定明显不对称，在实践中，各级法院、行政机关、狱政系统甚至公民个人和社会组织等均会对赦免的实施造成影响，如果没有相关的规定，很可能导致权属不明、权力滥用、权利侵害的乱象。因此，有必要通过立法的方式，健全赦免权实施机构，明确赦免权属分工。

---

① 高铭暄、赵秉志、阴建峰：《新中国成立60周年之际实行特赦的时代价值与构想》，载《法学》2009年第5期。

二、完善中国赦免制度的构想

(一)转变传统观念,正确认识赦免价值

要正确对待赦免,必须对犯罪与刑罚的概念有重新的认识,也必须对赦免制度本身的性质和价值有正确的理解。①

传统的犯罪刑法观念认为,犯罪是对社会正常生活秩序的否定,刑罚则是对犯罪本身的否定,通过对犯罪所带来的混乱的纠正与否定,最后重新实现社会正义,达到正常的社会生活状态。② 也就是说,刑罚是对犯罪的否定之否定,而实现这一目标的方式就是对罪犯进行报复,"加于犯人的侵害不但是自在地正义的,因为这种侵害同时是他自在地存在的意志,是他的自由的定在,是他的法,所以是正义的;而且它是在犯人自身中立定的法,也就是说,在他的达到了定在的意志中、在他的行为中立定的法"。③ 这样的报复刑理论在历史上曾经发挥过非常重要的作用,其通过严刑峻法,打击犯罪,一定程度上维护了稳定的秩序并促进了社会的进步。但是,随着侵犯犯罪人人权的现象不断发生,人们对这一现象进行了深刻的反思。贝卡利亚明确地反对严酷的刑罚,他指出:"即使严酷的刑罚的确不是在直接与公共福利及预防犯罪的宗旨相对抗,也只是徒劳无功而已,在这种情况下,它不但违背了开明理性所萌发的善良美德——这种理性往往支配着幸福的人们,而不是一群限于怯懦的残忍循环之中的奴隶——同时,严酷的刑罚也违背了

---

① 参见李秀鹏:《完善我国特赦制度的构想》,载《人民检察》2010 年第 7 期。

② 我的意志在物中可能无条件地受到暴力的支配或者被强迫作出某种牺牲、某种行为,以作为保持某种占有或肯定存在的条件。这就是对它实施强制。……暴力或强制在它的概念中就自己直接破坏了自己,因为作为意志的表示,它摒弃了意志的表示或定在。所以抽象地说,暴力或强制是不法的。……关于强制在它的概念中自己破坏自己这一点,在强制被强制所摒弃中获得实在的表现。所以强制不仅是附条件地合法的,而且是必然的,它是作为扬弃第一种强制的第二种强制。参见[德]黑格尔:《法哲学原理》,范扬、张企泰译,商务印书馆 2007 年版,第 95 ~96 页。

③ [德]黑格尔:《法哲学原理》,范扬、张企泰译,商务印书馆 2007 年版,第 103 页。

公正和社会契约的本质。”[①]边沁则认为一个不足的刑罚比一个严厉的刑罚更坏。因为一个不足的刑罚是一个应被彻底抛弃的恶,从中得不到任何好结果。[②] 德国刑法学者李斯特也认为刑罚本身的目的并不是报复犯罪,而是改造犯罪人,使其重新回归正常的生活状态。这一论断符合现代法治精神,更有利于保障人权,维护人的尊严,因此对现代刑罚理论影响也更为巨大。现代政治理论认为,在以宪法为前提、民主为基础、法治为保障、人权为目的的政治生活状态或运行模式中,一切制度、法令和行为的最终目的都必须符合人类自身的发展,必须有利于保障人的权利与尊严。而作为具体个体的人本身,不分身份、地位、信仰等均需得到一视同仁的对待。这也是宪法精神中的平等原则,这一原则尤其强调对于弱者(具体情况下处于不利地位的一方)的保护。在犯罪人权利与被害人权利之间,倾向于被害人;在犯罪人权利与国家权力之间,则倾向于犯罪人。因此,现代犯罪与刑罚理念认为犯罪人也是整个社会的一员,不能在权利保障方面将其与一般人区别对待。应当注重保护犯罪人人权,并尽可能给予其重新做人的机会。

如前所述,传统赦免理念普遍认为,赦免制度是一种法治的补救性制度[③],或者是处于法治之外的辅助性制度。如政治学家葛德文指出:“赦免制度的有害影响是特别突出的。这种制度最初是作为残酷的法律的一种可怜的补充而创设的。这种法律的残忍非常明显,因而执行法律的人或者是害怕如果无差别地加以执行就会引起人民的反抗,或者是他们自己也对这种法律所要求的死亡感到一种不可抑制的厌恶因而裹足不前。赦免制度显然是同法律制度联系在一起的,因为虽然我们可以把一切案件,例如一个人使

---

① [意]切萨雷·贝卡利亚:《论犯罪与刑罚》,黄风译,中国法制出版社 2005 年版,第 13 ~ 14 页。

② 参见[英]吉米·边沁:《立法理论》,李贵方等译,中国人民公安大学出版社 2004 年版,第 68 页。

③ 赦免是对处于过于僵硬状态的法定处罚的一种补救,赦免已成为刑事制度运作不可缺少的“安全阀”。参见[法]卡斯东·斯特法尼等:《法国刑法总论精义》,罗结珍译,中国政法大学出版社 1998 年版,第 657 页。

另一个人致死的案件,都叫作谋杀,但是对所有的谋杀案件都做同样的处理,这就未免过分的非正义了。不管我们愿意怎样精确地界说谋杀这个罪名,但是同样的后果,同样的各个案件间的悬殊情况还是会出现。因此就必须有一个理性的法庭,一般法庭的一切判决都必须送交这个法庭复审。但是这个具有无可比拟的重要性的法庭怎样来组成呢?这才是问题的实质,其余的都是形式。召集一个陪审委员会来说明一种行为所属的罪名;然后由一个承办的法官,从巨册的法律书中找出给予这个罪名的惩罚;最后就是调查庭,它的任务是判断法律上的规定是否适合这个具体案件的各种情况。我们的习惯是首先把这种权限交给法官,最后是交给枢密院。现在暂且不谈这种具体的选择是否正当,这里有一个重大流弊,应该使最肤浅的观察家也感到吃惊。这些受到这种重托的人,把他们在这方面的职务看作是完全附带的事情,懒洋洋地执行这些职务,并且在许多情形下只根据极少的材料来指导他们的判断。这一切是在很大程度上从赦免这个名称本身上来的,我们习惯于把这个名称理解为职务以外的行善工作。"①美国联邦最高法院斯托里大法官也持类似观点,他说:"据贝卡利亚说,在法律完美执行的情况下,赦免的权力是不存在的;承认这种权力是默认司法过程中的缺点。但是,这如果是一种缺点的话,它是来自……普遍上的缺点;依此观点,它与其他任何政府权力一样,都是可以反对的;因为每一种这样的权力在某种性质上都是来自人类的缺点。但是,如果这意味着人类立法中的不完善为任何案件中的赦免权力提供了可能性的话,也可否认这种命题,至少这种率真的现实需要某种证据。普通的论证是,当惩罚是适度的时候,它们应是确定的;首席行政长官的仁慈是对默许的法律不赞成。但是,当然没有人会主张,任何法律制度都可以规定每种罪行可能的轻重、规定对其惩罚的恰当程度。已经发生的,并且能够实现的最可能情形是,对犯罪的惩罚是根据某些普遍性规则以及在某些范围内作出规定。完全排除赦免的整个权力,必然

---

① [英]威廉·葛德文:《政治正义论》(第2、3卷),何慕李译,商务印书馆2007年版,第585页。

在法官和陪审团中产生危险的、根据法律精神而非法律文字的权力；或者出于仁慈，使真正的罪犯彻底逃脱惩罚；或者，这必然要认定，在惩罚中违法者的具体情形和环境不应产生任何差异。”[①]这种认识导致近代论者通常将赦免的价值与法治的追求对立起来，从而忽视其促进法治和保障人权的重大功能。而要实现这一点，首先必须在现代宪法精神的框架内理解这一制度。现代国家，无论是专制国、君主国还是共和国，多数的宪法或宪法性文件中都规定了赦免制度。就共和国本身而言，它有许多颠覆传统模式的独特的体制、原则和理念，为什么会继续保留这样一个发源于专制时代的赦免制度呢？其主要原因是“特赦”这一概念在共和主义之下被赋予了新的内涵，与传统的体现君主德政思想不同，它在立宪主义时代更多地体现了法治理念。共和国家的赦免都是在民主宪法的规定之下实施的，其必须符合宪法精神。实施的主体、对象、内容和程序等都必须有合乎宪法规定的法律文件明确规定，而不得任意为之。可以这样说，赦免是法治下的舞蹈，为规则下的社会增添必要的活力而已。因此，其与德政关系不大。正如有学者指出的，“现代赦免制度，这个源自于民主宪法，遵从法治原则，折射着人性光辉，包含着人道意蕴的刑事政策，正是人们秉持善的冲动、追求法的实体公正和人文品格的天才创设。……可以说，承认赦免的独特价值并适时实施赦免，是一个国家法治进步的标志，是人权保障的表征，是政治体制和刑事司法制度成熟而自信的体现”。[②]

（二）完善赦免立法，增强实践操作依据

就我国现阶段而言，有必要制定一部专门的“赦免程序法”或者“赦免法”。从现行的法律规范来看，规定赦免制度的主要是《宪法》、《刑法》和《刑事诉讼法》三部法典，其在程序上显得有些简陋。从法律所规定的内容来看，仅仅规定特赦失之过窄，有必要以现存特赦制度为基础，进一步恢复

---

① [美]约瑟夫·斯托里：《美国宪法评注》，毛国权译，上海三联书店2006年版，第454页。

② 陈东升：《赦免制度研究》，中国人民公安大学出版社2004年版，第292页。

宪法上的大赦制度,并规定赦免性减刑、赦免性复权及赦免性免刑制度。总体而言,虽然我国宪法和法律在形式上确立了赦免制度,但是其内涵需要进一步丰富,程序需要进一步规范。据此,可以考虑在适当的时机制定赦免程序法,以增强实施赦免的可操作性和规范性。赦免程序法属于宪法性法律,它应当在宪法之下,参考现行刑事法律的规定,并借鉴历史上历次的惯例和国外立法的经验,对赦免的相关程序做出具体的规定。

赦免程序的立法规定应当从不同的层次进行考虑。有宪法和法律规定的,严格依据宪法和法律规定;①宪法和法律没有明确规定的,应从相关条文中得出合理解释;宪法和法律没有明文规定且不能从相关条文中得出合理解释的,可以参照现行惯例实施。

一方面,在决定、宣布和具体执行赦免行为的问题上,应当严格依据宪法的规定。宪法关于由全国人民代表大会常务委员会决定并由国家主席发布特赦令的规定本身就包含程序上的意义。并且,全国人民代表大会常务委员会议事规则本身也可作为实施赦免的程序而直接适用。另外,在具体执行赦免的问题上,根据中华人民共和国成立后的历次做法,一般交由最高人民法院和高级人民法院负责执行,各级行政机关和其他组织配合实施。此外,参考以往的立法传统与实践经验,在赦免实施前与实施结束后,均应有相关的保障程序,比如,实施特赦之前的民意调查程序与实施结束之后的效果评估程序等。只有这一系列的辅助程序与赦免主程序结合起来,才能真正地形成一套完整的赦免措施,也才能最有效地发挥赦免制度的功能。

另一方面,在赦免的条件上,根据特赦的经验,罪犯只有满足一定条件之后才能被特赦。根本条件就是罪犯正在被执行刑罚,但是在服刑的过程

---

① 如韩国《赦免法》对赦免程序性事项作出了比较具体的规定;法国的赦免制度则从宪法到刑法、刑事诉讼法,都对赦免权的行使主体、赦免的适用条件以及适用程序作了较为详尽的规定,可以说是赦免规定之典范。参见郭金霞、苗鸣宇:《大赦、特赦——中外赦免制度概观》,群众出版社2003年版,第312页。

中,确有悔改,不至于再危害社会。[①] 大赦、赦免性减刑、赦免性复权和赦免性免刑等制度可以参考特赦制度而规定。至于具体的操作细则,则可以依据实际情况而制定单行的规范性文件加以规定。

(三)健全组织体制,完备赦免实施机构

要充分发挥赦免制度的功能,必须有专门实施赦免的组织机构。赦免机构应当是政策咨询性质的组织,其主要功能是对赦免的实施原因、实施条件以及实施效果等进行评估,并向有权实施赦免的国家机关提供政策性建议,从而使赦免的实施能够达到最大利益化的效果。从世界各国的做法来看,在不同的国家里,不同的人或组织有下达赦免令的权利,包括国家元首、议会或者最高司法机关等。具体机构设置上,有的国家设立专门的赦免机构(如南非等),有的国家在有权赦免机构之外设立一些辅助赦免机构(如美国等),有的国家赦免机构的设置则相对简单。

在我国,有学者从赦免制度法治化的角度提出完善赦免实施机构的建议,认为其包括以下内容:行使主体法制化——全国人民代表大会常务委员会;申请主体法制化——犯罪人、犯罪人法定代理人、经犯罪人同意的近亲属及辩护人;实用程序法制化——由赦免申请主体向高级人民法院提请,再由高级人民法院收集相关材料后报至最高人民法院,最高人民法院对是否赦免有提出建议的权力,并将意见附于材料后一并报于全国人民代表大会常务委员会,由全国人民代表大会最后决定是否批准赦免。[②] 但是这种架构的合理性尚有待商榷。

值得一提的是,有学者建议"在全国人民代表大会常务委员会下设赦免委员会作为常设性机构,专门负责处理具体的赦免事务"。[③] 这一建议有其合理之处,但在具体的实施过程中却可能遭遇实践上的障碍。宪法规定特赦决定权属于全国人民代表大会常务委员会,公布权属于国家主席,二者皆

① 参见高铭暄、马克昌主编:《刑法学》,北京大学出版社、高等教育出版社2000年版,第327页。

② 参见何为:《论刑法中的赦免制度》,载《法制与社会》2006年第17期。

③ 阴建峰:《现代赦免制度论衡》,中国人民公安大学出版社2006年版,第403页。

属国家权力机构,是故在国家权力机构之下设立赦免委员会尚属恰当。但是,赦免毕竟不是经常性行为,作为非常设性机构的赦免委员会在赦免实施完成后如果不自行解散,势必增加国家财政负担,并使国家官僚体制更加臃肿,也不符合我国宪法规定的国家机构精简原则。① 因此,更为妥当的策略是在全国人民代表大会常务委员会之下设立非常设性机构的赦免委员会,赦免委员会不具有提起赦免案的权力,仅作为有权赦免机关的辅助机构而设立。并且,赦免委员会虽然隶属于权力机关,但其设立本身亦不得由权力机关自行决定,而应当根据最高国家行政机关(国务院)提起的建议而建置②,并依照国务院的建议,向全国人民代表大会常务委员会提供决策性咨询。这样的设置,符合权力制约的宪法原则,能够使赦免的实施更加理性和谨慎,也可以精简机构,节约经济成本。

总而言之,在宪法观念深入人心、依法治国空前推进、民生建设卓有成效之今日,如果能从以上诸方面综合考虑,完善赦免制度建设,适时运用这一调节手段治理国家,定能起到促进司法减压、矛盾化解和社会和谐之功效,为进一步推进中国特色社会主义法治事业做出更大贡献。

---

① 我国《宪法》第 27 条第 1 款规定,一切国家机关实行精简的原则,实行工作责任制,实行工作人员的培训和考核制度,不断提高工作质量和工作效率,反对官僚主义。

② 之所以由国务院享有提议权,目的是配合特赦实施前的民意调查程序,因行政机关具有高效率的特点,这个程序理所当然应由行政机关完成。

结语：充分运用赦免制度强化国家治理能力

民主宪法时代，赦免作为一种理念，以宽容为本；作为一种权力，以主权为依；作为一种行为，以人权为体；作为一种制度，以法治为基。如果说宪法治理是时代浪潮中破浪前进的航母，那么赦免制度或许只是这艘航母动力机上的一个螺丝钉，但却是不可或缺的组成部分。任何论者都不可过高地估量赦免制度，不能将其作为一项兴邦治国的法宝，亦不能视其为拯万民于水火的济世良药。但是它可抚慰混乱之世芸芸众生苦痛的心灵，挽救有罪之人充满悔悟的灵魂，捍卫主权之下民主自由的理念，强化法治之上国家治理的能力，理论与实践之人都不可不重视其理念、精神和价值的重要作用。

从卷帙浩繁的历代政治与法律实践中获得启发，通过对古今赦免制度的宪法分析，并运用适当方法结合现代实践探讨赦免的本质和个人生活、社会变革之间的关系，无疑有助于为当代国家治理能力建设提供理论支持。历代之赦免，其形态大致可以分为三类：一是为了全体民众的权利和利益而实施的赦免；二是为了维护统治阶级内部利益的赦免；三是出于君王好恶的恣意的赦免。一般而言,为了全体民众的权利和利益而实施赦免,实施的次数越多,社会越倾向于和谐稳定的状态,发生激烈的社会变革的可能性越小;仅为了维护统治集团或上流群体的少数人利益而实施赦免,则导致秩序混乱和民生维艰,引发剧烈的社会变革;君王好恶的恣意赦免更显得"无厘头"和戏剧化,纯系专制独裁下的独有现象。这一规律由赦免的本质所决定,它所体现的宽容精神和人权理念,保障了作为弱者(与国家相对)的个人的权利,人们在内心的情感上倾向于接受这样的国家行为。

宪法赦免制度反映人性宽容的自由价值。古典政治学家曾激烈地反对君主的赦免权,认为其不仅不能带来自由,反而造成奴役。英国政治学家葛德文指出:"从赦免制度产生的还有另一个重要后果,赦免制度是一种真正的奴役制度。它告诉我对于某种满意的结局抱着期待,从什么地方得到呢?从另一个凡人的宽恕,从他的随便的和没有理由的慈悲。一个人因为另一个人在开始时违反正义,后来又发了慈悲,所以他就永远对他献媚奉承,还有什么教训能够比这种卑怯的奴性更可耻的呢?……在这个问题上一个有理性的动物唯一应该有的是什么样的心情呢?给我而且只给我那种不违反正义你就不能拒绝给的东西。不该要的我向你要,不应该给的你给了我,都是超乎正义允许的范畴的。我站在公理的基础之上,这是一种野蛮暴力可能拒绝承认的,然而却是世界上一切暴力所不能消灭的权力。拒绝这种要求,你就会证明你自己违反正义;而接受这个要求,你也不过是把我所应得的给了我。如考虑到这一切,证明我是一个适当的受益者,这种利益就是我应得的;在任何意义上的利益都是自相矛盾的和荒谬的。如果你给了我不应得的利益,你就是对普遍福利不忠实。我如果是卑鄙的,我就会感谢你;但是如果我是有德行的人,我就会责备你。只有这种心情才是同真正的独立思考相符合的。惯于把施恩当作美德的人不可能算作是特别有德行的。如果他偶然做一件显然仁慈的事,他就会夸耀自己的慈悲心肠;而他如果不这样做的时候,他也会这样来开脱自己:难道我不可以随心所欲地处理我自己的事吗?同样地,当他受到另一个人的恩惠的时候,他首先是不愿意认真研究这种恩惠给得是否合理,因为在他想来,恩惠是不受任何不变法则的支配的;其次他也不会以一种真正和大方的态度,那种勇敢的平等观念来看待他的施惠人,而这种观念正是美德和幸福的唯一的无可怀疑的基础。"①但是在民主宪法背景下,赦免制度不再是一种君主特权,它是人民享有的主权权能,是捍卫个人自由的重要武器。那些遭受冤狱的不幸者,那些希望重新做人的失足者,那些满怀宽容的热心者,都期待符合条件的人能够通过赦免制度获得宝贵的自由。

赦免制度体现人格尊严的权利理念。人是社会之根,是国家之本,是一切的最终目的。宪法文明在目标上要求一切依靠人、一切为了人,尊重人的尊严与价值;现代赦免制度亦在维护社会秩序的基础上,要求保护人的基本权利。因此,在保障人权上,赦免制度与宪法文明形成沟通,"权利"一词是二者的连结点。在对人格尊严缺乏尊重的社会里,统治者为了巩固阶级利益,往往实施严苛的律法,或者禁用赦免,或者滥用赦免。但其结果经常事与愿违:越是渴望稳定,越是没有秩序;法律越多,秩序越少;赦免越多,矛盾越大。宽容的赦免制度符合人的本性的追求,符合人类社会的基本规律,即尊重人、重视人、捍卫人的基本权利,从这一点上看,赦免制度的实施也符合现代宪法精神。

赦免制度巩固民主法治的宪法秩序基石。民主宽容的精神体现在法治社会的各个领域,尤其是在立法的过程之中,立法者应当以宽厚之心订立社会的基本规则,并限制执法者的自由裁量空间,制约权力和维护宪法秩序。贝卡利亚认为:"法律应当是铁面无私的,每一具体案件中的执法者也应当是铁面无私的。但是,立法者应当是温和的、宽大的和人道的。他们是一些明达的建筑师,使自己的大厦以自爱为基础平地而起,使普遍利益集中地体

---

① 参见[英]威廉·葛德文:《政治正义论》(第2、3卷),何慕李译,商务印书馆2007年版,第587页。

现个人利益。他们任何时候都不会被迫用片面的法律和混乱的措施将普遍利益同个人利益割裂开来,以恐惧和猜疑为基础建立起公共幸福的虚伪形象。他们是深沉而敏感的哲学家,让作为自己兄弟的人们安宁地享受那一小份幸福;自在的第一动因所创立的无限体系,安排人们在宇宙的这一角落领略这种享受。"[①]但如前所述,即使再好的法律也不能是万能的"钥匙",可以解决人世间所有复杂的谜题;即使能够解决谜题,也不能体现人类至高无上的善良与宽容。诚如康德所言:"即令法律和刑罚的威力能够说服和改变人的思想,却全然无助于拯救灵魂。"[②]基于法律自身存在的问题,其不可能尽善尽美,实施法律的检察官、法官等也并不是神,其所作出的追诉和判决可能出现这样和那样的失误,对司法本身问题的及时补足和匡正是十分必要的;再加上由于情势变更,很多事情时过境迁,原先很严重的罪行而今却可能已经没有了惩罚的必要,法律的僵化执行将进一步导致不公正。赦免制度通过对这些问题的纠正,使一国法律制度良好运行,从而巩固了民主法治的宪法秩序基础。

在当代中国特色社会主义政治文明建设进程中,充分运用赦免这一宪法制度,毫无疑问将强化国家治理能力并进一步促进我国法治文明的进步。

---

① [意]贝卡利亚:《论犯罪与刑罚》,黄风译,中国法制出版社2005年版,第74页。

② [英]洛克:《论宗教宽容——致友人的一封信》,吴云贵译,商务印书馆2002年版,第7页。

后　记

新时代背景下，国家治理体系和治理能力建设是我们需要认真研究的重要课题。国家治理体系是政府管理一国公共事务领域的一系列规则、制度安排的总和，是经济发展、政治稳定、文化进步和社会和谐的根本保障，与每一个公民的利益密切相关。国家治理能力的加强以国家制度规范为基础，是文本规范价值的实现过程，涉及政治、经济、文化和社会生活的方方面面。赦免制度作为一种宪法制度，是国家治理体系的有机组成部分，依法实施赦免无疑有助于强化国家治理能力、提升执政效率、维护秩序稳定、促进社会和谐并保障公民权利。

赦免制度历经千年历史演变，并在世界范围内广泛应用，在理论上存在不同的解读，是一个人们长期争论的历史谜题。如何结合时代背景分析其理论基础并揭示其本质特征是一个严峻的挑战，运用法治思维从宪法学角度进行价值探讨、规范分析和实证研究为此提供了一个崭新的视角。

人类经过了从蒙昧时代到文明时代的发展历程，经历了从专制统治到民主立宪的治理模式，以宪法为基础的法治成为普遍的发展趋势，让我们的未来充满希望。在一个充满战争、痛苦和生离死别的世界，赦免思想所体现的宽容伴随人性的完善和社会的发展,以一种极强的生命力从历史的源头绵延至今。赦免是一种宽容,专制时代的赦免体现当权者的宽容,立宪主义时代的赦免体现民主法治的宽容。宽容可以治疗这个社会的“病”,安慰受到伤害的灵魂,让每个人都享有自由和尊严。

本书在我博士论文的基础上,结合近些年教学科研工作中的一些新思考而完成。人生总在不断变化之中,不变的唯有奔流的时光,转眼之间,距离博士毕业已十年有余。或许某道风景触动了久蛰的灵魂,或许某些往事依旧让人难忘,或许心中充满太多的向往。此时此刻,心中几分感慨、思索和怅惘。云卷云舒,花开花落,永恒的只有爱与思想。头枕思想,学会探索,生命会增添异彩;心怀大爱,常怀感恩,人生会散发芬芳。

思想之光长明,那些精神的耕耘者,那些辛勤的沉思者,永远为人类驱散心灵的阴霾,将前进的道路照亮。已逝者,尚存者,都定格为一座座永恒的雕像。

感恩之心常存,本书在写作过程中得到了很多人的帮助。感谢我的博士生导师韩大元教授的爱护之恩,一直以来的鼓励和教导,引导我在学术和人生的道路上准确把握方向。感谢我的硕士生导师周叶中教授的知遇之恩,多年来的支持和培养,让我的内心充满阳光,时刻保持对美好的向往。感谢秦前红教授的赏识之恩,启迪我的人生,鞭策我积极向上,谆谆教诲语重心长。感谢许崇德教授、胡锦光教授、莫于川教授、杨建顺教授、周佑勇教授、廉希圣教授、莫纪宏教授、林来梵教授、焦洪昌教授、李树忠教授、王磊教授、江国华教授、姚建宗教授、汪习根教授、张翔教授、王贵松教授、王旭教授、王建学教授、郑磊教授、张泽涛教授、陆平辉教授、张步峰教授、汪进元教授、李元起教授、任进教授等良师益友自我求学以来长期的关爱,让我在思想上受益匪浅,不断增添智慧。感谢我的亲人朋友默默无闻的奉献,陪伴我度过漫长的写作时光,激励我严于律己,铸炼情操,铸造品格。

感谢法律出版社法商分社薛晗社长和田浩编辑给予的巨大帮助,使本书能够顺利出版。

欣逢盛世,人民安居乐业,国家繁荣富强。愿赦免的宽容之光不仅让中华民族充满力量,也让思考者的灵魂在轰轰烈烈的时代伟业中升华,让我们在梦想中前行,让每个人都拥抱希望,都能追求心中的崇高理想。

2023 年岁末于北京西郊